rowohlt

Hans-Ludwig Kröber

MORD

GESCHICHTEN AUS DER WIRKLICHKEIT

Rowohlt

1. Auflage September 2012
Copyright © 2012 by Rowohlt Verlag GmbH,
Reinbek bei Hamburg
Alle Rechte vorbehalten
Lektorat Julia Suchorski
Satz Janson PostScript, InDesign,
bei Pinkuin Satz und Datentechnik, Berlin
Druck und Bindung CPI – Clausen & Bosse, Leck
Printed in Germany
ISBN 978 3 498 03563 1

«Dann drehte er sich um und ging nach Hause.
Er hatte das Gefühl, als hätte er sich eigenhändig,
wie mit einer Schere, von allen und allem
abgeschnitten.»

Dostojewski,
Verbrechen und Strafe

INHALT

VORWORT

Vor Gericht landet manch unglaubliche Geschichte. Es wird dort viel gelogen, unter Tränen, lächelnd, mit unschuldsvoller Miene. Das Gericht aber soll die Wahrheit herausfinden, und dies gelingt erstaunlich oft: Wahr ist die wirklichkeitsgetreue Beschreibung, was passiert ist und wer was gemacht hat. Die Richter können auf Tatspuren und auf ein Heer von Helfern zurückgreifen, vor allem Polizisten, Zeugen, Anwälte, außerdem die speziellen Sachverständigen wie Rechtsmediziner, Spurendeuter, Rechtspsychologen. Und Fachärzte für Psychiatrie, die sich besonders mit der Seele und dem Verhalten von Straftätern befassen: forensische Psychiater.

Wir sind Gehilfen der Wahrheitsfindung; im Gespräch versuchen wir Material zu gewinnen, um eine Lebensgeschichte zu rekonstruieren, die Geschichte der Beziehungen zu anderen Menschen, bisweilen auch die Krankheitsgeschichte. Wir werden als Kundschafter in ein fremdes Leben geschickt und sollen den Richtern Bericht erstatten über die Individuen, die – manchmal zur eigenen Überraschung – zu Straftätern wurden. Wir sollen möglichst nah herankommen an die historische Wahrheit, an das wirkliche Geschehen. So geht es denn um Geschichten aus der Wirklichkeit, nicht um Märchen, Sagen oder Legenden. Die Geschichten dieses Buches sind, soweit wir nicht getäuscht wurden, wirklich so passiert. Auch die unerwarteten und unwahrscheinlichen Geschehnisse und Personen sind nicht erfunden.

Es ging mir aber nicht darum, die beteiligten Personen individuell kenntlich zu machen, deswegen habe ich das verändert, was eine Identifizierung erleichtern könnte, also Namen, Berufe, Orte und Landschaften. Es werden auch keine Geheimnisse ausgeplaudert, die in Therapien gewonnen wurden; keine Person dieses Buches wurde von mir psychiatrisch behandelt. Alle wesentlichen Tatsachen wurden in öffentlichen Gerichtsverhandlungen erörtert, meist vor einer Handvoll Zuhörern und einigen Gerichtsreporterinnen.

Dies ist kein Lehrbuch. Forensische Psychiatrie interpretiert und bewertet den Lebenslauf, die Taten und die Wesensart eines Menschen im Hinblick auf konkrete Fragestellungen, auf seine strafrechtliche Verantwortlichkeit, seine künftige Gefährlichkeit, seine Behandelbarkeit. Darum geht es nicht in diesem Buch. Ich betrachte allein, wie die Dinge passiert sind. Das Ideal wäre, die wirkliche Geschichte herauszufinden, *the real story*, und dass es keiner Interpretation, keiner Deutung mehr bedarf, wenn man alles Wichtige wüsste, das zu dieser Geschichte gehört. Doch man muss sich stets mit Annäherungsversuchen bescheiden. Der Leser soll in Versuchung gebracht werden, die Geschichten zu deuten, zu erklären, wie alles so kommen musste; er soll aber merken, wie widerständig die Wirklichkeit ist mit all ihren Zufällen und Holzwegen.

Es sind dies Geschichten vom Töten. Für einen einzelnen Menschen gibt es kaum eine andere Entscheidung, die so fundamental und unwiderruflich sein Leben verändert. Warum jemand diese Grenze überschreitet, einen Menschen zu töten, ist immer erneut ein Rätsel. Der Lösung, der Essenz dieser Tat kommen wir näher, wenn wir hören, was davor war, oder auch, was die Jahre danach geschah, wie das Leben nach dem Mord aussah. Keineswegs jeder kann einen Mord begehen, die meisten würden dies unter keinen Umständen tun. Gottlob gibt es für die meisten Menschen auch nicht den mindesten Grund zu töten, selbst wenn sie ab und an so manchem die Pest an den Hals gewünscht haben. Wir haben vielleicht viel an Wünschen, Gefühlen und Gedanken mit den Tätern gemein – doch regeln wir es schließlich anständig oder jemand befreit uns aus unseren Nöten. Aber wir sind aufmerksam für die, die sich anders entschieden haben. Und wir wissen etwas vom Schuldigwerden. Deswegen, so hoffe ich, möchten diese Geschichten erzählt werden. Geschichten aus der Verwandtschaft.

REISE IN DIE ZUKUNFT

Alexander Witte machte sich Sorgen. Eigentlich machte er sich immer schon Sorgen, seit er verheiratet war und für das Wohlergehen der Familie verantwortlich. Er sorgte sich um seine Kinder, seine Frau. Um seine Geschwister und deren Familien. Um sich selbst, dass er nicht standhalten könnte. Das Leben war nicht leicht in Kasachstan, wohin es die Deutschstämmigen unter Stalin verschlagen hatte.

Anderswo im weiten Russischen Reich wäre es wohl auch nicht einfach gewesen, aber dieser Gedanke half nicht weiter. Alles war unsicher in Kasachstan, vor allem die Zukunft; das Sowjetische Reich zerfiel, die Macht zerfiel. Gangsterbanden gab es wie einst im Wilden Westen. Sie terrorisierten ganze Dörfer, überfielen Busse und Züge und nahmen den Menschen mit vorgehaltenem Revolver ab, was diese an Wertvollem bei sich trugen. Das, so dachte er, mag vorübergehen. Er selbst hatte so einen Überfall nie miterlebt, nur im Fernsehen gesehen, da hatten die Gangster sich mit Armee-Uniformen getarnt, um den Bus anzuhalten. Schlimmer empfand er die wirtschaftliche Ungewissheit, den Mangel, exakter: die Armut. Und würden die Kinder Arbeit finden, ordentliche Arbeit, und wie lange würden sie solche Arbeit behalten können?

Gerade jetzt, im kasachischen Winter, mit hohem

Schnee zwischen den Häusern, die eher Hütten glichen hinter ihren windschiefen Zäunen, war Alexander bereit, seinem Bruder Gregor zu folgen, der vor vier Jahren nach Deutschland gegangen war. Er lebte mit seiner Lebensgefährtin in Brandenburg, in Lübben im Spreewald. Gregor war sechs Jahre älter als er, wurde demnächst 45. Vor zwei Jahren hatten sie sich zuletzt gesehen.

Damals hatte Gregor die Mutter und den Vater abgeholt in den Westen, das waren die beiden in der Familie, die noch richtig Deutsch konnten. Der Vater war ein Jahr später in Lübben gestorben, die Lunge, er hatte viel geraucht in seinem Leben. Die Mutter war gesund, gottlob, und noch keine 70. Sie schrieb ihm, regelmäßig, er solle doch auch kommen, schon wegen der Kinder. Sie schrieb nicht, dass die Kinder der Übersiedler es schwer hatten in Deutschland, dass sie an der Tankstelle herumstanden und Unsinn anstellten. Sie war sicher, ihre Enkelkinder würden keine Probleme haben.

Gut, er würde nach Deutschland reisen, um sich alles anzusehen und vorzubereiten für die Übersiedlung der restlichen Familie, zusammen mit Robert, dem mittleren Bruder. Sie, die beiden Männer, wären das Vorkommando, und dann holten sie alle nach.

So eine Auswanderung war nicht einfach und Februar keine besonders gute Zeit für eine Reise von 4000 Kilometern. Es war nicht viel Geld da. Seit Alexander als Leiter der Werkstätten gekündigt hatte, der Traktorenstation, ging es bergab. Die Kündigung musste sein, weil die Werkstätte am Ende war, er war einer der Letzten, und ihm war eine andere, ruhige Stelle angeboten worden als Mechaniker. Dort war er auch hingegangen, aber diese Stelle wurde bald reorganisiert und abgewickelt. Das lag vier Jahre zurück. Der Betrieb war in der Rayonsstadt gewesen, nicht in seinem Dorf; jeden Tag war er mit dem Bus dahin gefahren, das war günstiger als mit seinem PKW. Eine Zeitlang hatte er auch keinen Führerschein mehr gehabt, weil er betrunken am Steuer erwischt worden war. Im Dorf gab es keine größeren Betriebe, die Leute hatten sich in kleinen Genossenschaften Arbeit gesucht. Es gab keine Arbeit mehr für Alexander, er machte Gelegenheitsarbeiten, mit seinem Auto etwas holen, etwas wegschaffen, und baute Sonnenblumen an. Im Winter wurden die Sonnenblumenkerne verpackt und verkauft.

Nun war dieser Unfall passiert. Eigentlich nichts Großes, kurz nach Weihnachten, Alexander war mit seiner Frau bei seinem Bruder gewesen. Robert hatte herumgeredet, man merkte, dass er zögerte, dass es ihm lieber wäre, wenn Alexander erst mal allein reiste. Er hatte das abgelehnt, und Robert hatte eingelenkt. Auf dem Heimweg hatten Alexander und seine Frau eine Abkürzung genommen, liefen oben auf dem Bahndamm auf den Schwellen der Eisenbahnschienen. Von dort hatte man einen guten Rundblick auf die Dächer mit den rauchenden Kaminen, es war kalt und klar und friedlich. Aber die Bohlen waren glatt, Alexander rutschte weg, schlug mit dem Rücken auf, schräg rechts auf den Stahl der Schiene. Der Schmerz stach ihn wie ein Messer in die Brust. Irina zog ihn hoch, und er ging heim mit ihr, unter Schmerzen.

Zu Hause verband Alexander sich selbst, dachte, vielleicht wäre etwas gebrochen. Mit einer elastischen Binde umwickelte er seinen Brustkorb. Vor Schmerz konnte er sich kaum alleine aufrichten, musste eine Zeitlang liegen bleiben und konnte nicht mehr richtig atmen.

Er hatte früher schon mal einen Rippenbruch gehabt, da war er noch Leiter der Werkstätte gewesen. Das war damals im Herbst, eine Reparatur bei der Ernte. Ein großer Traktorreifen war kaputtgegangen, das Ersatzrad auf ihn gefallen, dabei hatte er sich eine Rippe gebrochen. Trotzdem hatte er noch zwei Tage gearbeitet. Erst als der Schmerz nicht wegging, war er zum Arzt gegangen, der ihn röntgte.

Das neue Jahr kam, der Schnee lag hoch, die Schmerzen in Alexanders Brust waren immer noch da. Essen konnte er, Appetit hatte er. Aber er schlief schlecht, weil die Schmerzen sich wieder meldeten und er sich Sorgen machte wegen der Fahrt und wegen des Sohnes, der so verschlossen war und bei dem irgendwas am Herzen nicht stimmte. Die Krankheit des Sohnes nagte seit Jahren an Alexander. Die Tochter war in Ordnung, aber sie erzählte auch nicht, was sie dachte und wollte. Der Sohn war jetzt 16, Alexander mühte sich, ein guter Vater zu sein, aber Niko ließ ihn nicht an sich heran. Er war nicht frech, nicht respektlos, aber sein Schweigen wirkte wie unausgesprochene Kritik. Kritik woran?

Das mit dem Herzen hatte vor zwei Jahren begonnen, Niko wurde vom Sport befreit. Monatlich musste er zur Kontrolle gehen, wurde jeden Monat zum Arzt bestellt. Was genau nicht stimmte, wusste Alexander nicht, man sagte ihm, dass immer ein EKG gemacht würde. Gewöhnlich ging seine Frau mit ins Arztzimmer, eigentlich immer.

Wenn Niko von der Schule kam, ging er oft gleich zu Schulfreunden, zu anderen Jungen im Dorf. Das war ja eigentlich ganz normal. Er hatte dem Sohn nur gesagt, dass er nicht alleine in die Rayonsstadt fahren solle. Eigentlich war es ja nicht schwierig mit dem Sohn, Niko machte immer, was er machen sollte. Er war halt gern allein, malte, bastelte, wollte dabei nicht vom Vater gestört werden. Ach, der Sohn war ganz normal.

Die Nächte zogen sich hin, Alexander wurde immer wieder wach, konnte noch nicht aufstehen, lag da, ab und zu weckte er seine Frau, damit sie ihm ein bisschen Mut machte, ihn beruhigte, sie konnte das. Er versuchte, ein Buch zu lesen. Wenn er las, wurde er müde, wenn er das Buch zur Seite legte, konnte er wieder nicht einschlafen. Er machte sich alle möglichen Gedanken, wie er sich anziehen sollte, was für ein Wetter wohl in Deutschland sein würde. In Kasachstan war es im Februar sehr kalt; wenn er nach Deutschland käme, würde er dort keine Sachen kaufen können, weil er kein Geld dafür hatte. Und wie seine Frau allein mit den Kindern zurechtkommen würde, solange er in Deutschland war. Die finanzielle Lage der Familie war kritisch. Einige Kunden hatten die Lieferungen von Sonnenblumenkernen nicht bezahlt, stattdessen die Familie bedroht und eingeschüchtert. Er verlangte deshalb von der Frau und den Kindern, nicht weiter zu verkaufen, solange er weg war, um nicht in Gefahr zu geraten. Allerdings wusste er nicht, wovon die Familie leben sollte.

Die Sorgen gingen den ganzen Tag weiter. Wenn Alexander morgens aufgestanden war, ging die Frau zusammen mit der Tochter zum Markt, um Sonnenblumenkerne zu verkaufen. Er blieb mit dem Sohn zu Hause, damit dieser ihm helfen konnte. Mittags kamen die Frau und die Tochter nach Hause. Bei Tisch besprachen die Erwachsenen, wie die Lage war. Es gab immer Probleme: Der Sturz auf die Gleise, der Rippenbruch, die Schmerzen blockierten seine Kräfte. Er schaffte es nicht, alles für die Familie zu regeln, was Vorräte und Holz anging; Niko wollte er nicht das Holzhacken überlassen, wer weiß, das Herz.

Und am Abend vor der Abreise, am Freitagabend, am 6. Februar, kam dann der Bruder zu ihm, Robert, und sagte, dass er nicht mitfahren könne. Dass das beantragte Visum immer noch nicht gekommen sei. Das war für Alexander wie ein Schlag mit der Axt. Er war auch nicht sicher, ob er dem Bruder glauben sollte. Aber was nützte es ihm, wenn er zweifelte; er sagte nichts, blickte verbissen zu Boden. Es gab wohl keine Rettung, er musste fahren, allein.

Am Samstag frühmorgens brachte ihn der Bruder mit seinem Gepäck nach Iljenko, seine Frau war dabei und drückte ihm zum Schluss die Tasche mit der Thermoskanne und all den Essenssachen für die Reise in die Hand, der Koffer war da schon in den Bauch des Busses verladen. Um Punkt 9 Uhr 30 startete der Linienbus nach Deutschland; es war Februar, das Thermometer zeigte minus 22 Grad an. Der Bus aber war gut geheizt, und zur Erleichterung von Alexander schmerzten die Rippen nicht, als er dann saß. Nur ganz selten, wenn er schnelle Bewegungen machte und sich nach dem Gepäckfach über ihm streckte, zwickte es an der rechten Seite. Mit seinen 1 Meter 80 Größe hatte Alexander keine Mühen, mit dem

Platz auszukommen, er war nicht dick, und nur wenn er etwas nach vorn rutschte, stieß er mit der Kniescheibe an den dicken Draht, der die Tasche an der Rückseite des Vordersitzes begrenzte.

Sein kleiner kugeliger Nebenmann auf dem Fensterplatz fragte um Erlaubnis und stieg dann auf Alexanders Sitz, die Füße rechts und links von seinen Beinen auf dem Polster, um etwas aus dem Gepäckfach zu nehmen. Alexander hatte die Oberschenkel direkt vorm Gesicht und drehte den Kopf etwas beiseite, aber da stieg der Mann auch schon wieder herunter.

Der Bus fuhr gleichmäßig durch die weiße Winterlandschaft, nicht alle Plätze waren besetzt, man konnte hierhin und dorthin wechseln, neue Gruppen bildeten sich. Die lauten und aufgeregten Stimmen in der ersten Zeit nach dem Start hatten sich gelegt und hoben nur noch an, als der Bus in zwei weiteren Städten hielt, um Fahrgäste aufzunehmen. An Bord gab es eine Bus-Stewardess mit einem kecken Käppi und roten Fingernägeln, die sich um alle kümmerte und Alexander ein Kissen und eine Papiertüte für die Schalen der Sonnenblumenkerne brachte, die er zerbiss. Das war das Einzige, was er aß, trotz der Vorräte, sein Kopf tat ihm weh und der Magen. Dafür rauchte er sehr viel, auch die anderen hier im hinteren Teil des Busses. Alexander kannte keinen der Leute, aber er fühlte sich nicht fremd; alle sprachen die gleiche Sprache, und man konnte nicht unterscheiden, wer deutscher und wer russischer Herkunft war.

Er war müde und müde und müde, aber er war so müde, dass er partout nicht einschlafen konnte. Manchmal nickte er für Sekundenbruchteile ein, fuhr dann aber sofort hoch, als sei ihm das Herz stehengeblieben. Zu Hause hatte er bisweilen im Schlaf geschrien, wurde von seiner Frau geweckt und konnte eine Weile nicht sagen, ob es Traum oder Wirklichkeit war. Jetzt im Bus dachte er wieder an seine Frau und die Kinder, dachte an die bevorstehende Begegnung mit seinem ältesten Bruder und seiner Mutter und ob es überhaupt klappen würde. Er verstand es nicht, aber er war sehr betrübt.

Zwei Tage lang hockte er auf seinem Platz. Wenn der Busfahrer Pause machte, stieg er aus und rauchte draußen, im Stehen, lief auf der Stelle etwas auf und ab. Es wurde wärmer. Aber abgesehen von dem Nötigsten, was man aus Höflichkeit sagen musste, sprach er mit niemandem und blieb immer auf demselben Platz sitzen, neben dem Gang. Dauernd hatte er ein Geräusch in den Ohren, auch wenn der Bus anhielt und der Dieselmotor ausging. Und irgendwie fühlte er sich wie betrunken, obwohl er erst am zweiten Tag bei einem Halt in Weißrussland zwei Dosen Bier kaufte und viele Stunden später noch mal in Polen.

Die erste Nacht war vorbeigegangen, der zweite Tag, sie hatten die Armbanduhren umgestellt, und früh war es wieder dunkel geworden. Die zweite Nacht war besonders schlimm. Er konnte den ständigen Wechsel zwischen hell und dunkel kaum ertragen, sie kamen jetzt häufiger durch besiedeltes Gebiet, fuhren durch Dörfer, Städte, er sah Straßenlaternen, beleuchtete Fenster, Tankstellen.

Sie näherten sich Brest, der weißrussischen Grenze nach Polen, über 3000 Kilometer lagen schon hinter ihnen. Alexander fragte einen Mitreisenden, wo sich der Bus befand, und merkte, dass er gar nicht sprechen konnte, dass seine Stimme ganz fern klang und nachhallte. Als sie über die hell erleuchtete Grenze fuhren, war in seinen Ohren ein Dauerklingeln. Er wusste, dass es nicht draußen klingelte, sondern in seinen Ohren.

Beim Grenzübertritt war er sehr aufgeregt, sie mussten alle aussteigen und durch einen langgestreckten Flachdachbau an einer Ausweiskontrolle vorbei, während die Zöllner den Bus kontrollierten. Als er in der Reihe stand, merkte er, dass mit seinen Papieren etwas nicht stimmte, die Farbe seines Passes hatte sich verändert, und wenn er ihn nach unten hielt, vibrierte der Pass. Er trat aus der Reihe heraus, ging an eine hellere Stelle und kontrollierte den Ausweis, aber jetzt war er wieder in Ordnung. Er stellte sich wieder an, und der Ablauf wiederholte sich: Der Pass war gefälscht, er musste mit einem gefälschten Pass reisen! Nochmals stellte er sich hinten an, er hatte nun keine Wahl mehr, er war der letzte Passagier dieses Busses. Bebend hielt er dem Zollbeamten den Ausweis hin, mühte sich, nicht zu zittern. Der sah ihn unter seiner Schirmmütze prüfend an, länger als gewöhnlich. Alexander konnte gar nichts mehr denken, auch nicht an polnische Kerker, dann hörte er das klackende Stempelgeräusch, der Mann streckte ihm den Pass entgegen und sagte etwas auf Polnisch. Mit einem ängstlichen Blick zurück ging er wieder zum Bus, stieg ein, er war der Letzte, und die anderen schauten ihn an, als er durch den Mittelgang wieder auf seinen Platz ging.

Jetzt waren es noch 200 Kilometer bis Warschau, sie waren so gut wie am Ziel, von da nur noch 500 Kilometer bis Berlin. Dort wollte Gregor ihn abholen. Sie fuhren durch Warschau, und Alexander ging es gar nicht gut. Sie fuhren durch die Dunkelheit, aber immer wieder zuckten

Lichter auf, und die Schatten wie die Lichter durchzogen den Bus. Alexander fing an zu zucken und rief laut, dass man ihn nicht anfassen solle. Niemand wollte ihn anfassen, alle schauten ratlos zu ihm hin, Alexander saß da mit ängstlichem Gesicht. Er rief: «Mama, Mama!», und auch nach seinem Vater, und er hörte nicht mehr auf zu rufen. Wenn er doch mal für einige Minuten eine Pause machte, sanken die anderen erleichtert zurück in ihre Sitze.

Plötzlich stürzte er sich auf einen Mann, der in der Nähe des vorderen Ausgangs an einem kleinen Tisch auf der anderen Gangseite saß, und hielt ihn fest. Die Stewardess zog Alexander mit Hilfe anderer Männer zurück und brachte ihn wieder auf seinen Platz, wo er sich beruhigte. Er sagte ihr: «Bitte, bitte, tun Sie mir nichts!» Sie legte ihre Hände mit den roten Fingernägeln beschwörend zusammen und versicherte, dass er in völliger Sicherheit sei, niemand wolle ihm etwas tun. Danach hatte er laufend Tücher vor dem Gesicht und sagte immer wieder, dass sie ihm nichts tun sollten, dass er ihnen alles geben wolle, was sie verlangten. Das Tuch vor seinem Gesicht war nass von seinem Speichel. Die Stewardess hatte Mitleid, fragte, ob er Tabletten benötige, er sagte, es sei alles in Ordnung. Dann drehte er sich nach rechts, sah sein Spiegelbild im Fenster, der kleine Dicke hatte sich weggesetzt, der Platz neben ihm war frei – er sah sein Spiegelbild und erschrak.

Der Bus hielt nun extra seinetwegen an, damit er etwas Luft schnappen konnte. Der Busfahrer gab ihm eine Zigarette, riet ihm, sich hinzulegen und zu schlafen, damit er fit war für seine Angehörigen. Busfahrer und Stewardess berieten sich, ob man ihn vielleicht schneller loswerden könnte. Die Stewardess sollte herausbekommen, wie seine Angehörigen telefonisch erreichbar waren. Sie fragte, ob sie mal Alexanders Papiere sehen könne, und fand im Pass einen weißen Zettel mit der Adresse und Telefonnummer seines Bruders in Lübben. Der Busfahrer erreichte Gregor per Telefon und bat ihn, statt nach Berlin direkt zur deutsch-polnischen Grenzstation zu kommen und da den Bruder zu übernehmen, der wohl krank sei. Er sagte, nicht besonders höflich, dass der Mann «nicht ganz richtig im Kopf» sei. Sie würden halt etwas ausladen müssen und sein Gepäck schon finden.

Als sie wieder losgefahren waren, schlief Alexander nicht. Er aß Sonnenblumenkerne, unentwegt, spuckte die Schalen auf den Boden. Plötzlich krachte es – er war mit Wucht mit dem Kopf voran gegen sein Spiegelbild gesprungen, gegen die Fensterscheibe. Einen Moment lang hing er ganz verrutscht halb auf dem Sitz, halb auf dem Boden. Er sagte: «Vielleicht ist mit meinem Kopf etwas nicht mehr in Ordnung.» Er zog sich hoch, blickte wieder prüfend in den Bus, setzte sich zurück auf seinen Platz, wurde gereizt, aggressiv. Als die Stewardess an seinem Sitz Schalen und Zigarettenkippen vom Boden aufsammelte, sagte er, dass sie das nicht so schlampig machen solle. Wenn sie bei ihm arbeiten würde, müsste sie richtig sauber machen.

Eine Weile war er wieder ruhig. Fünfzehn Minuten vergingen, dann hob er seinen niedergesunkenen Kopf, drehte ihn und sagte zu seinem Nebenmann auf der anderen Gangseite: «Ich bin der Dispatcher vom Bushof Iljenko.» Er wurde lauter und sprach: «Du bist mein Chef vom Bushof. Die anderen Reisenden müssen alle auf dich hören. Aber du musst mir jetzt einen höheren Posten geben, nicht nur Dispatcher – Vizechef!» Der andere Fahrgast überlegte krampfhaft, während Alexander redete, stellte sich freundlich und ernannte ihn zum Vizechef seines Bushofs, um ihn zu beruhigen. Dann war Ruhe.

Sie kamen an die deutsche Grenze. Alexanders Nachbar, der Chef vom Bushof, sprach ihn an, er solle ihm seinen Pass geben, damit es keine Probleme gebe, er mache das schon. Alexander antwortete, dass er keinen Pass habe, der sei ihm vor der Fahrt von seinem Sohn weggenommen worden. Der Chef des Bushofs sagte ihm, dass er ihn ja befördern wolle, aber dazu brauche er den Pass. Alexander gab ihm den Pass. Er wurde prompt befördert. Er wollte dazu auch Schnaps vom Chef, aber der Chef sagte, dass er dann wieder degradiert würde.

Dieser Mann sagte später bei der Polizei: «Er wirkte wie ein Kranker, er schaute so komisch. Er sagte immer wieder, dass jemand seinen Bruder in Deutschland umbringen werde. Immer wieder einmal sagte der Mann, dass er nicht angefasst werden will, sonst bringt er denjenigen um. Ich weiß nicht, er schien vor etwas Angst zu haben.»

Ein Mann, der zwei Reihen vor Alexander saß, berichtete, dieser habe geschrien, dass jemand sein Geld wegnehmen wolle. Dass die Deutschen seinen Bruder umbringen wollten. Dass er die, die sein Geld wegnehmen wollten, abknallen würde. «Er sprang auf einmal gegen die Scheibe und war sofort wieder ruhig. Er bemerkte noch, dass er jetzt Kopfschmerzen habe. Zuerst hatten wir alle Mitleid mit ihm, als er zunächst nur Angst zeigte. Als er mit dem Kopf an die Scheibe gestoßen ist, war er dann ganz aggressiv. Er sagte zwischendurch: Bitte, bitte, schlagt mich nicht zusammen, sonst werde ich euch alle umbringen.»

Noch ein anderer Fahrgast erzählte, er habe nach seiner Mutter geschrien, schon ziemlich zu Anfang, wo er komisch wurde, und dann wieder kurz vor der Grenze.

Dann waren sie an der Grenze, und es kam in kürzester Zeit zur Katastrophe. Die Temperatur lag über null, alles triefte vor Nässe, der Bus hatte angehalten und stand im Licht der vielen hellen Lampen, die hoch an den Masten angebracht waren. Von innen war die Umgebung nur undeutlich zu sehen, die Fenster waren beschlagen und durch den außen herabrinnenden Nieselregen verschliert. Alexander glaubte, durch die Scheibe einen PKW zu erkennen und daneben einen Mann, das Gesicht seines Bruders. Wo war seine Mutter?

Als die zwei Zollbeamten in ihren blauen Uniformen den Bus zur Kontrolle bestiegen, verließ er seinen Platz und lief nach vorne, rief: «Mama, Mama!», immer wieder. Er stieß fast mit dem ersten Zöllner zusammen, wurde aber von Reisenden festgehalten und wieder zurückgeschickt auf seinen Platz: «Jetzt ist Kontrolle, du musst auf deinem Platz sitzen bleiben, bis die Kontrolle vorbei ist.»

Er setzte sich, wippte aber immer ein bisschen, als wollte er doch wieder aufspringen. Die Zollbeamten kontrollierten Sitzreihe für Sitzreihe, alle Ablagen, die Gepäckfächer, und stiegen auf die Sitze, um auch die Räume hinter den Lüftungsklappen zu prüfen, die für Gepäck nicht vorgesehen waren.

In Alexanders Reihe angekommen, stieg der eine Beamte neben ihm auf den Sitz. An seinem Gürtel waren mehrere Lederschlaufen mit Geräten, direkt vor Alexanders Gesicht baumelte das Halfter mit der schweren Pistole. Alexander ergriff die Waffe, entsicherte, schoss auf diesen Uniformierten, auf den anderen, tötete beide, schoss weiter in den Bus hinein. Dann zerschlug er mit der Pistole die Fensterscheibe und hangelte sich aus dem Bus, mit der Pistole in der linken Hand. Draußen wurde sie ihm aus der Hand geschlagen, er wurde zu Boden gebracht und überwältigt. Er blutete aus einigen Schnittwunden und schloss die Augen.

Als er wieder zu Sinnen kam, lag Alexander allein in einem kleinen, weißen Zimmer im Haftkrankenhaus Meusdorf bei Leipzig. Er war aber fest davon überzeugt, in Kasachstan zu sein nach einer Schießerei mit uniformiert auftretenden Banditen an der Busstation Iljenko; dahin sei der Bus zurückgefahren. Die Psychiaterin sprach Russisch mit Alexander, wenn auch mit deutschem Akzent, und ein Gutachter, der bemüht wurde, ebenfalls. Männer, die zur Täuschung korrekt in Blau gekleidet waren, seien von «der Gruppe» beauftragt gewesen, ihn zu töten. Die Gruppe habe vorgehabt, seine Frau und seine Tochter zu vergewaltigen. All das trug er wie reglos vor, er war ganz starr.

Alexander wurde mit antipsychotischen Medikamenten behandelt. Nach vier Wochen war die Krankheit abgeklungen, und er musste sich der Wahrheit stellen – dass er zwei deutsche Zollbeamte erschossen und zwei Mitreisende schwer verletzt hatte. Es war wie eine fremdartige Botschaft, die er glauben musste, die er aber in keinem Moment mit seiner Erinnerung in Einklang bringen konnte. Doch es war gewiss: Zum Elend hatte sich eine Katastrophe gesellt, und er war völlig ratlos, wie es weitergehen sollte. Es musste ohne ihn weitergehen, er blieb ja eingesperrt.

Der Gutachter, der aus Russland stammte, erklärte, dass Alexander Witte zum Zeitpunkt der Tat an einer psychotischen Störung gelitten habe und schuldunfähig gewesen sei; alle Zeugen aus dem Bus hatten einhellig bekundet, dass der Mann verrückt gewesen sei, schon Stunden vorher. Witte wurde auf strafrechtlicher Grundlage vorläufig in eine hochgesicherte psychiatrische Klinik des Maßregelvollzugs eingewiesen, um zu prüfen, ob die Krankheit wiederkam und er auch zukünftig gefährlich war. Er wurde erneut begutachtet. Die Psychiaterin erklärte, dass er bei der zurückliegenden Tat wegen einer akuten Geisteskrankheit unzurechnungsfähig gewesen sei. Diese sei aber unter der Behandlung abgeklungen, und Witte sei nicht überdauernd gefährlich. Damit konnte er weder bestraft noch in der Psychiatrie festgehalten werden; das zuständige Landgericht lehnte die Durchführung eines Sicherungsverfahrens ab, der Mann müsse entlassen und ausgewiesen werden.

Schlimm war für die Angehörigen der beiden getöteten Beamten, dass es keine Gerichtsverhandlung gab, in der das Geschehen vor aller Augen sorgfältig rekonstruiert wurde und man sich die Aussagen der Zeugen und die Beurteilungen der Gutachter anhören und sie überprüfen konnte. Es hätte dies den grenzenlosen Schmerz nicht beseitigt, aber es hätte den Angehörigen das Gefühl gegeben, dass den Opfern Gerechtigkeit widerfuhr.

Die Presse schäumte; die Journalisten wussten genau,

dass es sich bei dem Täter um einen russischen Kriminellen handeln musste, wahrscheinlich Mitglied der Mafia, organisierte Kriminalität, und dass nur die Gutachter und zuständigen Juristen verrückt waren.

Die Staatsanwaltschaft legte Beschwerde ein, wenn auch in dem Bewusstsein, dass unsere Rechtsordnung für einen Fall wie diesen keine Gerichtsverhandlung vorsieht – wenn die bisherigen Gutachten stimmten. Ein dritter Gutachter wurde vom Oberlandesgericht bemüht, er sollte herausfinden, ob Witte wirklich krank gewesen war und ob er nicht interniert bleiben müsse. Dieser Dritte war ich.

Alexander saß inzwischen seit zehn Monaten auch ohne Medikamente unverändert gesund in der Psychiatrie, spielte Schach mit Mitpatienten, wurde von seinem Bruder und dessen Familie besucht und war dankbar, wenn dieser russische Bücher mitbrachte. Er war ein stiller, ernster Mann, der, ohne zu drängen, wartete und sich nicht beklagte. Als ich ihn fragte, was man machen müsse, um ihn zum Lächeln zu bringen, entgegnete er ernst, darüber könne man reden, wenn er wieder bei seiner Familie sei. Es war ihm bewusst, wie viel Trauer und Leid in den Familien der Opfer herrschen musste, aber diese Menschen waren ihm zugleich auch völlig fremd, völlig unbekannt, ganz fern – Menschen, deren Lebensweg sich in einer einzigen Minute mit seinem überschnitten hatte, und er, ein machtloser Täter, ein kleiner depressiver Mechaniker aus Kasachstan, war schuld an all dem Leid.

Schneidige TV-Journalisten lauerten derweil mir und anderen Verfahrensbeteiligten mit Kamerateam und Flokati-Mikrophon vor der Haustür auf, um sie zu beschimpfen und zu beleidigen und die Reaktionen zu filmen auf zugerufene Fragen: «Wie können Sie es mit Ihrem Gewissen vereinbaren, dass dieser Mörder rauskommt?» Es wurde alles vorbereitet, um auf Jagd zu blasen gegen Alexander Witte, falls dieser wirklich freikommen sollte. Als auch der dritte Gutachter dem Oberlandesgericht bestätigte, dass Witte in Fortsetzung seiner depressiven Ängste während der Busfahrt in eine akute psychotische Erkrankung geraten war, die dann nach vierwöchiger intensiver Behandlung abgeklungen war, und dass künftig – trotz der Schwere seiner Taten – keine Gefahr von ihm ausgehe, solange er sich angemessen gegen einen Krankheitsrückfall schütze, musste er freigelassen und als kasachischer Staatsbürger ausgewiesen werden.

Man hat nicht herausgefunden, wer die lebensgefährliche Entscheidung getroffen hat, der Presse mitzuteilen, dass er am Folgetag um 10 Uhr aus der Klinik entlassen würde. Die Nachricht wurde sofort über alle Sender der Republik weiterverbreitet. Nur durch die vorausschauende Hilfe der Klinik konnte Alexander Witte dem Mob entkommen, der ihn bis weit nach Polen hinein verfolgte und sich zusammensetzte aus Journalisten und gewaltbereitem Pöbel. Seine Ängste auf dieser Heimfahrt nach Kasachstan waren berechtigt. Als er zu Hause ankam, lag hoher Schnee an den schrägen Wänden seiner Kate, der Februar ging dem Ende zu, und er war ein Jahr unterwegs gewesen.

EINE LIEBE VON FRITZ

Fritz war einer der Jungs vom Stuttgarter Platz, dem Berliner Stutti der Nachkriegszeit, wo sich die jungen deutschen Zuhälter trafen, die noch in der HJ gewesen waren, und auch einige ältere Huren, die noch in den Bombennächten ihrer Arbeit nachgegangen waren. Es ging aber Fritz und manch anderem nicht um Zuhälterei, sondern die Halbstarken trafen sich, überlegten Einbrüche und andere Beutezüge und kloppten sich mit rivalisierenden Banden und den Tommys. Fritz hatte schon damals Überbreite, was aber nur daran lag, dass er etwas klein war, er hatte halt so eine Gewichtheberfigur. Wenn es losging und man die Straße entlanglief, um sich mit den Tommys zu kloppen, hieß es: «Dicker, geh du voran!» Ihm machte das nichts aus, er hatte keine Angst, und merkwürdigerweise musste er selbst auch nicht zuschlagen, die anderen blieben auf Distanz. Nur zweimal, erzählte er, habe er wirklich zugeschlagen; weil er es wollte.

Die Jungs vom Stutti gehörten zu jener nützlichen, vielgestaltigen Fauna der Nachkriegsjahre, die aus der Trümmerlandschaft Berlins alles herausholte, was noch zu verwerten war, sachliche und menschliche Ressourcen, auf dass man den Rest abräumen konnte, der dann aber noch lange liegen blieb. Er gehörte zu den Jungs, die mit elf zu rauchen begannen und die Hände nicht aus den Hosentaschen nahmen, wenn sie mit Erwachsenen redeten, sondern mit schrägem Kopf und skeptischem Blick zu ihnen hochschauten und freche Antworten gaben. Etwa in den drei Kategorien «Weeß ick selba», «Gloob ick nich», «Mach ick nich».

Anders als die meisten anderen stammte Fritz nicht aus einem Arbeiterbezirk Berlins, sondern aus der preußischen Provinz Sachsen. Er war ein gutes Jahr nach Kriegsbeginn in einer Kleinstadt an der Elbe geboren worden. Sein Vater, von Beruf technischer Kaufmann, wurde bald danach an der Ostfront in Russland vermisst und später für tot erklärt, er hat ihn nie gesehen.

Warum die Eltern, bei Kriegsausbruch 34 und 35 Jahre alt, sich für ein drittes Kind entschieden, wusste Fritz' Mutter nicht. Sie war Bilanzbuchhalterin und musste mit ihrer Arbeit auch seine neun und fünf Jahre älteren Schwestern Hannelore und Ingrid versorgen. Nach dem Krieg lag das Städtchen in der Sowjetischen Besatzungszone. 1947 kam Fritz auf die Schule, 1949 verschwand die Mutter plötzlich mit der Zweitältesten, Ingrid, nach West-Berlin. Man hatte ihm vorher nichts erzählt, wohl um das Unternehmen nicht zu gefährden. Der Junge wurde zum Opa in Zeitz gegeben, die älteste Schwester war schon in der Lehre.

Dass er zurückgelassen wurde, empfand Fritz als Verrat. Er hatte herausgefunden, erzählte er mir, dass seine Mutter wegen des kleinen Mädchens in den Westen gegangen sei, das auf dem Holzplatz umgekommen war, durch den Balken, der herunterkam. Er war da gerade mal acht gewesen und hatte das miterlebt. Zwei Monate später sei sie mit seiner kleinen Schwester nach Berlin. Er musste beim Opa bleiben, hat fürchterlich geheult, sich verraten und verkauft gefühlt. Nach einem dreiviertel Jahr kam der Rat des Kreises zum Opa: Er könne das Kind nicht erziehen, das komme in ein Heim. Daraufhin hat ihn die Tante nach Berlin gebracht, seine Mutter war nicht begeistert.

Die Mutter, sagte Fritz, hatte immer behauptet, sie sei aus politischen Gründen nach West-Berlin gegangen. Aber heute wisse er: Sie sollte am Arsch gekriegt werden wegen Vernachlässigung der Aufsichtspflicht, dass der Balken da so nicht liegen durfte, der das Mädchen erschlagen hat. Auf dem Totenbett hatte sie ihm gesagt, es täte ihr leid, dass alles so schiefgelaufen sei. An ihrem Grab hatte er sich gefühlt wie gegenüber einem fremden Menschen. Er glaube ohnehin: Seine besondere Geschichte fing damit an, dass er den Tod dieses Mädchens miterlebt hatte. Und später noch das Kind, das beim Verkehrsunfall starb. Und auch das, was er in Katanga gesehen hatte, wie ganze Dörfer niedergemacht wurden. Der Tod, immer wieder. Aber ich will der Reihe nach erzählen.

Fritz' Mutter hatte in Berlin sofort Arbeit gefunden und schaffte ununterbrochen bis zur Rente als Buchhalterin und als Prokuristin. Die Familie bezog zudem eine Hinterbliebenenrente, also gab es keine finanziellen Probleme, und die drei konnten nach wenigen Jahren in eine Zweieinhalb-Zimmer-Neubauwohnung in Mariendorf ziehen. Mariendorf – das war Zukunftsindustrie, ehrliche Arbeit. Fritz hatte ein eigenes Zimmer, besuchte die «Oberschule praktischen Zweiges» und war viel sich selbst überlassen. Die Mutter entschädigte ihn für ihre Abwesenheit mit reichlich Taschengeld und williger Wunscherfüllung.

Als Fritz mit 15 Jahren mit durchschnittlichen Leistungen aus der Oberschule entlassen wurde, besorgte die Mutter ihm eine Lehrstelle als Elektroinstallateur in der Firma, für die sie arbeitete. Nach einem halben Jahr nahm das ein für sie peinliches Ende, weil er immer wieder schwänzte. Der Fürsorger vom Jugendamt vermittelte ihm nun eine Stelle als Autoschlosserlehrling, die er am 1. Juni 1957 antrat. Ende Juni wurde er schon wieder entlassen, weil er statt zur Arbeit zum Baden gefahren war. Danach war er monatelang arbeitslos, trieb sich herum, machte Schulden bei Geschäftsleuten und Bekannten. Die Mutter, auf den guten Ruf der Familie bedacht, bezahlte ohne viel Aufsehen. Im Oktober 1957 stimmte sie dem Wunsch des Jugendamtes zu, Fritz in ein Heim zu geben, den Ulmenhof. Doch als er ständig ausriss und wieder bei der Mutter auftauchte, gab man das Projekt nach vier Monaten auf.

Auch lange nach ihrem Tod sprach Fritz nicht gerade respektvoll von seiner Mutter. Das Wichtigste war, dass man sonntagmorgens um neun Uhr im Anzug zum Frühstück erschien. Da saß sie dann am Tisch, die ehrenwerte dreiköpfige Familie: die Mutter, er, Ingrid. Neben dem Tisch befand sich ihre Führer-Gedenkecke, in der das Bild des Vaters hing mit einer schwarzen Schleife.

Die Mutter bügelte immer alles aus, was er angestellt hatte, er musste nie für etwas geradestehen. Zu Hause erzählte er, dass er ausschließlich Nachtschicht arbeite, damit er tagsüber pennen konnte, und nachts war er am Stutti, hatte dort auch eine Freundin.

Damals war er ja schon ein ziemlicher Dollbrägen, sagte er, aber weil sie das so wollte, war er mit der Mutter auch häufig im Theater oder in Musicals. Im Anschluss an eine Aufführung des *Marat* im Schillertheater war sie einmal mit ihm in den Börsenstuben, das war ein sehr vornehmes Restaurant, sagte er. Da habe er dann die Suppe aus der Tasse getrunken. Muttern war völlig entsetzt.

Fritz hatte Schlag bei den Mädchen, es war erstaunlich, aber vielleicht war es sein Welpencharme, der damals seinen Erfolg ausmachte. Er war immer recht sicher und fordernd im Auftreten, auch wenn das manchmal gar nicht seinem Inneren entsprach. Mit 16 hatte er seine erste Freundin, die wollte aber nicht mit ihm schlafen. Damals wussten alle noch, wie gefährlich Sex war, dass man davon schwanger werden und auf die eine oder andere Weise sterben konnte. Antibiotika, mit denen man Geschlechtskrankheiten (allein das Wort schon ließ einen zittern) wie Syphilis heilen konnte, gab es in breiter Anwendung erst seit Kriegsende, und an die Antibabypille war noch lange nicht zu denken.

Mit 17 hatte Fritz seinen ersten Geschlechtsverkehr mit einer 32-jährigen verheirateten Frau. Er lernte sie kennen, als er ihr Kind, das er auf der Straße versehentlich mit dem Fahrrad angefahren und verletzt hatte, in ihre Wohnung brachte. Das spätere Gerichtsurteil berichtet mit finsterer Stimme: «Das ehebrecherische Verhältnis dauerte etwa ein dreiviertel Jahr.» Zum Ehebruch kam zügig auch Einbruch; es gab ja so mancherlei, was man gut brauchen und zu Geld machen konnte. Er holte sich so etwas, allein oder mit einem Kumpel.

In dieser Zeit, mit 17, war Fritz endgültig am Stutti gelandet, der vom kreuzbraven Mariendorf ein gutes Stück entfernt war, nicht nur kilometermäßig. Offiziell arbeitete er anfangs noch beim Daimlerwerk in Mariendorf als Bote und als angelernter Dreher, aber dann ergab er sich, wie es im Urteil heißt, dem Müßiggang, trieb sich in zweifelhaften Lokalen am Stuttgarter Platz und an der Potsdamer Straße herum, begann zu spielen und zu trinken, machte Bekanntschaften in der Halbwelt und verkehrte mit Prostituierten. Mit einer von ihnen, Mohrchen, hatte er jahrelang immer wieder Sex, wenn ihm danach war. Das Urteil sagt, die Beziehung zu Mohrchen «erschöpfte sich in gegenseitiger sexueller Hingabe». Fritz hatte nichts gegen diese Beschreibung einzuwenden: Das war ja schon mal was, Hingabe. Aber sie waren irgendwie auch befreundet, mochten sich, ohne viele Worte. Obwohl Fritz durchaus gerne redete. Eigentlich war er auch lernbegierig, und was er einmal gehört hatte, behielt er.

Beim Saufen selbst hatte es eigentlich nie Probleme mit ihm gegeben, immer erst später, wenn er nüchtern war, sagte er. Einmal sei er in einer Kneipe von zwei Männern angemacht worden, da habe er ganz kühl überlegt und dem einen einen schweren Aschenbecher über den Kopf geschlagen, dass das Blut nur so spritzte. So eine kalt-aggressive Situation habe er nur zweimal kennengelernt, das zweite Mal gegenüber dem Sozialarbeiter Müller nach dem Tod seiner Mutter.

Die Mutter hatte Fritz an einem Mittwoch das letzte Mal besucht. Am Sonnabend wurde er angerufen, sie müsse ins Krankenhaus, und am Montag wurde sie operiert. Da war aber nichts mehr zu machen, sie war voller Metastasen, die Ärzte haben sie gleich wieder zugemacht, und am nächsten Mittwoch war sie gestorben. Die Beerdigung wurde für den Freitag der nachfolgenden Woche angesetzt. Fritz sprach mit dem Sozialarbeiter, der ihm versicherte, dass er die Papiere fertig macht, damit er zur Beerdigung Ausgang erhält. Aber als er nach einigen Tagen nachfragte, war der Sozialarbeiter nicht mehr da, sondern zu einem Seminar gefahren. Ein Antrag war zwar vorbereitet, die Teilnahme an der Beerdigung als «Ausführung», an allen vieren gefesselt mit der Hamburger Acht. Aber es war nichts endgültig geregelt, dafür war es nun zu spät. Montags drauf suchte Fritz den Sozialarbeiter auf, doch der meinte nur: «Das war ja nicht so wichtig für Sie, Sie hatten ja eh kaum Kontakt mit Ihrer Mutter.» Da hätten sie ihn zu zweit festhalten müssen, weil er mit seinen Händen schon am Hals des Sozialarbeiters gewesen sei. Das war 1977. Später erzählte mir Fritz Wolkow stolz davon, aber ich bezweifle, dass es ihm damals um seine Mutter ging. Er war sauer, weil man ihm die Ausführung vermasselt hatte, und er hatte den Sozialarbeiter bei einem weiteren groben Fehler erwischt: So etwas zu sagen war nicht nett, es war dumm. Aber es war nicht ganz unwahr. Obwohl ihn die Mutter wirklich regelmäßig besucht hatte.

Der Lebenswandel des heranwachsenden Fritz war kostspielig. Immerhin dauerte es bis zu seinem 19. Lebensjahr, bis er das erste Mal in Haft kam. Er war in Mariendorf in Geschäfte und Lokale eingebrochen und hatte Bargeld, Zigaretten und sonstige werthaltige Dinge gestohlen. Mitten im Sommer stellte er sich der Polizei, weil seine Überführung nahe bevorstand, und blieb drei Monate in Untersuchungshaft. An deren letztem Tag verurteilte ihn das Jugendschöffengericht wegen zehn Diebstählen zu einer Strafe von einem Jahr, die zur Bewährung ausgesetzt wurde. Er lernte: U-Haft ist die Strafe, aber ganz interessant und lehrreich; Urteil ist, wenn du freikommst. Es war dies die erste von neun Verurteilungen, immer wegen Diebstahls – außer der allerletzten.

Die Unannehmlichkeiten hielten sich in Grenzen, und er lernte neue Menschen kennen. Nachdem er aus der U-Haft entlassen worden war, wohnte Fritz bei Kumpels. Binnen vier Monaten kam es zu einem Bewährungswiderruf und einem neuen Verfahren wegen Diebstahls, und er saß im Jugendknast in Plötzensee. «Wie gesagt», erzählte Fritz Wolkow, inzwischen ein Mann mit konkurrenzlos großer Knasterfahrung, «ich hab mich in meinem Leben nur zweimal geschlagen. Trotzdem: Ich habe mich durchgesetzt, aber anders. Ich habe nie eine Hemmschwelle gehabt, nie Angst, anderen wehzutun. Wenn, dann den anderen niedermachen, nichts mit fair oder so.» Aber viel wichtiger, als sich durchzusetzen, sei das Dichthalten gewesen gegenüber den Bullen, gegenüber den Schließern. Rangordnungen, behauptete er, habe es so gut wie gar nicht gegeben. Die Schließer hätten einen Stubenältesten bestimmt.

Im Jugendknast hatte er Glück, fand Kontakt zu Acki Schulz und zu Didi, die waren beide aus gutsituierten Häusern, aber gescheiterten Familien. Von ihnen lernte er: Für Geld geht alles. Fritz passte sich schnell an, fand die Löcher, durch die man schlüpfen konnte, lernte, wie man am besten über die Runden kommt.

Nach 14 von 18 Monaten, die er hätte brummen sollen, kam Fritz Anfang Mai 1962 raus, er war jetzt volljährig, 21 Jahre alt. Er hatte seine erste richtige Strafverbüßung hinter sich und noch 15 Tage vor sich bis zu seinem ersten Mord. 18 Jahre blieb er als Täter unentdeckt, bis zu seinem zweiten Mord und seinem Geständnis. Fünf Tage nach dem ersten Mord war er schon wieder in Haft, aber wegen Diebstahls, zehn Monate lang.

Vor der Haftentlassung im Mai 1962, erzählte mir Fritz Wolkow, sei er von Freitag 16 Uhr bis Sonntag 18 Uhr in einer Einzelzelle gewesen. «Dann bin ich rausgeworfen worden, das war die Entlassungszelle. Sonst hat es keine Entlassungsvorbereitungen gegeben. Wie es weiterging, weiß ich gar nicht mehr. Offiziell habe ich bei der Mutter gewohnt. Inoffiziell hatten wir eine Bude in der Fidicin-straße, mit drei Leuten, die war auf jemand anders zugelassen gewesen, Souterrain. Wir haben die Bude genommen, weil wir echt so viel Geld hatten und keiner wusste, wohin damit. Wir konnten ja auch nicht immer mit neuen Sachen antanzen, wenn wir wieder einen Fischzug gemacht hatten. Acki Schulz bekam einen kleinen Elektroladen, da konnten wir quasi Geldwäsche machen. Nee, jetzt plötzlich ein braver Bürger werden, das war ja nun gar nicht mein Bestreben. Arbeit, na klar, offiziell haben wir immer gearbeitet. Das ist meist nicht lange gutgegangen. Ich hab wieder angefangen zu zocken, war wieder im Kiez. Nach außen hin hab ich für die Mutter was getan.»

Acki war der Sohn von «Radio Schulz», dem Radio-geschäft, seine Eltern waren geschieden. Mit ihm und Karl Lehmann war er zusammen eingefahren. Lehmann war der Sohn von «Würstchen-Lehmann». Der haute im August 1962 ab und ging in die Fremdenlegion. Sie hatten zusammen Einbrüche gemacht, gezockt, im Kiez

verkehrt. Im Grunde genommen waren sie eine Jugend-
bande, wohnten offiziell noch bei den Eltern, in einem
gutbürgerlichen Umfeld, das nicht mitbekam, was da lief.

Am Tag vor der Tat im Mai 1962 feierten sie die Ver-
lobung von Acki Schulz mit seiner Freundin Inge, die
auch Geburtstag hatte. Die Feier fand bei ihren Eltern
in Haselhorst statt, ein Riesenbesäufnis, das bis tief in
die Nacht ging. Wolkow wusste später nicht mehr, wie
lange. Er selbst war allein da, ohne Freundin. Sie waren
eine kleine Runde, vielleicht zehn Leute, als Inges Eltern
sich zurückgezogen hatten. Er wusste auch nicht mehr,
wie es endete. Nur dass es irgendwie einen Riesenstreit
gegeben hatte, weil jemand eine Waffe liegengelassen
hatte, und dass er nach Hause gefahren wurde. Er konnte nicht mehr sagen, wo sie ihn abgesetzt hatten und wo
er die Nacht verbracht hatte. Er hatte auch vorher schon
ab und zu im Freien übernachtet, damit hatte er keine
Probleme.

An den Tattag habe er überhaupt keine Erinnerungen,
sagte Wolkow einfach. Das Einzige, was übrig geblieben
sei: die geballte Hand des Kindes. Die habe ihn auch in
seinen Träumen heimgesucht. Er ist später noch mal zum
Tatort in der Hoffnung, das alles nur geträumt zu haben.
Drei- oder viermal war er noch da und hat überlegt. Es
hat ihn ja eine riesige Angst beherrscht: Was ist da passiert, wann und warum? Es war vollkommen weg, sagte
Wolkow.

Ich nahm ihm das nicht ab, ganz und gar nicht. Ich
zeigte auf die rote Ermittlungsakte: Bei der polizeilichen
Vernehmung 1980, als er die Tat von 1962 gestanden
habe, da habe er doch viel gewusst vom Tatgeschehen. Das

habe der Polizeibeamte Adam rausgeholt, sagte Wolkow. Er habe nur noch gesagt: Schreib, was du willst. Er kannte Adam, mit dem war er groß geworden, er war der Einzige aus der Gruppe, der den Absprung geschafft hatte. Der hatte die alten Akten rausgeholt und ihm alles vorgelesen. Dann haben sie beide beratschlagt, wie es gewesen sein könnte.

Aber das redete Wolkow daher wie so viele, die sich nicht mehr erinnern wollen. In Wahrheit hatte der vernehmende Polizeibeamte überhaupt keine Ahnung von dieser lang zurückliegenden Tat, als Wolkow 1980 sein Geständnis ablegte. Seine Schilderung wurde dann mit früheren, ungelösten Fällen abgeglichen. Erst da fand man heraus, dass er dieses erste Verbrechen im viel zu kalten Mai 1962 begangen hatte, an dem Tag, als Sonny Liston Boxweltmeister im Schwergewicht wurde. Die Tat wurde in den frühen Nachmittagsstunden begangen, Fritz Wolkow lockte das spielende Kind zu sich, sagte ihm, er wolle ihm einen toten Hasen in einem Gebüsch zeigen. In einer kleinen Lichtung im Buschwerk erdrosselte er die Fünfjährige mit ihrer Strickjacke, entkleidete den Unterkörper des toten Mädchens und presste seinen Finger in ihre Scheide. Er verursachte dabei einen Riss der Scheidenwand und des Dammes bis zum Mastdarm und zum After. Nach der Tat flüchtete er. Fünf Tage später war er in Sicherheit, wieder in Haft, wegen Einbrüchen.

Die Jahre gingen dahin. Zusammen mit seinem Kumpel verließ Fritz Berlin über die Interzonenautobahn. Kurz vor Magdeburg fuhren sie unerlaubt runter von der Autobahn, um einen Abstecher zu seinem Geburtsort zu machen, und auf der anderen Seite der Elbe wieder rauf. Umgehend wurden beide von der Volkspolizei festgenommen, Fritz hatte Talent darin, festgenommen zu werden, nur für seine Verbrechen nicht, die blieben unentdeckt. Er wurde mehrere Tage festgehalten und dann nach Helmstedt überstellt. Dort war die westdeutsche politische Polizei an ihm interessiert und vernahm ihn mehrere Tage. Dann durfte er weiterziehen, nach Hamburg, entschied er.

In Hamburg lernte er Evi kennen, die ein Jahr jünger war als er und aus Heidelberg, wo sie im Wienerwald arbeitete. Er fuhr erst mal wieder nach Berlin. Dann nach Wiesbaden, probierte aus, ob man davon leben konnte, wenn man das geklaute Geld in die Spielbank trug. Von Wiesbaden aus besuchte er Evi in Heidelberg, nicht zuletzt, wenn es ihn in der Hose drückte. Sie verschaffte ihm eine Stelle als Volontär im Wienerwald an der Heiliggeistkirche, da schlief er erst auch, später nahmen die beiden eine eigene kleine Wohnung am Markt.

13 Tage nach Arbeitsbeginn unterschlug er 3079 DM, fuhr damit nach Frankfurt, mit dem Flugzeug ging's weiter nach Berlin und von dort mit der Bahn nach Stockholm. Eine Woche später war er wieder in Heidelberg und stellte sich. Nach zehn Monaten und vorzeitiger Entlassung war er im April 1968 zurück bei Evi.

Er stotterte das Geld ab und durfte wieder im Grill arbeiten. Der Chef war ein Filou, der ihn irgendwie mochte. Dann wurde er zum Wienerwald nach Mannheim geschickt, die Gaststätte im Jungbusch, das war ein bisschen wie am Stutti. Dort wurde er zum Sicherheitsbeauftragten des Restaurants ausgebildet; mit Sicherheit kannte er sich ja aus. Nebenher besserte er sein Gehalt mit Einbrüchen auf, fand auch einen neuen Hehler. Geburtstagsfeiern wurden traditionell im Puff in Frankfurt abgehalten.

Dann kam Katanga. 1968 lief der Film *Katanga* in den Kinos, vielleicht war das der Auslöser. Die rohstoffreiche Provinz Katanga hatte sich 1960 unter Moïse Tshombé vom Kongo losgesagt, was in einen Krieg mündete, in dem auch deutsche Söldner kämpften. Schließlich sorgten UNO-Truppen 1963 für die Wiedereingliederung in die Demokratische Republik Kongo. Es kam aber auch danach immer wieder zu Kämpfen mit Rebellen. Wolkow erzählte, dass er sich 1968 auf ein Inserat hin als Campkoch in Katanga beworben hatte. Was er im Wienerwald gelernt hatte, sagte er sich, konnte im Urwald nicht falsch sein. Und er verdiente dort gut, 2000 Dollar im Monat.

Geblieben ist er dann aber nur sechs Wochen, denn der Job war Stress pur: Er sei die ganze Zeit nur am Flüchten gewesen, die Soldaten hätten alles plattgemacht. Er sei 170 Kilometer marschiert, habe mächtig gelitten. Dann habe er auch noch eine starke Furunkulose bekommen, erzählte er, was ganz schlecht sei, wenn man unten im Kongo sei und laufen und laufen müsse. Er habe dort gesehen, wie dünn die Decke der Zivilisation sei. Man könne sich kaum vorstellen, wie da ganze Dörfer in Schutt und Asche gelegt worden sind, nur weil noch irgendwelche Rebellen darin vermutet wurden.

Schließlich ist er mit dem Roten Kreuz nach Zürich ausgeflogen worden. Das ist eine seiner Fluchten gewesen, gottlob war sie zu Ende. Er kehrte nach Heidelberg zurück, zu Evi und dem Hähnchengrillen. Im Grunde genommen war Katanga bloß eine Episode, sagte er.

In Heidelberg feierten derweil Angehörige der US Army den Sieg von Richard Nixon bei den Präsidentschaftswahlen, der im Januar als Nachfolger von Lyndon B. Johnson vereidigt wurde. Im Februar 1969 wurde Wolkow mit Evi Vater einer Tochter und arbeitete wieder im Wienerwald. Im Juli 1969 nahm er dort nach einer Zechtour 8037 DM aus einem Wandtresor, fuhr damit nach Frankfurt und weiter nach Hamburg, von wo er schließlich bei Evi anrief. Wie sollte man den Mann begreifen? Evi jedenfalls verstand ihn nicht, blieb aber bei ihm.

Mit 7435 DM kehrte er zurück; erhielt Bewährungsstrafe. Bis Mai 1970 arbeitete er in der «Mainzer Brathendl-Station». Evi zog mit nach Mainz, aber die Beziehung wurde ihm langsam lästig, Sex hätte ihm eigentlich gereicht, und jetzt waren sie eine Familie. Also ging er allein nach München und schickte Evi und das Kind nach Berlin zu seiner Mutter, die zusah, dass sie die beiden rasch wieder loswurde. Daraufhin zog Evi zu ihrer eigenen Mutter nach Franken.

Er selbst arbeitete in München als Kellner und Griller im Malteser, musste zwischendurch eben mal für drei Monate in Haft nach Stadelheim, weil er eine Geldstrafe aus Heidelberg nicht bezahlt hatte. Dann kehrte er im April 1971 nach Berlin zurück, für immer, was er da aber noch nicht wusste. Auf dem Weg nach Berlin besuchte er noch mal für eine Woche Evi und seine Tochter, dann war dieses Kapitel beendet, und im Mai standen bereits wieder neue Einbrüche und Kfz-Diebstähle zu Buche, zuständig nun wieder das Amtsgericht Tiergarten.

Eigentlich hätte es jetzt ja so weitergehen, vielleicht sogar besser werden können. Natürlich, Wolkow hatte etwas Unstetes, diese Einfälle, diese plötzliche Reiselust, wenn er etwas getrunken hatte. Diese Klauereien, die weitergingen, waren ja nicht immer besonders klug. Aber der Ertrag, berechnet auf die Arbeitszeit, war einfach besser, nicht zu vergleichen mit Kellnern. Und die Jungs vom Kiez, die hatten immer wieder gute Vorschläge, todsichere Sachen. Irgendwie wurde das Leben in Freiheit zu einer Art Urlaub zwischen den Haftzeiten. Im Knast arbeitete man ja sowieso, und im Urlaub, da vergnügte man sich, dafür holte man sich das Geld. Und das mit dem Mädchen im Mai 1962 war ja nun nicht rausgekommen, das wollte er am liebsten auch schnell vergessen, er stand schließlich nicht auf kleine Kinder, das stand wohl außer Frage bei den vielen Frauen, die er gehabt hatte. Das würde nicht wieder vorkommen.

Dennoch fuhr Fritz die ersten drei Jahre immer wieder zum Tatort. Im Nachhinein sagte er sich jedes Mal, dass er das getan hatte, weil er zu viel getrunken hatte. Trotzdem soff er weiter wie bisher. Gedanken, wie es den Eltern dieses Kindes ging, machte er sich nie. Den Vater lernte er später durch einen Zufall kennen, als er auf dem Flughafen Tempelhof arbeitete und Catering ausfuhr. Eines Tages wurde darüber geredet, dass der Kollege nicht zur Arbeit kommen konnte und dass dem früher die Tochter umgebracht worden sei. Danach ist er da nie wieder hingegangen. Auch später hat es immer Zeichen gegeben,

Warnungen. Er hätte sich nicht treiben lassen dürfen, sagte Fritz, er hätte mehr Verantwortungsgefühl haben müssen. Er hätte seine Verfassung wahrnehmen und sich ändern müssen. Und dann, wenn er das getan hätte?

Fritz Wolkow machte weiter, bis man 1975 die Faxen dicke hatte und ihn wegen 29 Fällen besonders schweren Diebstahls zu fünf Jahren Haft verurteilte. Zu dieser Zeit erreichte der Fortschritt die Haftanstalten. 1975 wurde die große Strafrechtsreform verabschiedet, die Zuchthäuser wurden abgeschafft, Vollzugsziel war jetzt die Resozialisierung des Gefangenen. Fritz Wolkow nutzte die neuen Möglichkeiten. Ehrenamtliche Betreuer, Menschen mit sozialem Engagement, strömten in ganz Deutschland in die Haftanstalten, vor allem Studenten und andere Akademiker, die infolge Lektüre und schieren Nachdenkens wussten, dass Kriminalität ein sozialer Etikettierungsprozess war, dass jede Gesellschaft ihre schwarzen Schafe brauchte, und dass man diesen Ausgrenzungsprozessen entgegenwirken musste.

Zwischen den fortschrittlichen Helfern und den Insassen bestanden gewisse Unterschiede in der kulturellen Vorprägung, aber das bereitete den Helfern keine Sorgen: Auch für die Menschen im Knast konnte das Beste nur gut genug sein. Bei den Gefangenen war die Skepsis etwas größer, aber sie schauten genau hin. Da waren welche dabei, die fanden es einfach schick, sich mit echten Verbrechern zu umgeben. Aber okay, warum nicht.

1976 starb Fritz die Mutter. Im Herbst 1977 meldete er sich zur Verbesserung seiner Bildung zu einem Kurs in neuerer deutscher Geschichte, der von der damals

32-jährigen Historikerin Renate Schuster geleitet wurde. Gemeinsam mit den Gefangenen besprach sie die Vergangenheit im Spiegel der modernen deutschen Literatur. Fritz gefiel das, und er blieb. Er war jetzt 36 Jahre alt, und er war verliebt. Reni, wie er sie nannte, hatte auf ihn eine starke erotische Ausstrahlung und eine tolle Figur, die sie aber unter Schlabberklamotten zu verstecken versuchte. Die beiden kamen bald auch privat ins Gespräch; es gehört sich so, dass man mit den Gefangenen auch über private Dinge redete, wenn sie einen ansprachen, und Wolkow war nicht dumm, kannte sich auch in kulturellen Dingen aus. Seine Mutter hatte schließlich auf Bildung geachtet.

Im Juni 1978 war laut Vollzugsplan der erste Hafturlaub für Wolkow vorgesehen – sofern er einen Vollzugshelfer vorweisen konnte, der sich während des Kurzurlaubs um ihn kümmerte. Er fragte Reni Schuster, die nach einer unglücklichen Ehe in einer Kreuzberger Wohngemeinschaft lebte, ob sie das für ihn tun würde. Sie erkundigte sich, was es bedeutete, Vollzugshelfer zu sein, und erfuhr, dass er sie als Urlaubsadresse angeben durfte. Sie sagte Wolkow, dass sie in der WG fünf Erwachsene wären, außerdem ihr Sohn Tom und noch zwei andere Kinder, aber die Wohnung sei groß, und er würde da schon noch Platz finden.

Die Liebe zu Reni brachte alles aus dem Lot, sagte Fritz Wolkow später. Reni war halt ein anderes Kaliber als Mohrchen oder Evi, sie stand irgendwie über ihm, sie erbarmte sich seiner, das zeigte sie natürlich nicht so, aber so war es halt, und dann schlief sie auch aus reinem Mitleid gleich beim ersten Hafturlaub mit ihm.

Danach verbot sie sich das natürlich und gab auch nie zu, dass etwas passiert war – da war der erste Sprung in ihrer Beziehung, die schon sehr kompliziert war. Man schrieb sich lange Briefe, und keiner schaute mehr durch, was eigentlich Sache war. Die deutsche Literatur handelt ja durchaus viel von der Liebe, von komplizierten Liebesverhältnissen, man denke nur an *Die Wahlverwandtschaften*, aber Renate Schuster hatte manches, was sie sich nicht zugestehen wollte, auch nicht recht auf dem Schirm, zum Beispiel dass es nicht ungefährlich war, so einen kleinen proletarischen Stier am Nasenring zu führen und die Erregung zu verleugnen, die das bei einer kultivierten, fortschrittlichen und vorurteilsfreien Frau auslöste.

Für Fritz lagen die Dinge anders herum. Reni war ja nicht allein, sie war Teil einer Gruppe, die sich um einen engagierten Professor geschart hatte: Das war die Art von Leuten, die seine Mutter bewundert hatte, Akademiker und Intellektuelle, die sich sehr gebildet unterhalten konnten. Sie nahmen ihn mit zum Italiener, da begegnete er Lebensart, Essens- und Weinkultur – der ultimative Kontrast zu Haus 3 in Tegel. So eine Frau zu gewinnen, zu besitzen, er als Knacki, das wäre ein Ding, das wäre ein ganz besonderer Neustart, da wäre ja noch alles möglich. Er würde in die WG ziehen – das war nicht utopisch, er hatte von solchen Dingen schon gehört. Das war die neue Zeit, nicht mehr Nachkriegszeit, sondern der soziale Aufbruch, mehr Demokratie wagen, jedem eine neue Chance.

Man darf sich Fritz Wolkow, auch als er schon lange die lebenslange Freiheitsstrafe verbüßte, nicht als reuigen, geknickten Mann vorstellen, der bescheiden und weise geworden wäre. Bescheiden in seinen materiellen Ansprüchen, aber nicht in seinen Erwartungen an andere. Wenn er nicht aktiv unterbrochen wurde, wozu man ihm ins Wort fallen musste, redete er fortlaufend weiter. Er war dabei unterhaltsam, erzählte viele Geschichten aus der Haftanstalt, die insbesondere erläuterten, was hier alles schiefging und früher schiefgegangen war, im Wesentlichen durch die Dummheit und Beratungsresistenz der Bediensteten.

Er wirkte gesellig, die ausgiebige Selbstdarstellung war ihm ein Anliegen. Sprachlich schwankte er, je nach Thema, zwischen einer plastischen und drastischen Gefangenensprache und einem blutleeren Psychojargon; er hatte im Laufe der Jahre auch sogenannte Therapeuten gehabt, aber das meiste hatte er wohl schon vorher gelernt, zu der Zeit, als man sich in WGs psychologisierend in Grund und Boden quatschte, bis man jegliche Orientierung verloren hatte.

Wolkow präsentierte sich nun, viele Jahre später, als langgedienter, erfahrener Strafgefangener, der die Phase der jugendlichen Rebellion lange hinter sich gelassen hatte und mit der Ruhe und Erfahrung des Alters den Frischlingen vernünftige Ratschläge zu geben wusste. Nur in den ausgiebigen Geschichten über das Fehlverhalten der Beamten wurde die klare Trennung zwischen seiner Seite und der anderen deutlich und lebte etwas von der alten rebellenhaften Position fort.

Selbstverständlich wollte er raus, selbstverständlich war er nicht mehr gefährlich. Und er hatte ja 18 Jahre lang im Knast Leistung abgeliefert, richtig Buchdrucker gelernt, die Gefangenenzeitung von einem Friedhofsblatt, schwarz auf rauem grauem Recyclingpapier, zu einer farbigen, intensiv gelesenen Zeitschrift entwickelt. Er war die Zuverlässigkeit in Person, durfte sich im geschlossenen Gelände frei bewegen. Allerdings sprach er auch nicht unbedingt immer nett über Reni, manchmal etwas herablassend, der Groll war nicht gewichen.

Er sagte, Frau Schuster sei unwahrscheinlich hilfsbereit gewesen. Aber auch sehr empfindlich, sie hatte ein paar Schicksalsschläge hinter sich. Sie stammte aus gutbürgerlichen Verhältnissen, war verheiratet gewesen, der Mann hatte sie dann betrogen. Dem Knast gegenüber war sie sehr unkritisch, blauäugig, auch den Gefangenen gegenüber. Nach der Devise «Allen wohl und niemand weh». Er habe nie einen Menschen gesehen, der so betroffen war und so viel nicht wahrhaben wollte.

Es herrschte halt damals diese Aufbruchsstimmung im Strafvollzug. Aber sie war anders als die anderen, als diese linke Schickeria, die mit dem Porsche zum Café Einstein fuhr und die Mauern des Knasts einreißen wollte. Auch in der Anstalt machte sich eine Aufbruchsstimmung bemerkbar. Auch in der 3E ging es voran. Es gab ein großes Interesse bestimmter Schichten draußen, einen Wandel einzuführen. Haus IV wurde aufgemacht, die Sozialtherapie eingeführt. Damals herrschten ja zum Teil noch Zuchthausstrukturen. Vor diesem Hintergrund habe er sich in Reni Schuster verknallt. Und das sei voll danebengegangen.

Es kam der erste mehrtägige Hafturlaub, im Juni 1978, von Montag 11 Uhr bis Freitag 11 Uhr. Am ersten Tag besuchte er seine Schwester und das Grab seiner Mutter.

Er führte sich normal in den Tagesablauf der WG ein, kochte sogar, als er mit den Kindern einmal allein war, weil Reni sich verspätet hatte. Ein einziges Mal habe er mit Reni geschlafen, behauptete er, das war am zweiten Tag. Sie bestritt das, er könne das verstehen, sagte er, es sei ja auch nicht so wichtig. Sie waren im Kino gewesen, in der Spätvorstellung, anschließend noch in einer Kneipe. Ein herrlicher Sommertag, an dem sie sehr spät nach Hause kamen. Sie nahm ihn mit in ihr Zimmer, das sehr geschmackvoll war, und es roch angenehm. Sie hatte ziemlich viel getrunken, und es sei sehr schnell gegangen, er sei natürlich viel zu früh gekommen. Wie es für sie war, wisse er nicht. Er sei eingepennt. Als er morgens wach wurde, war sie schon nicht mehr da. Danach ging sie auf Distanz zu ihm, was er nun gar nicht begreifen konnte. Er hatte das Gefühl, sie war auf einmal ein fremder Mensch. Ihr selber war das wohl unangenehm, dass sie zu viel getrunken hatte.

Mit dem Sohn hatte er keine Probleme. Gleich am ersten Tag des Besuches hatte Tom beim Essen gesagt: «Jetzt geht Fritz mit Reni ins Bett.» Das war ganz naiv gemeint gewesen, aber den beiden fiel fast das Essen aus dem Gesicht. Reni saß da wie vom Schlag gerührt, und ihm war das in der Situation natürlich auch unangenehm. Der Tom hat immer «Reni» zu seiner Mutter gesagt, nicht «Mama» oder so.

Ein Betriebswirtschaftler unter den Betreuern hatte ihm das Angebot gemacht, er solle doch den Refa-Schein machen, das war damals so eine Ausbildung zum Arbeitskontrolleur, er habe Arbeit für ihn. Also fuhr Fritz am dritten Urlaubstag raus zum Brunsbütteler Damm und stellte sich dort vor. Auf dem Rückweg wurde er am Spandauer Damm Zeuge, wie ein englischer Caterpillar ein kleines Mädchen von sieben oder acht Jahren anfuhr. Das war wie ein Schlag mit dem Hammer, ihm war kotzelend geworden. Er hatte beiläufig gesehen, wie sich das anbahnte, aber in dem Moment glaubt man es ja nicht, man traut seinen Augen nicht, und dann begreift man, dass da eine Katastrophe passiert ist. Er hatte sich hingesetzt, konnte nicht weiter. Er grübelte, über Renate und die Kinder, habe die Beziehung schlagartig abbrechen wollen. Er konnte auch nicht sagen, warum, die alte Sache war wieder da. Die Polizei hielt ihn als Zeugen fest und sah sich seinen Urlaubsschein vom Knast an. Als er wieder in der WG war, merkte Renate Schuster, wie niedergeschlagen er war. Sie fragte, ob er nicht mit raus wolle, in den Garten, aber er hat nein gesagt.

Er wartete, bis er allein war. Und dann? «Ich hab die Kriegskasse genommen von denen und bin drei Tage weg gewesen. Da ist dann die Geschichte mit der Frau Petri passiert, so hieß die wohl. Im Schlosspark Charlottenburg. Ich bin danach wieder in die Anstalt gegangen, den Hafturlaub hatte ich ja schon überzogen gehabt. Dann schellte das Telefon, Reni war dran: Sie kommt rein, besucht mich. Da ist sie hier angekommen, ohne Vorwürfe, ohne alles. Ich habe zu dem Zeitpunkt gedacht, das Ganze wäre erledigt, weil ich die beklaut habe, aber da ist die wieder angekommen, wollte mir weiterhelfen, wie auch immer. Ich bin da von einem Loch ins andere gefallen.»

Die Frau hieß nicht Petri, sondern Peters, war 24 Jahre, schön, sportlich, fast einen Kopf größer als Fritz und ihm völlig unbekannt. Sie war an diesem Junitag um 7 Uhr 45 im Charlottenburger Schlosspark unterwegs zu ihrem Ausbildungsplatz als Krankengymnastin. Wolkow hatte hier im Grün auf einer Bank nahe der S-Bahn-Brücke über die Spree seinen Rausch ausgeschlafen. Als die junge Frau vorbeikam, ergriff er sie völlig überraschend am Oberarm und sagte: «Ich will mit dir ins Bett.» Er versuchte sie zu Boden zu bringen, hatte ein feststehendes Messer in der Hand, das er ihr tief in den Unterleib stieß. Die junge Frau wehrte sich, trat Wolkow ihrerseits kräftig in den Unterleib, der stürzte, stand auf und lief weg. Sie konnte sich nach Hause schleppen. Von dort wurde sie ins Krankenhaus gebracht und durch eine sofortige Operation gerettet.

Fritz Wolkow kehrte am selben Tag in die JVA Tegel zurück und schaute abends ein Vorrundenspiel der deutschen Nationalmannschaft bei der Fußball-WM in Argentinien. Vorher war er noch im Europa-Center ganz nach oben gefahren. Er wollte sich, erzählte er später, da runterstürzen. Es waren aber zu viele Leute dort oben, es ging nicht. Daher fuhr er wieder runter mit dem Lift und nach Tegel. Den Hafturlaub hatte er ohnehin überzogen, er bekam ein ganzes Jahr Urlaubssperre.

Frau Peters machte bei der Polizei ein exzellentes Phantombild von dem Täter, das in allen Berliner Zeitungen erschien. Schließlich muss der Westberliner sicher durch den Charlottenburger Schlosspark gehen können. Offenbar erkannten aber nur zwei Personen den Mann auf dem Phantombild, nämlich Wolkow selbst und Renate Schuster.

Wolkow sagte, es sei nie darüber gesprochen worden.

«Sie hat das aber gewusst, dass ich das war. Sie hat ja zwei und zwei zusammenzählen können. Ich gehe davon aus. Ich habe oft das Gefühl, dass sie Angst hatte. Es hat so viele unmögliche Situationen gegeben. Sie war ja auch der erste Mensch, der für mich was getan hat, ohne was zu wollen. Ich habe gedacht, sie macht das wegen mir. Und sie ist so blauäugig gewesen. Sie hätte das merken, sie hätte das abstoppen müssen. Also vor der Haftentlassung, da war ich mir noch nicht sicher, dass sie von der Tat im Schlosspark wusste. Aber nach der Entlassung zunehmend mehr. Ich konnte es nicht deuten, aber auf einmal war eine riesige Mauer zwischen uns.»

Die Tat gegen Frau Peters blieb unaufgeklärt. Wolkow, der immer noch seine fünfjährige Strafe wegen Diebstahls verbüßte, ging es im letzten Haftjahr nicht gut. In den Gesprächen mit Reni jammerte er, dass all sein Unglück aus ihrer Zurückweisung käme. Er machte einen Suizidversuch, indem er sich die Pulsadern aufschnitt und anschließend selbst die Wunden zügig mit Heftklammern versorgte. Frau Schuster versuchte die Beziehung auf Distanz zu halten, ohne sie zu beenden.

Im Juli 1979 erhielt Wolkow wieder Hafturlaub, den er wieder in Kreuzberg verbringen durfte. Die Wohngemeinschaft nahm ihn auf, Reni Schuster beschränkte die Kontakte aber auf das Nötigste. Drei Monate später wurde er entlassen und wohnte zunächst noch vier Tage in der WG. Dann bezog er eine möblierte Wohnung im Wedding und konnte bei einer Firma für Installationstechnik als Heizungsableser anfangen. Er war dennoch unzufrieden, unausgeglichen, suchte weiter Kontakt zu Renis WG und hoffte dort engere Freundschaften zu finden. Die Mitbewohner aber hatten seine Betreuung als einen begrenzten Auftrag verstanden, der mit seiner Entlassung erfüllt war. Bei aller Liebe und allem Engagement: Er passte halt doch nicht zu ihnen.

Wolkow beging nach der Entlassung prompt drei Einbrüche, die unentdeckt blieben. In der Nähe der JVA in Düppel brach er in eine Gaststätte ein – die Tür hatte er mit dem Glasschneider ausgeschnitten, 1400 DM Bargeld aus der Kasse erbeutet und aus einem frei stehenden Spielautomaten. Als Nächstes brach er in ein Lokal mit Kegelbahn in Alt-Tempelhof ein und erbeutete 2400 DM aus mehreren Automaten und einer Musikbox. Drei Wochen später stieg er noch mal in das gleiche Lokal ein, diesmal machte er 1200 DM Beute. Geldnot hatte er nicht. Und kleingekriegt hatte man ihn auch nicht.

Aber er war nicht in Ordnung. Nach der Haftentlassung habe er ja auch ganz massiv Alkohol getrunken, er müsse es ehrlich sagen, zwei Flaschen Schnaps habe er trinken können. Seinen 39. Geburtstag im Januar 1980 feierte er mit sich allein im Manifesto, wo er früher mit den Leuten von der Uni gegessen und deren klugen Gesprächen zugehört hatte. Er überlegte, Reni alles zu sagen, wie sein Leben verlaufen ist. Aber er sagte sich: Nee, das hält die nicht aus. Er schlief kaum noch und konnte später auch gar nicht mehr arbeiten. Er glaubte, das kam alles wegen der Sache mit Reni, weil sie nicht richtig miteinander reden konnten.

Im Januar 1980 wurde in Karlsruhe die Partei «Die Grünen» gegründet. Die UN-Vollversammlung verlangte den Abzug der Russen aus Afghanistan. Im Februar fanden in Lake Placid Olympische Winterspiele statt, die DDR gewann 23 Medaillen, davon 9 goldene, die Bundesrepublik gewann 5 Medaillen, zwei silberne und drei bronzene. Im März 1980, vier Monate und acht Tage nach der letzten Haftentlassung, beging Fritz Wolkow seine letzte und schrecklichste Tat. An einem Mittwoch, nach 17 Uhr, tötete er in seiner Wohnung den zehnjährigen Jörg Bender.

Zuvor hatte Wolkow auf der Straße zwei ihm unbekannte Jungen angesprochen, sie sollten für ihn einen Einkauf erledigen. Beide kamen mit ihm ins Haus, Jörg ging mit in die Wohnung, sein Spielkamerad wartete im Treppenhaus. In der Wohnung griff Wolkow dem Kind vermutlich ans Geschlechtsteil; was wirklich geschah, wissen wir nicht, wir haben nur die Version von Wolkow und die Spuren am Opfer.

Der Junge sagte etwas wie «Du altes Schwein!». Daraufhin würgte Wolkow das Kind. Er griff nach einem schmalen, langen Messer, das auf der Anrichte lag, und stieß es zweimal rasch nacheinander tief in den Hals des Jungen. Dann stach er zweimal ins Herz und einmal in die Seite des Kindes. Zwischen den Stichen, so erzählte er bei der Kriminalpolizei, übergab er sich auf der Toilette seiner Wohnung. Danach entkleidete er den Jungen vollständig, säuberte den Leichnam von Blut und auch von Kot und brachte dem Kind drei Schnitte bei, einen am Oberbauch, einen zweiten Schnitt vom Nabel bis zur Gliedwurzel, der die Bauchmuskulatur durchtrennte, sowie einen dritten Schnitt, mit dem er den Unterrand des Hodensacks in 8 Zentimeter Länge durchtrennte.

Den Leichnam des Kindes hüllte er sorgfältig in ein

Tuch, brachte ihn in ein von ihm nicht benutztes Zimmer und legte das Kind dort hinter einer Couch ab. Etwa um 18 Uhr verließ er seine Wohnung, erzählte dem wartenden Freund, er wisse nicht, wo der Junge geblieben sei, und fuhr mit dem Taxi in eine Gaststätte in der Provinzstraße. Er kam nochmals in seine Wohnung zurück, blieb dort einige Zeit und verließ sie wieder. Planlos irrte er durch Berlin wie einst der Mörder Bill Sikes durch die Docklands von London. Am 7. März 1980 wurde er schließlich kurz nach Mitternacht von der Polizei festgenommen, als er wieder in seine Wohnung zurückkehrte.

Das alles erzählte er den Beamten. Auch über die Tat gegen Frau Peters sprach er. Seinen Rausch hatte er da im Park ausgeschlafen, dann musste er pinkeln gehen und traf sie. Er müsse sie wohl angemacht haben, dass sie miteinander schlafen, so in der Richtung. «Ick weeß gar nich mehr … sie hat mir jedenfalls die Beine weggetreten. Da bin ick umgefallen und hab sie mitgerissen. Da hat sie sich irgendwie rausgedreht und Stoff gegeben, also dass sie weg ist, über die Brücke. Ich glaube, ick hab sie mit dem Springer bedroht. Bloß bedroht, das Messer war ja zuerst drinne gewesen, das war ja ein Springmesser. Nachher war die Klinge raus. Ick kann mich nich mehr erinnern, dass ick zugestochen hab. Sie ist ja aufgestanden wie ein Blitz und ist losgesaust. Ick war ganz erstaunt, wie ick am nächsten Tag in de Zeitung das Bild gesehen hab und dass sie schwer verletzt ist. Nee, dass ick die Frau angegriffen habe, gloob ick gar nich mal. Ick stand sicher nahe dran, ohne weiteres. Ick kann jetzt nich mit Bestimmtheit sagen, ob ick sie angefasst hab am Arm. Ick muss mich drauf verlassen, wat sie jesagt hat. Das wird ja einigermaßen stimmen. Eigentlich wollte ick die Frau nur fragen, ob sie mit mir schlafen geht. Ick war ja noch fett, von der Nacht her. Wat is man schon, wenn man morgens um viere aufhört zu trinken, und drei Stunden später … Denn bin ick gegangen, normal weitergegangen. Für mich war die Sache erledigt.»

Bei einer späteren Vernehmung berichtete er von der Feier in Haselhorst, im kühlen Mai 1962, mit Acki Schulz, der eigentlich reiche Eltern und nur wegen einer Verkehrssache gesessen hatte und der trotzdem schon tot war. Er hatte sich totgefahren. Damals hatten Acki und seine Freundin, die gerade 20 geworden war, ihn schließlich frühmorgens mit dem Auto zurück nach Mariendorf zur Wohnung seiner Mutter gebracht. Er sah sie wegfahren und ging ins Haus. Er ging aufs Klo, und dann ging er wieder raus, in den frühen Morgen und in eine nahegelegene neue Laubenkolonie, von der erst wenige Hütten standen. Er kannte sich da seit Jahren aus zwischen Wiesen, Buschwerk und einem Laubwäldchen. Dort schlief er irgendwo.

Als er gegen Mittag erwachte, hörte er in der Nähe Kinder. Er kannte die nicht, ein fünfjähriges Mädchen und ein gleichaltriger Junge. Er unternahm nichts, sprach die Kinder nicht an, blieb in der Gegend, überlegte, ob er irgendwo was zu trinken holen sollte. Die Kinder waren da, sie hatten aber nichts zu bedeuten. Am frühen Nachmittag waren die Kinder auf einer Wiese, die von dichten Büschen umstanden war, sodass man dort geborgen war wie auf einer Waldlichtung. Er kam zufällig auf die Wiese, hatte sich keine Gedanken gemacht, wo die Kinder abgeblieben waren. Er sagte zu Sabine, dem Mädchen, dass er ihr einen toten Hasen zeigen wollte, den er im Gebüsch gefunden hatte. Ihr Freund Klaus-Peter war nicht interessiert, er machte sich gerade einen Ast zurecht; er sollte die beiden Fahrräder der Kinder bewachen und blieb zurück.

Wir sind in fünf Minuten zurück, teilte er dem Fünfjährigen mit. Dann ging er mit Sabine ins Gebüsch und beging in einer kleinen Lichtung die Tat, bis das Mädchen ganz kaputt war. Dann lief er weg, fuhr zum Stuttgarter Platz, kaufte dort eine Fahrkarte und fuhr mit dem Bus über die Interzonenstrecke nach Hamburg. Klaus-Peter war es, als Sabine nicht zurückkam, langweilig geworden, und er lief zu den anderen Kindern, mit denen er weiterspielte. Bei Gericht sagte Wolkow, an die eigentliche Tat könne er sich nicht erinnern, nur daran, wie das bereits tote Kind vor ihm lag.

Und dann die letzte Tat. Wolkow konnte sich nicht erklären, was das sollte. Wie das kam. Was die Schnitte an dem toten Jungen bedeuten sollten. Der Gutachter sagte, es sei ein aggressiver Durchbruch gewesen, vielleicht mit punktuellem Sadismus. Der dreimal im Leben kam und gleich wieder ging? War er sexuell erregt gewesen? Er hatte sich nie für Männer interessiert, in all den Haftjahren wäre Gelegenheit genug gewesen. Auch habe er sich nie von Kindern angezogen gefühlt, also sexuell. Er habe Kinder gemocht, kein Problem gehabt, mit denen umzugehen, auch in der WG.

Er war an dem Nachmittag bei Karstadt am Leopoldplatz einkaufen gewesen, tiefgefrorenes Gulasch, das hatte er in seiner Küche aufgesetzt. Er trank im Laufe des Tages einiges, aber nicht übermäßig viel, Bier gar nicht, da vertrug er die viele Flüssigkeit nicht. Seit der Haftentlassung hatte er harmlose, aber lästige Herzstolperer, Rhythmusstörungen. Er hatte etwas vergessen, Kartoffeln, war noch mal runter, da traf er die beiden Jungens. Ein etwas Pummeliger mit dunklen Haaren so wie er selbst und ein Blonder. Bloß einer kam mit hoch, der andere sagte, er warte unten.

«Ick hab ihn wohl angefasst, da hat er sich wohl gewehrt und gesagt ‹Altes Schwein› oder so in der Richtung. Und denn hab ick wohl die Beherrschung verloren. Weeß nich, ob ick ihn zuerst gewürgt habe oder mit dem Messer zugestochen. Unwahrscheinlichen Aggressionsstau muss ick jehabt haben. Worüber ick wütend war? Vielleicht über mich selber. Na, mit mir lief allet schief, die Arbeet, die neue Wohnung, immer nur Nackenschläge. Ick bin einfach voll ausgerastet, das hat mit sexuell überhaupt nischt zu tun. Ja, es stimmt, ich hab den ans Geschlechtsteil gefasst. Ich weiß nicht, warum, das ist ja, was ich selber jetzt suche. Natürlich war ick erregt, aber nicht geschlechtlich. Das ist, als wennse keine Luft kriegen, als wenn das Herz durchschlägt, feuchte Hände, das ist alles vollkommen fremd im Grunde genommen.»

Das war das Ende. Es war schon das Ende, auch wenn noch die lebenslange Haft kam.

Schließlich ist er entlassen worden; ich habe dazu beigetragen, dass er rauskam. Seine Entlassung hat er nur drei Jahre überlebt, drei Jahre, in denen ich nicht geglaubt habe, dass er noch mal etwas macht, aber eine Sorge bleibt immer, dass es irgendwann doch eine Katastrophe gibt, dass Dinge zusammentreffen, die unvorhersehbar waren. Als mir ein Richter der Strafvollstreckungskammer, überraschend und aus Freundlichkeit, seinen Tod und das Todesdatum mitteilte, war es, bei allem höflichen Bedauern, doch so etwas wie eine Entwarnung, nicht nur für mich.

Drei Jahre sind nicht viel. Vielleicht war das Leben draußen, in Freiheit, auch nicht mehr viel wert. So lange hatte er darauf gewartet, und dann war es da, das Leben in Freiheit. Er war nun über 60, hatte ein kleines Apartment und keine Puste mehr, kein Geld und keine Freunde. Solange er in Haft war, hatte sein Leben einen Sinn, er zahlte für das, was er getan hatte. Als er entlassen wurde, war er allein mit seiner Schuld, die keinen Deut geringer geworden war, und mit seiner Schmach, ein Kindermörder zu sein.

Fritz Wolkow ist gestorben, ohne zu sagen, warum er das getan hat. Warum er die Kinder umgebracht hat. Vollkommen fremd war das, im Grunde genommen, hat er sich gesagt. Schon seit der ersten Tat war er ausgestoßen, allein mit dem Geheimnis seines Verbrechens, ein Fremder, nur noch zu Gast in unserer Welt. Illusionen von Hafturlaub: unmöglich, noch in eine Liebe zu entkommen. Die Nähe eines Kindes: unendlich weit entfernt.

ENDE DER DEMUT

Eigentlich waren sie ein perfektes Paar, wenn sie so zur Tür hereinkamen, gewandt, gepflegt und gutaussehend; es fehlte nur, dass sie lässig in einem sandfarbenen offenen Roadster vorfuhren, mit Lederhaube und Staubbrille. Und fast wären sie ein Prinzenpaar geworden.

Elisabeth Berg stammte aus Thüringen, lebte aber schon seit Kindergartenzeiten in Westfalen. Reinhold Tanner war Rheinländer, kommunikativ, charmant, sportliche Erscheinung, und er verdiente gut; durchs Studium und seine Ehefrau war er in Münster gelandet, wo er eine große Apotheke betrieb. Elisabeth war Ende dreißig, als er sie kennenlernte; sie war nicht sehr groß, aber attraktiv, blond und intelligent, so ein bisschen der Jil-Sander-Typ. Nur an der linken Ohrmuschel fehlte ein kleines Stück, ein Unfall in der Kindheit. Die gutaussehende, erfolgreiche Hotelkauffrau mit sicherem Auftreten passte bestens zu ihm, obwohl sie sechs Jahre älter war als er und noch nicht geschieden.

Er aber auch noch nicht. Als Reinhold und Elisabeth sich das allererste Mal sahen, bei einer Feier im Karnevalsverein, lebte er sogar noch zusammen mit seiner Frau, und die war mit. Er wollte sich auch gar nicht unbedingt scheiden lassen, aber sie. Tanner bestürmte dann Marianne, Elisabeths beste Freundin, die auch im Karnevalsverein war, er wolle diese Frau Berg unter allen Umständen näher kennenlernen, er müsse sie ganz unbedingt wiedersehen. Marianne vermittelte, und die beiden trafen sich zu einem schönen Essen. Daraus wurde eine gemeinsame Nacht, Elisabeth war Feuer und Flamme, doch dann folgte erst einmal eine Pause, eine Fortsetzung war nicht vereinbart worden. Man war schließlich erwachsen und abgeklärt und neigte nicht zum Klammern oder so etwas.

Aber nach zwei Wochen trafen sie sich doch wieder, die Begegnungen häuften sich, und dann lebte Reinhold praktisch drei Monate bei Elisabeth. Sie hatte sich bereits zwei Jahre zuvor von ihrem Mann getrennt und diesem die Wohnung gelassen; für sich hatte sie ein Apartment gemietet, ohne ihre Tochter, die kurz vor dem Abitur stand und aufs Internat ging. Dann hatte Tanners Frau eine neue Wohnung gefunden und zog zu Hause aus; Elisabeth trat an ihre Stelle und zog ein. Ihr Engagement in dem gepachteten Landhotel, dem sie Erlebnischarakter zu verleihen versucht hatte, gab sie ein Jahr später auf, auch wegen der vielen Fahrerei, und Tanner half ihr, ihre Schulden und Steuerrückstände zu begleichen; es war nicht ganz wenig, aber das machte ihm nicht viel aus.

Zugleich regelten die Anwälte Tanners Scheidung. Da ging es schon um mehr Geld, so eine Scheidung konnte er sich nicht noch einmal leisten, und die Streitigkeiten waren unerfreulich, auch die plötzlichen Animositäten mit der Familie seiner Frau.

Kurzum: Wieder heiraten wollte Reinhold Tanner nicht, und die Regeln der nächsten Partnerschaft sollten von vornherein klar sein, nämlich den Realitäten und Notwendigkeiten eines männlich erfolgreichen Lebens entsprechen. Nicht schriftlich und per Vertrag, aber mündlich stellte er klar: Ihr Zusammenleben sollte geprägt sein von Toleranz; was er nach dieser Ehe brauche, sei eine Partnerschaft der lockeren Art, bei der jeder seine Freiheiten nach Belieben ausleben konnte. Er wollte keine Vorrechte, beide sollten die gleichen Rechte haben. Man müsse sich solche Erlebnisse, fügte er hinzu, nachdem er sich kurz geschnäuzt hatte, allerdings nicht unbedingt unter die Nase reiben. Dann ließ er sich in den Sessel fallen, hinter dem er während seiner Ansprache gestanden hatte, einen soeben geöffneten Brief seines Anwalts noch in der Hand.

Elisabeth, die währenddessen mit der Fernbedienung für den Fernseher auf dem Sofa gesessen hatte, äußerte keine Einwände. Es lief gut mit ihnen, sie hatten fast täglich Sex, und anders als jahrelang bei ihrem Mann hatte sie auch richtig Spaß daran. Mit ihrem Mann hatte sie in den letzten Jahren kaum noch geschlafen, er hatte sie als frigide beschimpft, und am Ende hatte sie es auch geglaubt. Weil er sie nach Strich und Faden betrog, dass die Leute schon redeten, hatte sie sich schließlich auch ein Abenteuer erlaubt. Sie hatte beim Ausziehen gesagt, dass sie leider frigide sei. Der Mann hatte gelacht. Und siehe da: Sie war gar nicht frigide, sie war eine richtige Frau.

Und jetzt, mit Reinhold, das war pure Harmonie. Sie klammerten nicht aneinander, sie waren geschäftlich aktiv, Reinhold betrieb auch noch einen Versandhandel mit Nahrungsergänzungsmitteln und betreute eine Reihe von Fitness-Studios. Ganz durchschaute sie all seine Geschäfte nicht; sie hatten sich auch früh geeinigt, dass sie nicht bei ihm arbeiten würde, um die Dinge nicht durcheinanderzubringen. Aber damals hatte sie sowieso noch den

Ehrgeiz, das Hotel hochzubringen. Also privat war alles in Ordnung; sie hatte endlich jemanden gefunden, der auf sie einging, der auf der gleichen Wellenlänge schwang wie sie. Kurzum: Sie sah in Reinholds Vorstellungen von Partnerschaft kein Problem. Über den Altersunterschied sprachen sie nicht, warum auch, sie Ende dreißig, er knapp Mitte dreißig, das passte schon.

Zwei, drei Jahre später fuhr Reinhold Tanner besonders gern nach Berlin und offenbar stets auch nach Ostberlin, damals noch Hauptstadt der DDR. Dort hatte er in einem Café am Alexanderplatz die stattliche Ramona kennengelernt, und so bot es sich an, in Ostberliner Devisenhotels zu übernachten. Tanner bekam schließlich Post, mehrere anonyme Briefe mit der eindringlichen Aufforderung, den Kontakt zu Fräulein Ramona zu unterlassen, sonst würden gewisse Auslandsverhältnisse geschäftlicher Art dem Finanzamt zur Kenntnis gebracht werden. Er unterhielt sich über die Briefe mit Elisabeth, räumte also seine Bekanntschaft mit Ramona freimütig ein – das habe nichts zu bedeuten, sei rein sexueller Natur –, und Elisabeth meinte, die Briefe seien aller Wahrscheinlichkeit nach von der Stasi geschrieben. Er befragte auch Ramona dazu, und die sagte, sie sei tatsächlich von der Stasi angegangen worden. Letztlich konnte nicht geklärt werden, wer da wollte, dass das mit Ramona aufhörte, und warum, aber er beendete die Liaison.

Ein Jahr später hatte Tanner eine Beziehung zu einer Frau in Lünen, und da bekam diese Frau anonyme Anrufe, sie solle die Finger von ihm lassen. Elisabeth berichtete, dass sie auch solche Anrufe bekommen habe, eine unbekannte Frauenstimme: «Lassen Sie die Hände weg von Reinhold Tanner, ich warne Sie!» Verrückt, wo sie doch mit ihm zusammenlebte. Tanner beauftragte daraufhin einen Privatdetektiv und erfuhr, dass Elisabeth ihm nachstellte, ihn beobachtete, observierte, manchmal zumindest. Auch zu der Wohnung der Frau in Lünen war sie ihm nachgefahren. Er versuchte ihr zu verdeutlichen, was für ein Quatsch das sei, sie kenne doch die Regeln, er als Mann brauche das nun mal.

Ungefähr zur selben Zeit erzählte Elisabeth ihrer besten Freundin Marianne, dass Tanner sie heiraten wolle. Marianne glaubte das nicht, aber sie sagte nichts. Sie kannte Tanner als gewieften Geschäftsmann, und seine Frauengeschichten waren kein Geheimnis, manchmal nahm er die Glücklichen sogar auf Geschäftsreisen ins Ausland mit.

Nachdem sie das Landhotel aufgegeben hatte, war Elisabeth Berg erst mal ohne Arbeit und genoss es. Sie konnte Reinhold nun selbst bei Geschäftsreisen begleiten, was er aber nicht immer duldete. Und sie hatte jetzt Zeit, sich Gedanken über ihre Zukunft zu machen. Die beiden lebten gut, sie hatten keine finanziellen Sorgen – allerdings, falls Reinhold sich von ihr trennen würde, hätte sie schier gar nichts. Er hatte ihr zwar in Aussicht gestellt, ihr im Falle seines Ablebens eine halbe Million zu vermachen. Aber dass er nun gleich sterben würde, war ja das kleinere Risiko. Jedenfalls ging sie besser wieder arbeiten.

Für den gemeinsamen Haushalt steuerte sie ab da monatlich 900 Mark bei. Sie wollte nicht mehr ins Hotel und arbeitete ein paar Jahre in der Verwaltung der Universität, was nicht sehr spannend war. Da erfuhr sie im Fahrradgeschäft gleich um die Ecke, dass dort dringend jemand für die Buchhaltung und das Kaufmännische gesucht wurde. Die Bezahlung war nicht üppig, aber sie konnte sich die Arbeitszeit nach Belieben einrichten, und sie hatte es nur wenige Minuten dorthin.

Den Firmeninhaber Hubert Prohl bekam sie anfangs kaum zu sehen, der Laden wurde im Wesentlichen von zwei jungen Männern im Blaumann geführt und von Prohls Frau Rita, auch im Blaumann. Oder in T-Shirt, Jeansjacke und prallgefüllten Jeans. Rita war zehn Jahre jünger als Elisabeth, besaß eine kräftige Figur und dickes schwarzes Haar und stand mit beiden Beinen fest auf dem Boden. Trotzdem wurde sie immer wieder mal von ihrem Mann verdroschen, wenn er betrunken und wütend war. Als Elisabeth anfing, war Prohl gerade zur Ausnüchterung und Leberbehandlung im Krankenhaus. Er hatte ein Zettel- und Kontenchaos hinterlassen, sodass man kaum von Buchführung sprechen konnte; er war Handwerker und hatte es nicht so mit dem Papierkram.

Elisabeth machte sich daran, Ordnung zu schaffen. Sie bekam dabei regelmäßig Besuch von Rita. Das Fahrradgeschäft – Verkauf und Reparaturen – war in einer ehemaligen Kfz-Werkstatt untergebracht: Verkaufsraum mit Tresen, dort gab es alles, was zum Rad gehörte, einschließlich der papageienbunten Radlerkleidung, daneben die Werkstatträume und dahinter das Büro. Im Büro stand außer den Büromöbeln ein großer Tisch mit einer Bank und vier Stühlen. Auf dem Kühlschrank lief die Kaffeemaschine. Kaffee war für Rita so wichtig wie Bier für Hubert, sie hockte auf der Bank, beide Hände um den Kaffeebecher, und erzählte vom Leben der arbeitenden Bevölkerung.

Rita hatte schon einiges mitgemacht mit Hubert, der ein ganzes Stück älter war als sie. Sie sagte, sie könnte ihn umbringen, ja sie hätte das sicher auch schon gemacht, aber die Ärzte meinten, mit der Leber habe er sowieso nur noch ein halbes Jahr zu leben. Da wolle sie sich an dem Mann nicht auch noch die Hände schmutzig machen. Dem Mistkerl. Konnte kaum noch pinkeln, aber die Frau verprügeln. Und obwohl zu Hause tote Hose war, stieg er immer noch anderen Weibern nach. Früher war das ganz schlimm gewesen. Aber da wusste sie sich im Zweifel zu revanchieren und blickte zu einem der beiden Münsterländer Radmonteure. Die Männer mögen das, wenn man ein bisschen propper ist, da haben sie dann was zu kneten, wusste Rita.

Elisabeth war eigentlich etwas vornehmer erzogen, das hier war nicht so ganz ihr Milieu, und früher im Hotel war es etwas anders zugegangen, obwohl da natürlich auch geflirtet und geschaut wurde, wer mit wem schlief. Aber sie hatte sich da rausgehalten. Sie hatte den ersten Mann geheiratet, mit dem sie geschlafen hatte, zumal sie dann auch gleich schwanger geworden war. Zu dusselig zu verhüten, wie sie sich ärgerte, einfach zu blöde. Vorher war sie sich gar nicht klar darüber gewesen, ob sie überhaupt mit ihm schlafen wollte und ob sie ihn nicht länger zappeln lassen müsste. Aber dann hatte sie doch, und da war es auch schon zu spät. So war alles mit 19 erledigt, sie hatte Mann und Tochter. Dabei hatte sie mit 18 die Chance gehabt, zwei Jahre zu ihrer Tante nach Austin / Texas zu gehen. Sie hatte schon zugesagt und angefangen, mit ihrer Mutter zusammen eifrig Englisch zu lernen. Aber dann war sie halt schwanger geworden – gut katholisch und schwanger, da wurde natürlich geheiratet.

Ihre Tochter gab Elisabeth zur Oma und besuchte sie nur an den Wochenenden, damit sie ihre Ausbildung abschließen konnte. Ihr Mann war Zeitsoldat und erst ab Freitagabend da. Elisabeth war in der Arbeit erfolgreich, gerade weil sie sich auf die Bettgeschichten nicht eingelassen hatte, und nach vielen Jahren hatte sie sogar den Mut, sich selbständig zu machen, selbst ein Hotel zu pachten, mit dem wenigen Ersparten, das ihre Eltern ihr hinterlassen hatten, die beide keine 60 geworden waren. Ursprünglich hatten sie ganz wenig Geld gehabt. Der Vater, Polizist, war krank aus russischer Gefangenschaft heimgekommen und erst zwei Jahre später wieder in den Dienst zurückgekehrt. Deswegen hatte Elisabeth nur die Volksschule besuchen können, obwohl sie das Gymnasium sicher geschafft hätte; das hatte sie schon gewurmt, dass ihre dümmeren Schulfreundinnen aufs Gymnasium gingen und dann auf die Pädagogische Hochschule und Lehrerin wurden. Sie selbst hatte später die Fachschule besuchen können.

Also, sie hat sich nie für was Besseres gehalten, aber im Hotelgewerbe und als Kauffrau zu arbeiten, das war schon anders als in einer Werkstatt. Rita hatte nun gar keine Ausbildung, sie hatte früher gekellnert und so, bis sie dann auf Hubert hereingefallen war. Damals hatte er noch die dicke Knete und einen VW Cabrio und ein eigenes Fahrradgeschäft, von seinem Vater geerbt. Davon war inzwischen viel durch seine Kehle gelaufen. Aber Rita hatte das alles mannhaft durchgestanden und dafür gesorgt, dass der Laden irgendwie lief, auch wenn der Chef zunehmend häufig ausfiel.

Elisabeth bewunderte die resolute Frau. Sie begann, ihr immer mehr zu erzählen, von ihrem Kummer, ihrem Ärger mit Reinhold. Um sie von den Vorteilen sexueller Freiheit zu überzeugen, hatte Tanner sie jetzt schon dreimal in einen Swinger Club mitgenommen, Cäsars Palace in Sprockhövel. «Das ist da irgendwo im Ruhrgebiet», sagte sie, aber Rita wusste das schon. Reinhold hatte gesagt, da würde man zu nichts gezwungen, jeder konnte da machen, was er wollte, und auch nein sagen. Na ja, von dieser Regel hatte sie dann Gebrauch gemacht und den ganzen Abend in Bademantel und Badelatschen an der Bar gesessen, Altbier getrunken und sich mit einer anderen Frau unterhalten.

Die meisten waren etwa in ihrem Alter, aber nur wenige der Frauen konnten im Aussehen mit ihr konkurrieren. Man sollte natürlich eigentlich was Aufreizendes anziehen. Überall lagen Schalen und Körbchen mit Kondomen herum wie anderswo Bonbons oder Erdnüsse. Unterm Frottémantel war Elisabeth nackt, und höflichkeitshalber hatte sie ihn vorn offen gelassen, damit man sie nicht für prüde hielt. Reinhold wollte unbedingt, dass sie ihm wenigstens zuschaute, wie er eine andere Frau vögelt. Das sollte sie wohl anmachen, aber sie fand das echt unästhetisch. Sauber und ordentlich war es in dem Club, da gab es nichts zu meckern, aber sie fuhr da nicht mehr hin. Wieso auch, wenn ihr das nicht lag, mit einem fremden Mann Sex zu haben. Für sie hatte das immer noch was mit Liebe zu tun.

«Weißt du, was dein Kerl braucht», meinte Rita, «der braucht mal 'ne richtige Abreibung, einen Warnschuss braucht der. Ihr seid jetzt zehn Jahre zusammen, der ist ja nun auch über vierzig, da wird es allmählich Zeit für die Monogamie, so nennt man das nämlich, und dann soll der Kerl dich auch mal endlich heiraten, du musst ja auch abgesichert sein.» – «Ja, ja», sagte Elisabeth, «du hast gut reden.» – «Nein, wirklich», meinte Rita, «das wird gemacht.» Aber es passierte natürlich nichts.

Rita und Elisabeth wurden Freundinnen. Rita kam mit in den Karnevalsverein, aber sie gingen auch zusammen shoppen und ins Fitness-Studio. Rita lobte die echt klasse Figur von Elisabeth, Elisabeth aber jammerte, Reinhold mache immer häufiger abfällige Bemerkungen. Sie wäre wabbelig geworden, was doch gar nicht stimmte. Und dass er mit einer so alten Frau schlafen musste, 50 Jahre, das hätte er sich im Leben nicht träumen lassen. Und am nächsten Tag kam er dann wieder an und war ganz heiß und wollte unbedingt mit ihr ins Bett. «Macht's dir denn noch Spaß?», hatte sie ihn mal gefragt, unvorsichtig. «Eigentlich nicht», hatte er gesagt. «Der hat ein Gemüt wie ein Fleischerhund», sagte Rita da.

Es gab natürlich auch viel Gutes, sie wollte ja nicht ungerecht sein. Sie fuhren zu Rennen, machten Städtereisen, spielten Tennis, gingen ab und zu tanzen, besuchten Messen; dort arbeitete sie auch öfters mit. Und dann verband sie das ganz große gemeinsame Hobby Karneval, damit waren sie von November bis Aschermittwoch ständig beschäftigt, viel zusammen weg, auch die anderen Vereine besuchen. Sie hatte bisher nie das Gefühl, dass er sich von ihr trennen wollte. Er sagte immer: «Ich hab doch alles, was ich will, 'ne Junge, 'ne Ältere und 'ne ganz Alte.» Mit der ganz Alten war sie gemeint.

Mit einigen vom Karnevalsverein fuhren sie dann zum Kegelwochenende ins Sauerland. Rita kannte das Hotel schon. Sonst fuhren dort immer Kegelvereine hin, die vorher bereits austüftelten, wer mit wem das Zimmer teilte, damit es mal etwas Abwechslung gab, nicht nur Kegeln und Trinken, sondern Dreikampf. Die kleine Gruppe vom Karnevalsverein hatte dagegen ganz solide Absichten. Und Rita hatte rechtzeitig die Chance dieses Ausflugs erkannt.

Denn im Sauerland lebte der Apache, ein Mann für Spezialaufträge. Um ihn zu treffen, waren die beiden Frauen in Ritas Kadett schon vor dem geplanten Ausflug ins Sauerland gefahren. Eigentlich hieß der Apache Gerd Hülsmann, aber er sah ein bisschen wie Winnetou aus mit seinen langen Haaren, der Lederkluft mit den Fransen und seinen muskulösen, nackten Armen. Er wollte 500 Mark für den Auftrag, und sie erklärten ihm, wann sie kamen.

Freitagmittag trafen sie im Hotel ein, wo Tanner seinen 5er BMW auf dem kiesbestreuten Parkplatz abstellte, der durch einige Buschreihen vom Hotel abgeschirmt war. Sie checkten ein und erkundeten ein wenig die Einrichtung und die Umgebung. Als die Gruppe mit Rita und den anderen beim Abendessen saß, sagte Elisabeth, sie habe etwas im Auto vergessen, enteilte und kehrte einige Minuten später zurück mit der aufgeregten Mitteilung, die Reifen des BMW seien platt, vermutlich zerstochen. Tanner sprang auf und rannte aus dem Restaurant ins Freie, die Frauen blieben zurück.

Als Tanner beim Auto angekommen war, sich bückte, um nach Einstichen zu suchen, hörte er hinter sich kurz ein Knirschen, dann spürte er schon einen mächtigen Schlag auf seinen Rücken, wohl mit einer Keule, der ihn bäuchlings auf den Kies warf, es folgten weitere Schläge. Dann lief der Mann davon, Trainingsanzug, Pudelmütze, nie gesehen, sagte Tanner der Polizei, mit der er den Abend verbrachte, nachdem er zunächst im Krankenhaus geröntgt worden war. Die beiden Frauen hatten ihn treusorgend begleitet. Elisabeth tat er leid, diese Abreibung war ein Fehler, obwohl er es verdient hatte.

So saßen sie dann wieder im Büro, Rita den Kaffeebecher in ihren Händen, Elisabeth auf dem Drehstuhl mit dem Rücken zum Schreibtisch. Die Kaffeemaschine auf dem Kühlschrank hustete schon wieder eine neue Kanne heraus. Nachdem hier einmal Ordnung geschaffen war, gab es nicht mehr so viel zu tun an Buchhalterei, und Elisabeth musste auch dringend reden. Reinhold war in Brasilien gewesen, geschäftlich, verstand sich, mit einem kleinen Abstecher zum Karneval in Rio, er als alter Karnevalist. In diesem Jahr war ernsthaft erwogen worden, ihn zum Karnevalsprinzen zu küren, aber am Ende war es doch ein anderer geworden. Die beiden als Prinzenpaar, das wäre es doch gewesen, zeitlich und finanziell hätten sie sich das schon leisten können.

Stattdessen fuhr Tanner nach Brasilien, und als er zurückkam, erzählte er in seiner charmanten offenen Art, er habe in Brasilien darüber nachgedacht, sich doch von ihr zu trennen. Nicht unbedingt, weil er nun von Münster in Westfalen nach Rio ziehen wollte, auch wenn er dort sicherlich fündig geworden wäre, sondern weil er nun doch nicht mit einer so alten Frau zusammenleben wollte. Man müsse sich das mal vorstellen – in einigen Jahren werde sie 60! Im Flugzeug habe er es sich dann wieder anders überlegt. Schließlich seien sie doch schon seit über zehn Jahren ein Paar, das sich einfach gut versteht. Wenn er Immobilienmakler wäre, würde er über sie sagen: attraktiver Altbau in bestem Erhaltungszustand. Aber vielleicht sollten sie mal eine Zeitlang getrennt wohnen. Sie lehnte das empört ab, fragte ihn, wie er sich das denn vorstelle und ob er vielleicht ausziehen wolle. Nein, wollte er natürlich nicht. War auch nur so eine Idee, sagte er schließlich. Elisabeth erzählte ihrer Freundin all dies unter Tränen der Wut.

Rita sagte: Wenn das mein Mann wäre, den hätte ich längst umgebracht. Aber wie gesagt, bei dem seiner Leberzirrhose. Doch Tanner, der hatte ja nun schon sein Testament gemacht, vor dem Flug nach Brasilien, sicherheitshalber. Auf so einer langen Reise konnte ja immer mal was passieren. Reinhold hatte Elisabeth den Entwurf vom Notar gezeigt, eine halbe Million für sie, vermutlich nicht mal die Hälfte von dem, was er besaß. Sie hatte beiläufig gemeint, falls wirklich der schlimmste Fall eintreten würde, könne er ruhig noch mal 100 000 drauflegen, und ohne große Worte hatte Reinhold den Kuli aus der Brusttasche des Jacketts gezogen und den Entwurf entsprechend korrigiert. Das Wochenendhäuschen am Dümmer See hatte sie nicht anzusprechen gewagt, das war vielleicht ein Fehler, in solchen Sachen war er großzügig, wie sonst eigentlich auch, aber eben gegenüber zu vielen Frauen.

Dabei empfand sie gar keine Eifersucht, meinte sie jedenfalls, sondern eher Demütigung, Missachtung. Weil er seine Affären nicht schlimm fand, erwartete er von ihr, dass sie sie auch nicht überbewertete. Gerade hatte er wieder eine neue Freundin, zu der er offenbar ständig hinfuhr und bei der er manchmal auch über Nacht blieb.

Elisabeth ging nach Hause und dachte, dass Rita eigentlich recht hatte. Sie traf sich noch einmal mit dem Apachen und fragte ihn rundheraus, ob er nicht ihren Mann umbringen könne. Sie halte es seelisch einfach nicht mehr aus mit ihm, sie habe sogar schon daran gedacht, sich selbst das Leben zu nehmen. Aber das wäre ja nicht gerecht. Für alles Mögliche werfe Tanner das Geld hinaus, und für sie bleibe nichts mehr übrig. Der Apache verlangte 280 000 Mark. Sie meinte, das könne ja wohl nicht sein Ernst sein. Doch, das wäre sein Ernst, schließlich habe er das volle Risiko. Damit war die Sache erledigt, sie besaß ja nicht mal 100 000 Mark.

Wieder einmal zeigte sich: Es war alles eine Frage des Preises. Selber machen würde gar nichts kosten. Ihn vergiften, hatte Rita gemeint. Aber das ging doch nicht, hatte Elisabeth gesagt. Wieso nicht?, fragte Rita. Es durfte natürlich nicht bei ihnen zu Hause sein, sondern musste irgendwo unterwegs passieren, ein Zeug, das schnell wirkte und bei dem man dachte, er hätte einen Herzinfarkt bekommen. In dem Alter sei Reinhold schließlich; Managerkrankheit, bei seiner Umtriebigkeit, immer in Geschäften unterwegs, kaum noch in der Apotheke, und dann mit seinen ständigen Weibergeschichten. Und wenn er nun bei einer anderen hängenblieb, die 27 war und sich schwängern ließ, dann würde Elisabeth komplett in die Röhre schauen.

Aber das geht doch alles nicht, sagte Elisabeth und

meinte eigentlich: Überzeuge mich. Rita erklärte, da gebe es den Wilkowski, einen ehemaliger Boxweltmeister oder so ähnlich, der hatte ein Fitnessstudio in Unna und bei dem bekam man alles. Natürlich Sachen zur Leistungssteigerung, aber auch etwas für die Potenz und was man sonst noch selten mal dringend braucht. Natürlich dürfe sie ihm nicht sagen, dass es um einen Menschen ging, obwohl sie sich vorstellen konnte, dass da ab und zu auch jemand nachfragte, der das Zimmer von seiner verwirrten Oma nun endlich mal frei kriegen wollte. Aber sie konnte ja sagen, es ginge um eine große alte Dogge, die sie nicht beim Tierarzt sterben lassen wollten, sondern bei Sonnenuntergang in der freien Natur. Nein, Rita wollte nicht selbst fragen, das müsse Elisabeth schon machen, aber die Adresse konnte sie ihr besorgen.

Elisabeth meinte schließlich, das Gift könne sie ja mal besorgen, damit sei ja noch nichts entschieden und auch nichts Verbotenes passiert. Zweimal fuhr sie nach Unna, machte sich hübsch für den alten Boxer, und der war auch ganz nett und unkompliziert. Das ließe sich machen, aber er bräuchte ein bisschen Zeit, das zu besorgen, und er könne auch noch nicht sagen, was das kosten würde, das hänge vom Lieferanten ab, was der ihm für einen Preis mache. Als er Elisabeth, die vorsichtshalber einen anderen Namen genannt hatte, zwei Wochen später ein kleines braunes Glasfläschchen mit Tropfverschluss gab, hatte er offenbar so seine Ahnungen, denn er verlangte 3000 Mark. Elisabeth diskutierte nicht, sie zahlte, bar, und fuhr heim. Das Auto hatte sie ein bisschen entfernt geparkt, damit der sich nicht das Kennzeichen merkte und sie womöglich irgendwann erpresste.

Zu Hause überlegte sie, wo sie das Gift verstecken sollte, dass Reinhold es nicht fand und nachfragte. Sie entschied sich für das Büro in der Werkstatt. Rita tirilierte, als sie das Fläschchen sah, fing dann an zu flüstern, obwohl sonst keiner da war: Tu es weg, in den Schreibtisch. Und dann begannen sie, einen Plan zu machen, einen etwas umständlichen. Tanner solle doch mal den Arbeitsplatz seiner Frau kennenlernen. Alle drei würden am Sonntag erst mal essen gehen, dann zur Werkstatt fahren, die anschauen und, wenn's nicht regnete, noch eine kleine Radtour mit den neuen Mountainbikes machen. Im Betrieb sollte zur Begrüßung eine Flasche Sekt aufgemacht werden, davon sollte Tanner ein Glas trinken, das würde er sicher machen, so was schlug er nicht aus. Und in diesem Glas dann … Rita würde Tanner durch die Werkstatt führen, Elisabeth derweil den Sekt richten.

Und so geschah es. Sie gingen essen, Rita und Reinhold aßen Fisch, Elisabeth eine Lasagne. Anschließend ging es in die Firma. Rita verschwand mit Reinhold, Räder ansehen, während Elisabeth Sekt einschenkte und das kleine braune Fläschchen öffnete. Zum Glück war der Inhalt farblos und fiel im Sekt optisch nicht auf. Leider konnte Elisabeth nicht prüfen, wie es schmeckt, das durfte allein Reinhold. Der kam nun mit Rita zurück, und Elisabeth wunderte sich noch, dass sie kein bisschen aufgeregt war, die Ruhe selbst.

Reinhold schmeckte der Sekt nicht. Er trank zwar das Glas in einem Zug aus, verzog dann aber angewidert das Gesicht und meinte, dass mit der Flasche was nicht stimme, der sei ganz bitter. Er trank lieber noch ein Mineralwasser. Dann rollten sie drei Räder vor das Geschäft, verschlossen die Tür und radelten los. Schon nach einem Kilometer hielt Reinhold, der vorneweg fuhr, abrupt an, warf das Rad auf den Boden und kotzte in den Straßengraben, den Fisch und was sonst so drin war im Magen. Die Fahrradtour wurde abgebrochen, zumal Rita mitteilte, ihr sei auch schummerig. Zurück zum Betrieb, die Fahrräder abgestellt und heim, wo Reinhold den restlichen Nachmittag auf der Couch vor dem Fernseher verbrachte, die Beine hoch und eine Kamelhaardecke über dem Bauch; Elisabeth hatte ihm einen Tee gekocht.

Nie im Leben hätte er geglaubt, dass er gerade dem Tod von der Schippe gesprungen war. War er auch nicht, schlimmstenfalls hätte sich seine Magenverstimmung zu einer ordentlichen Fischvergiftung auswachsen können. Rita war jedenfalls überzeugt, dass es am Fisch gelegen hatte, ihr war nämlich auch schlecht und Elisabeth nicht, die hatte ja Lasagne gegessen. Und sie sei auch ganz sicher gewesen, erzählte sie später der Polizei, dass Elisabeth so etwas nicht tun würde, dass sie nichts in den Sekt geben würde. Okay, ja, das hatte sie doch getan, aber sie sei sicher gewesen, dass das kein richtiges Gift war. Elisabeth erfuhr erst später im Prozess das Ergebnis der laborchemischen Untersuchung des Flascheninhalts: Der Boxer hatte ihr für 3000 Mark Nasivin-Tropfen verkauft.

Reinhold war am Montag wieder kerngesund und unternehmungslustig wie immer. Elisabeth ahnte, dass mit den Tropfen etwas nicht gestimmt hatte, starkes Gift war das jedenfalls nicht gewesen. So ging es also auch nicht. Es ging gar nicht.

Als schwaches Weib war man halt schlecht dran in dieser Welt. Sie war Ende dreißig gewesen, als sie Reinhold kennenlernte, und das Kapitel Kinder war eigentlich abgeschlossen. Aber wenn Reinhold gewollt hätte, gegangen wäre es ja schon, und sie hätte auch nicht nein gesagt. Er hatte sich damals sogar erkundigt, ob es nicht doch eine Möglichkeit gäbe, wieder kirchlich zu heiraten, sie waren ja beide in erster Ehe katholisch getraut gewesen. Doch dann war das alles immer unwahrscheinlicher geworden. Erst hatte er gesagt, solange seine Scheidung nicht in trockenen Tüchern sei und er nicht wisse, was ihn das koste, könne er sich über so was keine Gedanken machen. Später hatte sie, wenn es gerade sehr gut lief zwischen ihnen, immer wieder mal gefragt, ob es nicht einfacher wäre, wenn sie verheiratet wären, sie würde sich dann auch sicherer fühlen. Da hatte er meist mit einem Scherz das Thema gewechselt.

Und jetzt war er kaum noch zu Hause, wer weiß, ob das mit seiner neuen Freundin nicht was Ernstes war. Darauf angesprochen hatte er gesagt, das habe mit ihr gar nichts zu tun, er brauche halt zwei, drei Frauen, Elisabeth sei etwas ganz anderes, sie sei seine Liebste und Beste. Aber eigentlich war sie zu Hause allein, und ihr blieb nur noch die Arbeit in dieser Klitsche, mit der schlauen Rita, die immer alles wusste, und trotzdem wurde nie was draus. Nicht mal ihren eigenen Mann war Rita losgeworden, ließ sich von dem noch blaue Augen hauen. Na okay, eigentlich war es umgekehrt, Rita hatte ihren Mann schon öfters verhauen, ihm das Gesicht zerkratzt und das Hemd zerrissen.

Dann saß Elisabeth wieder im Büro mit Rita zusammen. Musterung des Erfahrungsschatzes im Hinblick auf lehrreiche Erlebnisse. Ihr Mann, sagte Rita, sei mal mit dem Gewehr auf sie los, nein, mit einer Pistole. Der bekam dann die Waffen abgenommen und ein Strafverfahren aufgebrummt wegen unerlaubten Waffenbesitzes. Sie selbst habe auch eine kleine Pistole, die zeigte sie aber Elisabeth nicht, sagte auch nicht, wo sie die herhatte. Rita fiel dann ein, dass ihre Schwiegermutter vor Jahren, als sie noch nicht verheiratet gewesen war, einen Arbeiter angeheuert hatte, der den Schwiegervater erschlagen oder erschossen hatte, ganz genau wisse sie es nicht. Das sei dann als Selbstmord getarnt worden. Elisabeth sagte, dass sie es einfach nicht mehr aushielte, aber sie wolle auch nicht weglaufen. Zuletzt habe Tanner gesagt, er müsse über sich hinauswachsen, um mit ihr zu schlafen. Wenn sie in der Beziehung kaputtgehe, dann könne auch der Tanner kaputtgehen, meinte sie und schnäuzte sich die Nase wegen der Tränen.

Schließlich sagte Rita, sie kenne da einen, mit dem wolle sie mal telefonieren, das sei der Kemper, Peter Kemper, der komme mal vorbei. Und der andere wäre Jerry Sommer, auf die beiden könne man sich hundertprozentig verlassen, sagte Rita. Den Jerry kannte Elisabeth schon. Der kam kurz darauf in den Betrieb, Rita brachte ihn ins Büro, dann ging sie raus, damit Elisabeth in Ruhe mit ihm sprechen konnte. Aber sie sprach eigentlich nur ziemlich kurz mit ihm, sagte, dass sie Hilfe brauche, dass davon aber keiner wissen dürfte und dass es auch besser wäre, wenn keiner wusste, dass sie etwas mit ihm zu tun hatte.

Also traf sich Elisabeth mit Peter Kemper und Jerry Sommer in der Autobahnraststätte Dammer Berge, zunächst noch ohne einen Plan. Sie sagte, sie wüssten ja wohl schon von Frau Prohl, also der Rita, um was es ginge. Kemper meinte, wenn er so einen Auftrag übernehme, dann am besten im Ausland. Elisabeth wunderte sich noch, dass man so leicht über solche Dinge sprechen konnte. Sie fragte Kemper, ob er schon mal mit so was befasst gewesen sei. Der sagte, er wäre schon ein paar Mal nahe dran gewesen. Jerry redete kaum. Und von Geld war auch überhaupt noch nicht gesprochen worden, nur darüber, ob sie überhaupt etwas tun konnten. Als Kemper sagte, so was mache man im Ausland, fiel Elisabeth die Auslandsreise von Reinhold ein. Das Ganze endete mit der Verabredung, zu telefonieren, sonst nichts Konkretes.

Reinhold gab ihr dann den Terminplan für seine Geschäftsreise nach Ostasien, damit man ihn erreichen konnte. Diesen Plan nahm sie mit ins Geschäft, kopierte ihn dreimal und gab eine Kopie Rita, obwohl sie eigentlich nicht wusste, warum, die anderen Kopien waren für die beiden Helfer. Einige Tage später rief Kemper an: Wenn sie fliegen sollten, müssten sie jetzt die Tickets bestellen. Er hatte im Reisebüro angerufen, die würden circa 4000 Mark kosten. Es war ja noch nichts vereinbart, aber es hat sich dann einfach so entwickelt. Es kam Elisabeth eigentlich ganz normal vor, so leicht wurde ihr alles gemacht. Als sie Kemper die 4500 Mark brachte, fragte sie, wie viel die beiden haben wollten. Kemper sagte: 70000. Das Ganze lief so selbstverständlich wie ein Gespräch bei einer Tasse Kaffee. Kein Mensch sagte: So was tut man doch nicht.

Reinhold Tanner rief aus Hongkong zweimal bei Elisabeth an, Mittwoch und Donnerstag. Donnerstag rief auch Jerry an, dass sie im gleichen Hotel waren wie Tanner, alles lief planmäßig. Sie hatte den beiden die Entscheidung überlassen, wie sie es machten, ob mit Pistole oder Messer. Sobald die Tat geschehen war, sollten sie anrufen oder ein Telefax schicken.

Elisabeth hatte sich ein paar Tage Urlaub genommen, um die Wohnung renovieren zu lassen, es gab viel zu tun. Am Freitag rief Rita an und fragte, ob sie schon etwas gehört habe. Am selben Tag kam ihre Freundin Marianne, um zu helfen. Sie redete Elisabeth gut zu, sie solle selbstbewusster sein, sich nicht so auf seine Frauengeschichten fixieren, schon gar nicht versuchen, ihm die anderen Frauen madig zu machen. Marianne übernachtete auch bei ihr, von Freitag bis Sonntag. Sie waren ausgelassen und fröhlich. Am Sonnabend waren sie bis tief in die Nacht in der Flotten Lotte und hatten viel Spaß; Elisabeth hatte da auch eine harmlose Bekanntschaft, einen wirklich netten Mann, der vielleicht auch mehr gewollt hätte, aber sie war ja mit Marianne da. Sonntag haben sie dann in der Wohnung weitergearbeitet, Montagmorgen auch, und mittags wurde Elisabeth festgenommen.

Bei der Polizei wurde Elisabeth Berg, 51 Jahre alt, geschieden, eröffnet, dass sie sich der Anstiftung zum versuchten Mord schuldig gemacht habe. Bisher habe man es nur per Fax, aber im Intercontinental Hotel in Hongkong hätten ein Herr Kemper und ein Herr Sommer in der Lobby ihren Lebensgefährten Herrn Tanner angesprochen und ihm eröffnet, dass sie beauftragt seien, ihn zu töten. Sie hätten allerdings nie die Absicht gehabt, diesen Plan auszuführen. Beauftragt und bezahlt seien sie von Frau Berg.

Frau Berg erklärte den Kriminalbeamten lächelnd, sie

sei froh, dass nichts passiert sei. Sie habe immer gewusst, telepathisch, dass Tanner wiederkäme. Sie habe am Wochenende genau gewusst, dass Reinhold nichts passieren würde. Sie habe das ja auch gar nicht gewollt, sie habe ihn nur für sich behalten wollen. Vielleicht habe sie ihm ein bisschen wehtun wollen, vielleicht sich etwas wehren, aber nicht, dass ihm ernsthaft was passierte.

Als er wieder in Münster war, berichtete Reinhold Tanner der Polizei natürlich auch von den anderen seltsamen Erlebnissen. Rita Prohl wurde vernommen – sie habe von alldem nur am Rande etwas mitbekommen, sei selbst nie beteiligt gewesen, habe immer abgeraten. Mach dich nicht unglücklich, habe sie immer gesagt. Elisabeth Berg aber war weitgehend geständig, und so bekam sie für die Hiebe mit dem Baseballschläger zudem eine Anklage wegen Anstiftung zur gefährlichen Körperverletzung und wegen der Nasivin-Tropfen eine Anklage wegen versuchten Mordes.

So saß sie nun Anfang November in der kleinen Frauenabteilung des Gefängnisses, mitten in der Stadt, gar nicht weit vom Haus und vom Fahrradladen entfernt, aber doch abgetrennt von allem. Die acht anderen Frauen, mit denen sie einsaß, hatten mehr oder weniger Ähnlichkeit mit Rita, gegen die wegen Beihilfe ermittelt wurde, aber sie wurde nicht inhaftiert und später auch nicht angeklagt.

Elisabeth hatte starke Kopfschmerzen, konnte nicht schlafen, nahm ab. Und doch sah jeder, dass sie eine schöne Frau war. Sie sagte, sie habe nie an Gefängnis gedacht, sie habe sich nie Gedanken gemacht, dass sie verhaftet werden könnte. Und dass sie den Mann immer noch liebt. Tanner übernahm alle Anwalts- und Gerichtskosten für sie und erklärte, dass er ihr nicht böse sei, auch wenn ihre Beziehung nun doch wohl beendet sei. Vielleicht habe er sie auch etwas überfordert. Das stimmte am Ende auch das Gericht recht milde. Ins Gefängnis schrieb Reinhold Elisabeth gleich nach zwei Wochen einen Brief. Er hätte sie halt anzeigen müssen, um sich selbst vor ihr zu schützen. Aber er denke an die guten gemeinsamen Zeiten, sie solle das auch tun. Für ihn sei die Sache abgeschlossen. Er bedaure, dass sie nun, wo die Karnevalssession beginne, die ganze Zeit im Gefängnis sei. Der Brief endete: «Helau! Dein Reinhold.»

Mehr als eine Session verbrachte Elisabeth Berg in Haft, ihren dünnen süchtigen und ihren derb resoluten Gefährtinnen eine treusorgende Lehrerin und Beraterin. Dann stand sie wieder draußen in der klaren Herbstluft vor den weiten Horizonten des Münsterlands, und sie war reinen Herzens.

IM KELLER

Es war ein trister Februarsonntag, etwas zu warm, nieselig, trübe, und Gerd Fuhrmann rechnete sich aus, dass es heute gelingen könnte. Er war ganz allein im Haus seiner Eltern. Schon vor dem Krieg hatten sie, mit viel Eigenleistung, das Siedlungshaus am Stadtrand von Leipzig gebaut, zwischen anderen bescheidenen Häuschen mit kleinem Garten, eine friedliche stille Gegend. Dank der Wende, die nun auch schon einiges zurücklag, hatte man vieles wieder auf Vordermann bringen können, den bröckelnden Grauputz saniert, manches Dach neu gedeckt, und Gerd hatte die Flächen zwischen Gartentor und Haus mit Knochensteinen versiegelt, auf denen sein Toyota parkte.

Er war ganz allein, der Vater war vor drei Jahren gestorben, die langjährige Partnerin hatte sich von ihm getrennt, und nun hatte seine Mutter, mit der er seit Jahren zusammenlebte, einen Schlaganfall erlitten. Sie lag in der Uniklinik, er hatte sie mittags wieder besucht. Ihr Zustand war unverändert: Sie hatte die Augen auf, starrte in Richtung des fest montierten Fernsehers, der ohne Ton lief, und sagte nichts. Ihr Mund klaffte leicht, die Haut zur Nase hin war blassgelb und geriffelt wie bei einer Auster. Er hatte dagestanden, am Bett, sich gar nicht hingesetzt, nur eine Zeitlang ihre linke Hand gehalten, die auf der Bettdecke lag. Er hatte überlegt, wann er wieder rausgehen durfte aus dem Zimmer. Dann war er heimgefahren mit seinem Auto, in dem sein bester Freund brav auf ihn gewartet hatte, ein leicht angegrauter Schäferhund, und hatte zu Hause noch etwas ferngesehen. Er hatte das Gefühl, dass er es jetzt wirklich versuchen sollte und dass es heute gelingen könnte. Es war draußen ganz dunkel geworden. Der Hund wedelte mit dem Schwanz und sah ihn erwartungsvoll an, als er noch mal die Autoschlüssel vom Haken nahm. Und die Leine. Dann fuhren sie zur Wiese, und er ließ den Hund von der Leine. Nach der zweiten Straßenbahn kam sie. Er rief den Hund, legte ihm die Leine an und band ihn an eine Laterne.

Iris Franke wollte abends ihre Eltern besuchen, die jetzt auf die 60 zugingen und sich freuten, wenn sie mit ihnen sonntags zu Abend aß. Sie fuhr mit der Straßenbahn hinaus in das Wohngebiet und stieg etwa um 19 Uhr aus. Kurz vor der Abzweigung zum neuen Gewerbepark sah sie vor sich einen Mann, der an einer dunklen Laterne seinen Hund festmachte. Sie lief auf dem Bürgersteig an ihm vorbei, ohne auf die Straße zu treten, mit einem vorsichtigen Blick auf den Hund, der aber ganz friedlich wirkte. Als sie den Mann passiert hatte, fühlte sie sich mit zwei Händen von hinten umfasst und mit einem Griff zu Boden gezogen, wie im Judo, der Mann kurz unter ihr, gedreht, dann war er obenauf. Sie versuchte zu schreien, schon hielt ihr der Mann den Mund zu. Er hatte ein Messer aus seiner Tasche geholt, drohte ihr damit, hielt es mit einer Hand vor ihre Augen, sagte, dass sie den Mund halten solle. Dann fragte er: «Können wir?» Sie nickte, er richtete sich auf, zog sie hoch und zerrte sie von der Straße fort aufs finstere Feld.

Es war ganz still im Umkreis, dunkel, wenige Straßenlaternen sorgten für Lichtpilze, in denen schlierig die feuchte Luft stand, die mit dem Hund brannte nicht, und kein Mensch sonst weit und breit. Der Mann schnaufte etwas und schwieg. Sie fragte, was er denn von ihr wolle. Der Mann sagte: «Nicht, was du denkst.» Er zog an ihr, «Weiter!», er keuchte, sie sagte: «Sie wollen mich vergewaltigen!» Der Mann drehte den Kopf von ihr weg und sagte nein. Und wieder: «Nein, so eine primitive Vergewaltigung, das mach ich nicht.» Er sagte, dass er Geld wolle. Sie griff in ihre Manteltasche, wollte ihm ihr Portemonnaie geben. Der Mann wehrte ab: Nein, so nicht, er wolle Lösegeld für sie haben. Was für ein Wahnsinn, was für ein Unsinn, dachte Iris und versuchte sich loszureißen und wegzulaufen, doch der Mann war stark. Er war gerade mal mittelgroß und sah ganz unauffällig aus in seiner gesteppten Jacke. Wie sagte man? «Ohne besondere Kennzeichen.» Sie fand ihn ziemlich alt, so etwa 50, schätzte sie, wenn nicht noch älter.

Aus einer Jackentasche zog er metallene Handschellen, fesselte damit ihre Hände auf dem Rücken und steckte ihr trotz aller Gegenwehr einen Knebel in den Mund; das war ein Lederband mit einem Ball, durch den Ball ging ein fingerdickes Loch. Er sagte, sie brauche keine Angst zu haben, da sei ein Loch drin, durch das sie atmen könne. Mit einem Schal verband er ihr die Augen.

Nachdem er sie gefesselt und geknebelt hatte, fasste er sie am Arm und ging mit ihr zur Straße zurück, zu dem Laternenmast, und band den Hund los. Dann machten sie kehrt und liefen zu dritt übers dunkle Feld. Sie verlor die Orientierung, sie hatte den Eindruck, dass er kreuz und quer läuft. Schließlich befahl er ihr, dass sie sich hinhocken solle; ein anderer Mann querte ihren Weg und fragte ihren Entführer, ob er helfen könne. Der sagte nein, alles okay, er habe hier einen scharfen Hund. Der andere Mann entfernte sich, und sie gingen weiter. Schließlich schloss der Mann eine Autotür auf, und sie musste sich mit angezogenen Beinen seitlich auf die Rückbank legen. Der Mann legte eine Decke über sie, ließ den Hund vor dem Beifahrersitz Platz nehmen und startete. Kurz nach dem Losfahren hörte sie den Mann mit jemand telefonieren, er sagte: «Ich hab sie.»

Sie fuhren und fuhren, eine ganze Weile, ihrem Empfinden nach etwa eine halbe Stunde. Iris Franke versuchte alles irgendwie zu registrieren, vielleicht könnte es einmal helfen. Dann hielt das Auto an, sie musste aussteigen, sehen konnte sie wegen des Schals vor ihren Augen weiterhin nichts. Ein metallenes Gartentor wurde geschlossen, sie hörte es am Klang, als die beiden Flügel zusammenstießen. Sie stand da wohl schon vor der Haustür; als sie sich etwas drehte, spürte sie hinterm Rücken mit den gefesselten Händen ein halbhohes Mäuerchen, das zum Eingang führte; mit den Fingerspitzen strich sie über die poröse Oberfläche und die Fugen der Ziegel. Der Mann schloss auf und zog sie ins Haus, dort gleich eine Treppe nach unten, dann noch eine weitere Treppe; er hatte sie unter den Arm gefasst, damit sie nicht stolperte. Dann waren die Treppen zu Ende, ein paar Schritte vorwärts, etwas Hölzernes wurde verschoben, etwas wurde aufgeschlossen, sie hörte das

Quietschen einer Stahltüre, die bald darauf dumpf hinter ihr zuschlug.

Der Mann leitete sie zu einem Stuhl, sie sollte sich hinsetzen, warten. Sie hörte, dass er sich ein Stück weit entfernte, irgendetwas machte, so vergingen die Minuten. Dann kam der Mann wieder zu ihr, stand neben ihr, entfernte den Schal, sodass sie wieder sehen konnte – und erneut erschrecken. Der Mann hatte eine Gummimaske auf.

Er legte ihr ein Halseisen um, das zwei Ketten hatte, die an zwei senkrechten Stangen endeten. Er entfernte den Knebel aus ihrem Mund und legte ihn vorsichtig mit seinen dicken Fingern auf ein Beistelltischchen. Was sie sah, war ein sorgsam aufgeräumtes, gut ausgerüstetes Sadomaso-Studio, wie sie es nur einmal auf Fotos in einer Illustrierten gesehen hatte, mit allerlei Gerätschaften, einem Spezialstuhl, glänzenden Stangen, Haken und Ösen, Fesselungsmaterialien und Ledersachen sowie einem Regal mit säuberlich aufgereihten Leitz-Ordnern. Fenster gab es nicht.

Der Mann fing an, sie auszufragen. Sie überlegte, ob Lügen ihr etwas brachte, und sagte die Wahrheit, 32 Jahre alt, ledig, Angestellte. Sollte sie sagen, dass sie einen Freund hatte, oder sollte sie lieber sagen, dass sie keinen hatte? Sie würde vermisst werden, natürlich, von vielen – aber das müsste dem Mann ja klar sein, dachte sie, das rührte ihn nicht. Er rannte die erste Zeit mit seiner Gummimaske auf und ab, irgendwann nahm er sie ab. Zum Vorschein kam ein verschwitzter, geröteter Kopf, abendlicher Bartschatten, dunkle glatte Haare, unauffällige Frisur, ja überhaupt ein ganz unauffälliges

Straßenbahngesicht, an dem der Blick sonst sofort vorbeigleitet.

Jetzt aber glühte das Gesicht. Er nahm ihr die Handschellen ab, griff ins Regal und drückte ihr einen Ordner in die Hände, den sie aufklappen sollte; er hatte die saubere Aufschrift «Ordner zum Lernen für die Sklavin». In einer Schutzfolie fand sie zuoberst einen «Personalbogen», den sie herausnehmen und ausfüllen musste. Es gab weitere Texte, anscheinend von dem Mann selbst verfasst, aus denen hervorging, dass sie zur Sexsklavin ausgebildet werden sollte, illustriert mit entsprechenden Fotos. Der Mann sagte, er sei Mitglied einer Organisation, die junge Frauen zu Sexsklavinnen erzieht und an zahlungskräftige Kunden verkauft, das habe er gemeint mit «Lösegeld».

Es gab einen Ausbildungsvertrag, in dem auch viele Verhaltensregeln und Pflichten standen. Sie musste diesen Vertrag unterschreiben, sie tat es, was blieb ihr anderes übrig. Dann musste sie sich ausziehen für die «Eingangsuntersuchung». Er zerschnitt ihr Unterhemd, fragte sie nach Größe und Gewicht und begann sie auszumessen. Er trug alles sorgsam in eine Tabelle ein. Schließlich erhielt sie einen Jogginganzug, den sie anziehen durfte. Er brachte sie in einen etwas tieferen Teil des Kellers, in eine mit schwarzen Gittern abgeteilte Gefängniszelle, und legte ihr schwere Ketten an und ein Halseisen, das mit einer Kette an die Wand angeschlossen war. Handfesseln und Fußfesseln waren miteinander und dem Hals verbunden. So musste sie die erste Nacht dort unten schlafen. Er drohte, wenn sie nicht tat, was er befahl, werde sie das nicht überleben. Seinen Namen sagte er nicht, sie solle ihn stets mit «Meister» ansprechen.

88

Gerd Fuhrmann fand, dass ihm der Titel eines Meisters schon zukomme, obwohl er ein stiller, ein verkannter Meister war; nur seine Mutter ahnte wohl, was er alles konnte. Aber er wusste auch manches von seinen Eltern, was Kinder besser nicht wissen sollten. Sein Vater war als Techniker bei der Polizei gewesen, aber wegen Depressionen schon früh aus dem Dienst ausgeschieden, lange vor der Wende. Die Mutter war städtische Angestellte gewesen im Gesundheitsamt, seine Schwester war Musikpädagogin und wohnte mit ihrem Mann wenige Häuser weiter. Nachdem er den Keller ausgebaut hatte, hatte er Fotos gefunden, seine Eltern in SM-Sachen.

Damals, nach der Haft, war er wieder zu den Eltern gezogen. Der Keller war ursprünglich eine Garage unterm Haus gewesen. Die hatten sie zugemacht, weil keiner mehr das Auto da unten reinfahren wollte. Er und sein Vater hatten das Garagentor zugemauert, die Rampe zugeschüttet und dafür vom Haus aus eine Tür durchgebrochen. Der neu gewonnene Raum war beträchtlich und lag noch etwas tiefer als der Hauskeller. Gerd Fuhrmann hatte all das ausgebaut. Inzwischen gab es diese wunderbaren riesigen Baumärkte, wo man wirklich alles kriegen konnte, all das, was man früher mühsam eingetauscht hatte, und so viel mehr. Schon damals holte Fuhrmann schöne Sachen vom Baumarkt, von denen man in Ostzeiten nur träumen konnte, fertige Gitter, Balken, Zwischenwände; offiziell wurde das ein Gästezimmer. Schon damals aber reizten ihn die Hohlstangen aus glänzendem Metall, die Ketten und Haken, die er dann später nach dem Tod des Vaters einbaute.

Dann zog er aus und lebte mit seiner Freundin Edith

zusammen. Als er nach dem Tod des Vaters wieder zur Mutter zurückkehrte, fand er beim Aufräumen Bilder, die zeigten, wie der Vater und die Mutter sich da unten im Keller sexuell betätigt haben. Er vernichtete die Bilder bis auf eines, auf dem man die Gesichter hinter den Masken nicht erkennen konnte. Er war überzeugt, dass die Mutter nur so mitgemacht hatte, die treibende Kraft musste der Vater gewesen war. Es musste schon begonnen haben, als er noch bei den Eltern wohnte, dass die beiden da im Keller waren, aber das hatten sie perfekt getarnt, meistens mit Arbeit.

Nun, wo er allein bei der Mutter lebte und sie bisweilen zum Grab des Vaters begleitete, brachte er den Schallschutz an und baute alles andere ein, so nach und nach, ein jahrelanges Hobby. Immer wieder ging er in den Keller, erst für den Ausbau, später schrieb er dort seine Phantasiegeschichten und heftete sie sorgfältig in den Ordnern ab. Er zog sich Frauensachen an und fesselte sich selbst mit Draht, betrachtete sich so im Spiegel. Seine Mutter kam nie mehr runter, doch sie musste ahnen, was er da unten tat. Sie sagte aber kein Wort, sondern bat ihn nur, er möge ihr eine Klingelleitung legen von der Küche in den Keller, denn sonst höre er sie nie, wenn sie ihn zum Abendbrot rief. Er legte ihr die Leitung, und wenn sie klingelte, wusch er sich die Hände in dem kleinen Bad, das er im Keller angelegt hatte, zog sich ordentlich an, ging hoch und setzte sich an den Abendbrottisch. Man lebte in ordentlichen Verhältnissen, gutes Betragen, Sauberkeit und Ordnung, keine Extravaganzen. Du könntest mal wieder zum Friseur gehen, sagte die Mutter, wenn ihm eine Strähne vor die Augen fiel.

Allerdings, auch wenn die Mutter es so recht nicht wahrhaben wollte, sie konnte es keine Minute vergessen: Ihr treuer und eigentlich doch recht ordentlicher Sohn war ein Straftäter, hatte mehrmals gesessen. Insofern war es auch besser, er ging in den Keller, als dass er sich draußen rumtrieb. Mit 14 Jahren war Gerd zu 15 Monaten Jugendhaus verurteilt worden, weil er ein gleichaltriges Mädchen gefesselt und vergewaltigt hatte. Er hatte das einem Mitschüler erzählt, bevor sie zusammen eine 18-Jährige überfielen. Im Jugendwerkhof führte er sich ordentlich, und auch danach lief es erst mal gut. Er absolvierte erfolgreich eine Schreinerlehre, wenn er auch lieber Förster geworden wäre; er war ein Einzelgänger und zog sich gern in den Wald zurück. Mädchen anzusprechen machte ihm Angst.

Es hatte aber auch vorher schon merkwürdige Zwischenfälle gegeben. So hatte er, als er gerade auf die Schule gekommen war, eines Abends, als er schon längst schlafen sollte, beobachtet, wie der Vater die Mutter an einen Wäschepfahl band und sie dann küsste und anfasste. Als er 13 war, hatte die Mutter ihn in seinem Zimmer erwischt, als er sich mit Drähten selbst gefesselt, den Mund und die Augen verbunden und einen ihrer Büstenhalter angezogen hatte. Der Vater hatte gesagt, dass man für solche Sachen ins Gefängnis käme. Das Schlafzimmer der Eltern war immer abgeschlossen, auch tagsüber.

Nach der Entlassung aus dem Jugendhaus lief eine Weile alles gut, Gerd Fuhrmann besuchte eine Fachschule, und mit einer Mitschülerin hatte er zum ersten Mal richtigen Sex. Sie wurde seine Freundin, und er konnte sie schließlich überreden, sich von ihm fesseln zu lassen;

auch sich selbst ließ er fesseln. Nach Abschluss der Ausbildung zog sie weg nach Görlitz, das war die Trennung. Er fand aber eine neue Freundin, auch mit der lief es wieder ganz gut, auch sie war tolerant gegenüber Handschellen und Stricken, Halstüchern, warum nicht, zur Abwechslung. Aber sie trennte sich von ihm – ein anderer junger Mann war nicht so maulfaul, nicht so einsiedlerisch, war unternehmungslustiger, ja überhaupt fröhlicher als Gerd, der abends meist ohne Licht auf der Klappcouch saß und dessen ausdrucksloses Gesicht nur von den blaustichigen Farben des Fernsehers beleuchtet wurde.

Wenige Monate später begann in Leipzig eine Serie von zehn Vergewaltigungen, sehr gleichförmig, alle in der gleichen Vorstadtregion, alle gingen mit Fesselung und Knebelung des Opfers einher, wobei der Knebel gelöst wurde, wenn das Opfer Luftnot bekam. Nach einem Jahr fand der 20-jährige Gerd Fuhrmann eine neue Freundin, die Vergewaltigungsserie endete zunächst. Aber nach einem halben Jahr beging er die elfte Tat und wurde diesmal gefasst. Gegenüber den Gutachtern ließ er wenig heraus über seine sexuellen Phantasien, er wurde als weitgehend normaler Vergewaltiger eingestuft und bekam eine Gefängnisstrafe von 10 Jahren.

Während Gerd diese in Bautzen verbüßte, besorgte ihm seine Mutter zur Rückfallprophylaxe über eine Annonce eine künftige Ehefrau. Sie hatte mehrere Frauen kontaktiert, Gerd konnte ein bisschen aussuchen; und als er rauskam, entwickelte sich zu einer dieser Damen tatsächlich eine Partnerschaft. Mit 32 Jahren heiratete er und wurde Vater. Damit hatte er, so musste er nun feststellen, die ihm von seiner Frau zugedachte Funktion erfüllt, sie ließ ihn immer weniger an sich heran, wies ihn immer unwilliger zurück. Seinen Arbeitskollegen, die ihn in der Zeit der Schwangerschaft erstaunlich locker und gutgelaunt erlebt hatten, kam er nun niedergeschlagen und zerstreut vor. Sie fragten nach Sorgen, aber er sagte, dem Kind gehe es gut. Seine ganze Zuwendung galt nun seinem einzigen und besten Freund; das war schon damals ein Schäferhund.

Als sein Kind zwei Jahre alt war, war Gerd Fuhrmann abends oft mit dem Auto unterwegs. Eines Nachts nahm er eine junge Tramperin mit, fuhr mit ihr in einen Waldweg, fesselte ihre Hände, verband die Augen, knebelte den Mund, führte sie mit einem Seil in den Wald, wo er auch ihre Füße fesselte, und zwang sie zum Oralverkehr. Er wurde fast umgehend als Täter ermittelt; dass er all die Tatwerkzeuge im Auto bei sich geführt hatte, wurde als Hinweis auf ein geplantes und vorbereitetes Tatgeschehen gewertet, das er sich früher schon in seinen Phantasien ausgemalt hatte. Einer Psychiaterin offenbarte er nun erstmalig seine eigentümlichen sexuellen Vorlieben; das Bezirksgericht wies ihn daraufhin zur stationären Behandlung in eine geschlossene psychiatrische Klinik ein. Dort erhielt er triebdämpfende Medikamente und regelmäßige Gespräche mit einer mütterlichen Ärztin für Psychiatrie. Zugleich arbeitete er brav und zuverlässig in dem ihm zugewiesenen Betrieb und machte den Gabelstaplerschein; seine Ehefrau hatte derweil schnell das Weite gesucht. Er lernte aber eine sehr ordentliche Dame kennen, mit der er eine Beziehung einging. Nach all diesen Fortschritten wurde die zwangsweise Unterbringung in der Psychiatrie durch das Bezirksgericht nach einem Jahr aufgehoben, und Fuhrmann wurde nach Hause entlassen.

Man könnte dies für sehr rasch und unvorsichtig halten, aber danach ist Fuhrmann ganze 13 Jahre lang nicht mehr straffällig geworden. Die Volkspolizei kam ab und an mal vorbei, kontrollierte mehrfach seine Räume, aber von diesem Keller unter dem Keller wusste sie nichts. Zwei Jahre nach der Entlassung fand sie bei ihm, außerhalb des Hauses, einmal Ketten und Schließen, in einem kleinen Verschlag neben anderen Gerätschaften. Man forderte ihn auf, wieder in Behandlung zu gehen, aber die einstige Ärztin war nicht mehr in der Klinik. Jemand anderes wollte er nicht aufsuchen. Bald darauf kam die Wende, und man vergaß die Sache. Auch danach passierte zehn Jahre lang nichts.

Es war sicher gut, dass Iris Franke nichts von der Vorgeschichte dieses Mannes wusste, den sie Meister nennen musste und der sie Sklavin nannte. Am ersten Abend hatte er sie ausgezogen und vermessen, aber keinen Sex mit ihr erzwungen. Dafür hatte er sie in Todesangst und massiv gefesselt zurückgelassen; wenn sie schreie, werde er sie töten. Am nächsten Tag wurde sie von den Ketten befreit, in den anderen Raum zurückgeführt, und der Mann erklärte ihr, es kämen nun «Lehrtage» auf sie zu. Er verlangte von ihr Oralverkehr in verschiedenen Varianten, auch Geschlechtsverkehr. Dann vermaß er sie erneut mit Zentimetermaß und Stäben, führte Gegenstände ein. Es gab ein vielfältiges Arsenal von Quälereien, Demütigungen und Unterwerfungsritualen, er inszenierte Fesselungs- und Folterszenen, die er foto-

94

grafierte. Es war schmerzhaft, und sie litt stets erneut unter Ängsten, das Knebeln, das Verbinden der Augen, die Schutzlosigkeit, körperlich völlig ausgeliefert zu sein. Er machte nichts, wobei Blut geflossen wäre oder er sie sichtbar verletzt hätte.

In der ersten Woche durfte Iris ihr Verließ nur zur Einnahme der Mahlzeiten in einem anderen Kellerraum verlassen. Nach einiger Zeit begann er, sie zeitweilig nicht wie eine Sklavin, sondern wie eine Ehefrau zu behandeln und das Geschehen zunehmend ins Erdgeschoss zu verlagern; sie sollte dort auch Hausarbeit verrichten. Sie musste mit ihm in der Wanne baden, er nahm sie mit in sein Schlafzimmer, wollte, dass sie dort übernachtete. Fuß- und Handfesseln wurden ihr deswegen jedoch nicht erlassen. Iris Franke machte heimlich Notizen in einem Tagebuch, auch um eine zeitliche Orientierung zu behalten. Das konnte sie tun, denn immer häufiger ließ er sie weitgehend ungefesselt im Keller zurück; sie konnte ja nicht hinaus, und ihre Schreie hätte keiner gehört; war sie oben, war er immer dabei.

Die Frau erlebte nun eine eigenartige Vermengung zwischen der Inszenierung eines scheinbar friedlichen Ehelebens und der täglichen Durchführung von sadomasochistischen Praktiken im Keller. Mehrfach erzählte er, dass er Mitglied einer Sklavenhändlerbande sei. Sie wusste nicht, was sie glauben sollte; er hatte ja am Anfang mit jemand am Handy telefoniert, und vielleicht war auch der andere Mann auf dem Feld ein Komplize gewesen. Aber es tauchte nie jemand anderes auf. Dafür ging der Meister jetzt immer größere Risiken ein.

Einmal ging er abends mit ihr draußen spazieren, um

den Block, zusammen mit dem Hund. Da war sie schon vier Wochen in seiner Gewalt. Unterwegs begegnete ihnen ein Mann; Iris bekam einen trockenen Mund, ihre Gedanken rasten, ist das eine Falle, ein Test? Ehe sie sich entschieden hatte, war der Mann an ihnen vorbei, und sie waren wieder an der Gartenpforte. Der Meister verlor kein Wort über den Vorfall. Danach saßen sie in der Küche, und er wirkte niedergeschlagen. Er erzählte, dass seine Mutter im Krankenhaus lag und nicht mehr sprechen konnte. Alles, was er sagte, klang so, als erwarte er keine Antwort. Er sah sie auch nicht an. Aber seine täglichen sexuellen Aktivitäten ließen nicht nach, sie wirkten verbissen, freudlos, seine verschwitzten Haare, sein starres Gesicht, der Blick immer auf ihren nackten Körper, nie in ihr Gesicht. Sie war nun schon sechs Wochen seine Gefangene, dachte an ihre Mutter und an ihren Vater und an deren Verzweiflung: In einem zivilisierten Land, in einer Großstadt wie vom Erdboden verschluckt – konnte das überhaupt geschehen, konnte man sie finden? Sie hatte noch nie von so einem Fall gehört.

Fuhrmann wollte seine Gefangene nicht töten. Er hatte nie sexuelle Tötungsphantasien gehabt, schon gar nicht gegen seine jetzige Sklavin, die immer realer, immer menschlicher wurde. Eigentlich mochte er sie gut leiden, sie wäre eine ansehnliche Ehefrau gewesen, aber er war jemand, der nie eine solche Ehefrau bekommen hätte. Nach der Zeit in der Psychiatrie hatte er jahrelang eine Freundin gehabt, Edith. Sie waren gleichaltrig und lebten einige Jahre zusammen, sie hatten Sex miteinander, auch ab und zu Fesseln, aber richtig nahe kamen sie sich nicht.

Sie akzeptierten, dass sie beide es schwer hatten mit dem Glücklichsein, aber irgendwann hielten sie einander nicht mehr aus, die Freudlosigkeit, die Entfernung.

Ganz eigenartig wiederholte sich dies nun in der Beziehung zu seiner Geisel, seiner Sklavin, seiner Iris. Am Anfang hatte er wirklich triumphiert, er war stolz, wie ihm die Aktion geglückt war, perfekt, großartig, auch bei der Begegnung mit dem Mann, der zufällig seinen Weg kreuzte. Sein vorgetäuschtes Telefonat, das war eine gute Idee, sie sollte wissen, dass sie keine Chance hätte bei einem Versuch, seine Pläne zu durchkreuzen. Es gab keine Bande, es gab niemanden, der sein Geheimnis kannte. Und wie sie da gefügig im Keller gesessen hatte – sanft und schön, richtig schön, auch nackt, eine Frau, wie er sie nie bekommen hätte, und jetzt war sie sein. Als er am ersten Abend im Bett lag, vibrierte er immer noch vor Anspannung und Stolz, es war, als schwebe er über dem Bettlaken, er konnte lange nicht einschlafen.

Aber dann verging die Zeit, und das Erleben wurde schal. Nach einigen Tagen fing alles an, sich zu wiederholen, der Sex funktionierte weiter, er konnte sich immer wieder erregen, aber das Glück des Erfolgs schlich sich davon, der Triumph verblasste. Er war Tag für Tag zu Hause, nur ab und zu ging er einkaufen und andere notwendige Dinge erledigen, und mit dem Hund ging er natürlich regelmäßig raus. Wenn er aus dem Haus ging, war die Frau stets im Kellerverlies und gefesselt. Er war wegen Rückenproblemen schon mehr als ein Jahr krankgeschrieben, hatte sich am Arbeitsplatz auch nicht wohlgefühlt, im Kollegenkreis war er ein Außenseiter geblieben. Zu Hause hatte die Mutter das Regiment geführt, jetzt war er der Hausherr, aber er wurde kein richtiger Meister, so wie er sich das vorstellte, und die junge Frau im Keller wurde keine richtige Sklavin. Sie blieb fremd, fern, sie unterwarf sich, aber sie gab ihm nichts von sich selbst, nur das, was er erzwingen konnte. Sie leistete keinen Widerstand, ließ ihn ins Leere laufen.

Fuhrmann war durchaus klar, dass die Frau verzweifelt und unglücklich war. Er bot ihr an, eine weitere Frau gefangen zu nehmen, damit sie Gesellschaft hatte. Aufgeregt wehrte Iris das ab, sie wollte nicht, dass einer weiteren Frau so etwas widerfuhr. Fuhrmann überlegte hinterher, warum er das gesagt hatte, fragte sich, ob er sie ängstigen oder trösten wollte; natürlich hatte er nicht im Mindesten vor, sich noch ein weiteres Problem ins Haus zu holen. Obwohl es gewiss etwas anderes wäre, Sex mit zwei Frauen zu haben, in wechselnden Rollen. Diese Phantasien richteten ihn kurzfristig wieder auf.

Doch dann war er zunehmend deprimiert, die Stimmung kippte, schon nach zwei Wochen erzählte er ihr von seiner Mutter. Die Frau ließ sich auch nicht umwidmen von der Sklavin zur Partnerin, das war ja noch unmöglicher, was für eine Perspektive sollte das eigentlich haben – dass sie irgendwann hier rausspazieren, ins Auto steigen und zum Standesamt fahren? Ja, dachte Fuhrmann, das wäre die einzige Perspektive. Mutti würde es nicht mehr mitbekommen, wahrscheinlich wäre sie dann schon tot. Aber er wusste zugleich, dass das alles unsinnig war, nie würde diese Frau freiwillig bei ihm bleiben, all seine Gewalt und Misshandlung verschweigen. Er würde weitermachen, natürlich, heute wie gestern und morgen wie heute, und er würde Sex mit ihr haben. Es gab keinen

Ausweg. Oder nur einen gewaltsamen: Einer von ihnen beiden musste sterben.

Einfach weitermachen wie bisher, das war die Lösung. Aber dann kam er unter Zeitdruck. Eigentlich leichtsinnig hatte er im Stadtzentrum in einer Apotheke, in der ihn niemand kennen konnte, einen Schwangerschaftstest gekauft. Es war nur so eine Idee gewesen, wie das Vermessen ihres Körpers bei der Eingangsuntersuchung, ein weiterer Vorwand, sich mit ihrem Leib zu beschäftigen, ein Doktorspiel. Sie musste Urin abgeben, den Rest machte er allein in der Küche, strikt nach Gebrauchsanweisung. Er las noch mal nach, aber das Ergebnis war eindeutig: positiv.

Am 43. Tag ihrer Gefangenschaft vermerkte Iris in ihrem Tagebuch: «Er ist im Moment wieder sehr bedrückt.» Zwei Tage später kam Fuhrmann wie immer morgens um 7 Uhr 30 herunter, holte sie hoch zum Frühstück in die Küche, brachte sie danach wieder nach unten. Er sagte: «Iris, ich habe heute zu tun»; zum Mittagessen sei er aber wieder da. Als er sich gegen 8 Uhr 30 im Keller bei ihr verabschiedete, fiel ihr auf, wie müde er wirkte, sehr still, bedrückt. «Wiedersehen, Iris», sagte er. Er hatte sie noch nie mit ihrem Vornamen angeredet. Zum ersten Mal fesselte er sie nicht, obwohl er das Haus verließ. Hinter ihm fiel die Stahltür ins Schloss, die auf ihrer Seite nur einen Knauf hatte, den man nicht drehen konnte, und ein Schloss ohne Schlüssel. Sie war ungefesselt, aber wie immer sicher eingeschlossen, in einem schallgeschützten, fensterlosen Keller unterm Keller, von dem kaum einer wusste.

Der Schäferhund schaute enttäuscht und fiepte etwas, als Fuhrmann die Haustür hinter sich schloss und den Hund daheim ließ. Er fuhr zur Uniklinik, parkte an der Liebigstraße, lief ins Gelände und Richtung Schlaganfall-Station. Es wurde Frühling, manche Büsche waren schon richtig grün, gelbe Farbkleckse von Forsythien und Osterglocken leuchteten neben den Brettern und Rohren der Gerüstbauer, und dazwischen ging geraden ruhigen Schrittes Gerd Fuhrmann in seinem grauen Anorak und seiner grauen Hose zu seiner Mutter.

Auf der Station musste er sich erst erkundigen, sie war in ein anderes Zimmer verlegt worden. Neben ihr in einem zweiten Bett lag eine sehr alte, sehr faltige Frau auf der Seite, die mit geschlossenen Augen rasselnd atmete und nicht darauf reagierte, als Fuhrmann eintrat. Ein drittes Bett war leer, nur das Gestell und eine nackte Matratze. Seine Mutter lag wie immer auf dem Rücken, das Kopfteil leicht angehoben, und starrte geradeaus ins Leere; in diesem Zimmer gab es keine Fernsehschirme. Der Mund war leicht geöffnet, sie hatte noch fast alle Zähne. Er dachte, sie sieht majestätisch aus, trotz allem, sie ist meine Herrin. Wie hätte ich ohne sie leben sollen? Und zugleich zürnte er ihr, dass sie so dalag und sich nicht rührte, seit Wochen nicht, und immer weniger wurde. Sie würde sterben, das war ihm klar, bald sterben. Dann halt sterben, bald sterben, und es ist wieder alles in Ordnung.

Er lauschte, ob jemand kam, draußen auf dem Flur, dann beugte er sich über das Bett und legte vorsichtig seinen Kopf auf die Bettdecke, zwischen die Hände seiner Mutter, die ihn nicht berührten. So hielt er eine Minute inne, richtete sich auf, drehte sich um und ging zur Tür und auf den Flur, ohne sich noch einmal umzudrehen. Er ging zu seinem Auto, an dessen Scheibenwischer ein Zettel vom Ordnungsamt hing. Er nahm ihn weg, zerknüllte ihn und warf ihn auf die Straße. Er stieg ein, schnallte sich an und fuhr davon, nicht in die Richtung seiner Wohnung, sondern in die entgegengesetzte. Er dachte an seinen Hund, den er in der Wohnung zurückgelassen hatte – seine Schwester würde ihn finden und für ihn sorgen. Auf einer breiten, geraden Straße, die aus der Stadt hinausführte, beschleunigte er kräftig. Einige hundert Meter vor ihm schaltete gerade die Ampel auf Rot, und ein orangefarbener großer Betonmisch-LKW hielt an. Gerd Fuhrmann fixierte den Laster, hatte noch 30 Sekunden zu fahren, dann rauschte er ungebremst in das Baufahrzeug. Von seinem Toyota war nur noch die hintere Hälfte zu sehen.

Iris Franke wurde am Nachmittag dieses Tages unruhig. So lange war der Mann noch nie weggeblieben. Sie war hungrig. Zu trinken hatte sie, das Kellergeschoss war ja fast wie eine Wohnung, drei Zellen, ein Aufenthaltsraum, ein gekacheltes Bad. Und er hatte sie am Morgen nicht gefesselt, sie konnte hingehen und trinken. Aber sie war hier trotzdem lebendig begraben, wenn er nicht wiederkam. Wieso kam er nicht wieder? Abends, so zwischen neun und zehn, hörte sie entfernt Geräusche im Haus. Aha, endlich, nun würde er wohl gleich herunterkommen. Aber schon nach wenigen Minuten dachte sie: Es wird besser sein, wenn ich rufe, wenn ich klopfe, mich irgendwie bemerkbar mache, vielleicht ist es ja jemand anderes. Sie hämmerte mit beiden Händen gegen die

Stahltür, schrie, hielt inne, horchte. Es war nichts mehr zu hören, alles war ganz still. Vielleicht rührte er sich oben nur nicht, weil er ins Bett gegangen war. Oder es war niemand mehr im Haus. Oder vielleicht war es der Hund gewesen, obwohl sie den eigentlich nie hören konnte, der bellte zu Hause nicht und lief auf leisen Sohlen. Sie blieb lange wach, lauschte immer wieder. Dann schlief sie ein, es tat sich nichts mehr in dieser Nacht.

Auch nicht am nächsten Tag. Auch nicht am folgenden Tag. Iris wusch sich. Iris trank. Iris hungerte. Iris war verzweifelt. Sie lief auf und ab, sie machte Gymnastikübungen, aber das Grübeln war nicht zu stoppen, die Todesangst: Er ist weg. Er kommt nicht wieder. Er ist mit seiner Gangsterbande unterwegs. Einfach in Urlaub gefahren. Er hat sich umgebracht. Er ist festgenommen worden und erzählt nichts von mir. Aber dann wäre die Polizei ins Haus gekommen. Er hatte einen Unfall. Er hatte einen Herzinfarkt und lag im Krankenhaus. Nun war er schon drei Tage nicht mehr aufgetaucht.

Fuhrmann war tatsächlich im Krankenhaus. Man hatte ihn mühsam aus dem Autowrack geschnitten und ins Klinikum gebracht; er hatte ein massives stumpfes Bauchtrauma und Hirnverletzungen und lag auf der Intensivstation, wurde beatmet und war nicht ansprechbar. Man fand heraus, dass die Mutter ebenfalls im Krankenhaus lag und dass die einzige Verwandte seine Schwester war, die auch nicht weit entfernt von ihm wohnte. Sie wurde abends benachrichtigt und fuhr gleich ins Krankenhaus. Als sie zurückgekehrt war, ging sie hinüber zur Wohnung ihres Bruders, um für den nächsten Krankenhausbesuch einen Schlafanzug, Waschzeug und einige sonstige Habseligkeiten zu holen und den Schäferhund zu füttern und mitzunehmen. Als sie in dem dunkel daliegenden Haus, vor dem der Kirschbaum blühte, nach den Sachen suchte, hörte sie leise eigentümliche Geräusche, wie Klopfen, die schwer zu verorten waren, sie kamen eher von unten als von oben. Sie schaute sich etwas um, fand aber nichts Auffälliges, vielleicht war etwas mit der Heizung. Sie drehte den Thermostat herunter, Gerd war ja ohnehin nicht zu Hause, und ging. Zu Hause vergaß sie die Geräusche.

Drei Tage später ging die Schwester zusammen mit ihrem Mann und dem Hund wieder in Fuhrmanns Haus, in das Haus ihrer Mutter, und sie ging auch in den Keller, um zu schauen, ob da noch eingewecktes Obst und Gemüse war, das ihre Mutter jetzt wohl kaum noch verwenden würde. Das war der normale Keller, von dem alle wussten, dass es ihn gab; von dem Sadomaso-Keller hingegen wussten nur drei Menschen und die junge Frau, die darin saß. Iris bemerkte, dass jemand im Haus war, sie fing wieder an zu trommeln und zu schreien, bis zur Erschöpfung. Fuhrmanns Schwester hörte es, sie war sich jetzt sicher, dass da ein Mensch sein musste, sie holte ihren Mann, der hörte es auch, aber sie wussten nicht, wo es herkam. Es war nicht im Keller, es war irgendwie neben dem Keller, in der Tiefe neben dem Haus oder unter dem Haus. Sie schrien, dass sie gehört hatten und dass sie Hilfe holten. Sie riefen die Polizei an, die bald darauf vor dem Grundstück erschien, obwohl Feiertag war. Die Polizisten tasteten die Holzvertäfelungen des Kellers ab und fanden eine geschickt getarnte Tür. Als sie die Tür öffneten, hockte vor ihnen eine wimmernde Frau. Der

Schäferhund lief an ihnen vorbei, stieß die junge Frau mit der Schnauze an und wedelte zurückhaltend mit der Rute.

Ein Polizist bot der jungen Frau an, sie hinaufzutragen in die Wohnung. Inzwischen war auch ein Krankenwagen eingetroffen. Aber Iris stand alleine auf, ging alleine hoch, die erste Treppe, die zweite Treppe, und dann war sie schon mit der Hand an der Haustür. Sie öffnete und stand draußen, auf der Schwelle. Sie schaute auf den Krankenwagen und in den blühenden Kirschbaum an diesem sonnigen Karfreitag. Dann musste sie sich doch hinsetzen, auf das kleine Mäuerchen neben der Tür. Es gab hier draußen, bis hoch hinauf in den Himmel, eine unglaubliche Menge von Luft, die sie fast umwarf.

DER BISS IN DIE BRUST

Wann genau er sich entschlossen hatte, seine Frau zu töten, wusste Gerwin Moss, als er nach 15 Jahren die Tat erstmals gestand, schon nicht mehr zu sagen. Es mochte zwei Jahre vorher gewesen sein, danach war ihm leichter zumute gewesen. Zeitweilig hatte er den Plan auch wieder aufgegeben, aber dann doch weiterverfolgt. Klar war ihm von vornherein, dass es nicht gerecht wäre, wenn er dafür lebenslang büßen müsste. Lebenslang war damals lebenslang, es sei denn, man wurde irgendwann begnadigt. Aber von Fällen der Begnadigung hörte man kaum. Er durfte verdächtigt, aber nicht überführt werden. Immerhin war er Diplom-Ingenieur, an präzises Arbeiten gewöhnt. Es musste und würde ein perfekter Mord sein.

Nachdem Gerwin Moss seinen Entschluss gefasst hatte, blieb ihm alle Zeit der Welt zur Vorbereitung. Das Leben floss gleichförmig dahin; was in der Welt passierte, Vietnam, die Studentenproteste, interessierte ihn kaum, obwohl er gerade erst das Studium beendet hatte. Die Frau kränkelte weiter, schlief viel, mit und ohne Schlaftabletten, und bedachte ihn, wie ihm schien, mit einer missmutigen und selbstmitleidigen Ablehnung. Dann wieder empfand er Mitleid mit ihr, sie war ja wirklich schwach, dünn, die blasse weiße Haut so durchscheinend, der Mund bitter. Er musste und wollte dem abhelfen.

So hatte sich ihm durch seinen perfekten Plan die

Zukunft wieder geöffnet, und er arbeitete in geduldiger Erwartung in seiner kleinen Werkstatt, die er mit einer Rigipswand unter der Dachschräge vom Schlafzimmer abgetrennt hatte: vor der Wand im Ehebett die malade Gemahlin, hinter der Wand Gerwin, der mit Geduld und Präzision das selbstkonstruierte Tötungsgerät schuf und auch alles andere, was erforderlich sein würde. Eine saubere, praktische Dachgeschosswohnung in einem sauberen, weißen Dreifamilienhaus in einer sauberen, friedlichen Stadtrandsiedlung. Nachdem er das Studium beendet und eine Arbeit gefunden hatte, kündigte seine Frau umgehend den Schuldienst, versorgte nun, soweit es ihre Kräfte zuließen, den dreijährigen Sohn Torsten, der fünf Monate nach der Hochzeit geboren worden war und dessen Geburt den endgültigen Niedergang des ehelichen Sexuallebens einläutete. Nicht dass sie sich jedes Mal verweigert hätte, aber sie empfand, wie sie voller Schuldgefühle einer Freundin gestand, nichts mehr dabei.

Gerwin fuhr jeden Morgen zu seiner Arbeit im Ingenieurbüro eines Energiekonzerns. Dabei war er einmal in eine Polizeikontrolle geraten – mehrere schwerbewaffnete Spezialkräfte, die nach RAF-Terroristen fahndeten, umstellten sein Auto. Sie sahen rasch, dass er harmlos war. Am Arbeitsplatz wurde er als zurückhaltender, zuverlässiger und fleißiger Mitarbeiter geschätzt, der in der Firma keine Freundschaften pflegte und nicht von seinem Privatleben erzählte. Er war, das wusste man, ein Naturfreund. Die Frau teilte diese Vorliebe nicht, sie las; der Sohn war noch zu klein für Spaziergänge in raschem Tempo, aber ihn schien das Alleinsein beim Wandern keineswegs zu stören.

Angepasst hatte sich die Frau seinen etwas eigentümlichen Essgewohnheiten, vegetarisch, makrobiotisch, das
Getreide wurde selbst gemahlen, nur mit Honig wurde
gesüßt – bis sie wegen körperlicher Erschöpfung und of-
fenkundiger Unterernährung drei Wochen im Krankenhaus behandelt werden musste. Das war letztes Jahr, und
Gerwin unterbrach so lange die Arbeit in seiner Bastel-
ecke, obwohl er gerade jetzt ungeniert hätte feilen können. Danach hatten sie sich auch um ein besseres sexuelles
Verhältnis bemüht, zusammen Sexualhilfebücher gelesen
und einzelne Kapitel besprochen. Auf seinen Wunsch
hatte sie auf eine Dauerwelle verzichtet und auch die
Haare ihrer Achselhöhlen nicht mehr rasiert, er fand das
besser, natürlicher.

So gingen die Monate dahin, bis alles bestens vorbereitet war. Allerdings, jetzt war sie wieder schwanger.
Er wusste das, aber es änderte nichts mehr. Im Gegenteil,
noch ein Kind, dem wäre sie ja nicht gewachsen. Er plante
die Erlösung von ihren Leiden. Aber er war nun etwas
unter Zeitdruck, zumal er für die Firma in Kürze für einige Wochen ins Ausland sollte. Er führte alles plangemäß
aus, blieb auch exakt in der vorgesehenen Zeit, die Nerven spielten ihm keinen Streich, man kann nicht sagen,
dass etwas missglückte.

An einem 29. Februar rief Gerwin Moss um 4 Uhr 30
beim Ehepaar Lehmann an, das im Erdgeschoss wohnte, und sagte, dass etwas mit seiner Frau wäre, ob sie mal
hochkommen und sich um seinen Sohn kümmern könnten. Dann verständigte er über Notruf die Polizei, seiner
Frau sei etwas passiert, und er selbst sei auch verletzt.

Als er Nachbarn und Polizei im Wohnzimmer in Empfang nahm, erklärte er, Torsten müsse versorgt werden. Später rief er: «Der Schuft, der gemeine Schuft!» Und: «Das Schwein hat meine Frau umgebracht!» Irgendwie war es merkwürdig, er kam im Sessel sitzend nicht richtig in Fahrt, auch als er schließlich, die Leiche war gefunden, ein Krankenwagen eingetroffen, erregt und vergebens verlangte, ins Schlafzimmer gelassen zu werden. Von seiner eigenen Verletzung am Oberschenkel, die bereits einen kleinen Blutfleck im Sessel hinterlassen hatte, sagte er nichts. Immer wieder kam er auf Torsten zu sprechen, man solle ihn nicht aufwecken.

Den Polizeibeamten erzählte er, er hätte am Morgen einen auswärtigen Termin in Wiesbaden, deswegen habe er sich am Abend im Wohnzimmer schlafen gelegt, um durch sein frühes Aufstehen die Frau nicht zu wecken. Ein uniformierter Polizist unterbrach ihn: «Sie bluten ja!» Moss wiegelte ab, es sei nicht schlimm. Der Arzt, der mit dem Krankenwagen gekommen war, schaute nach ihm, ließ dann aber auf Bitten der Polizei die Wunde unangetastet, zur genaueren Untersuchung durch Rechtsmedizin und Kriminaltechnik.

Moss konnte weiter berichten: Er sei um 4 Uhr aufgestanden, um auszutreten. Gerade, als er aus dem Wohnzimmer in den Flur gekommen sei, habe er einen Schlag ans Bein erhalten. Er habe aber niemanden gesehen und nichts gehört. Er fasste sich ans Bein, es war feucht, er spürte, dass er blutete. Um sich etwas zum Verbinden zu holen, sei er ins Schlafzimmer gegangen. «Im Zimmer meiner Frau brannte Licht. Meine Frau sah furchtbar aus. Komische Zweige lagen auf ihr. Der Kerl, der gemeine, hat das getan.» Der Polizist fragte: «Welcher Kerl?» – «Ich weiß nicht, ich habe keinen gesehen, es war ja dunkel», sagte Moss. Er wisse auch nicht, wie jemand ins Haus und in die Wohnung gekommen sein könne. Aber er habe vor zwei oder drei Tagen seinen Hausschlüssel verloren. «Ich weiß nicht, was mit meiner Frau geschehen ist. Als ich in ihr Zimmer kam und sie so sah, wurde mir schlecht. Ich bin rausgelaufen und hab angerufen.»

Der Polizei bot sich im Schlafzimmer tatsächlich ein eigenartiges Bild. Petra Moss, 31 Jahre alt, lag mit kurzem Nachthemd im ehelichen Doppelbett und hatte in ihren Ohren ohropaxähnliche Tampons. Sie war mit einem aufgesetzten Nahschuss in den Hinterkopf getötet worden. Das Geschoss hatte den Schädelknochen durchschlagen und war in der weichen Hirnmasse stecken geblieben. Der Schuss müsse, so sagten später die Experten, zur sofortigen Bewusstlosigkeit und binnen 30 Minuten zum Tod geführt haben. Unter Kopf und Oberkörper hatte sich im Laken eine größere Blutlache gebildet. Jemand hatte ihr das Nachthemd teils aufgerissen, teils aufgeschnitten. An ihrem Körper waren mit Buntkopfstecknadeln acht Tannenzweige befestigt, je einer rechts und links an den Schultern und an den Unterschenkeln und zweimal zwei am Bauch. Unter und neben ihrem Kopf lagen weitere Zweige. Um die Hand- und Fußgelenke waren grüne Stoffstreifen gebunden, die offensichtlich aus dem Vorhang des Schlafzimmerfensters geschnitten waren. Der Unterkörper der Frau war nackt, die Beine gespreizt. Sechs Zentimeter tief in der Scheide steckte eine zwanzig Zentimeter lange Mettwurst. Bei der Untersuchung der

Frau entdeckten die Rechtsmediziner an der Brust eine schwache Spur, als habe jemand hineingebissen.

Da außer dem Kind niemand anderes in der Wohnung gewesen war und keine Anzeichen für ein gewaltsames Eindringen von außen vorlagen, wurde Gerwin Moss noch am Tatort festgenommen. Sicherheitshalber entnahm man eine Blutprobe, er war aber nüchtern. Bevor man mit ihm fortfuhr, bekam Moss noch mit, dass man unter dem Bett zwei Kleinbildfilme gefunden hatte und dass den Polizisten im Flur an der Wand ein Einschussloch aufgefallen war, das von der Kugel herrührte, die sein Bein getroffen hatte. Die Ärzte stellten bei ihm einen glatten Durchschuss des linken Oberschenkels fest, ohne dass der Knochen oder ein größeres Gefäß verletzt worden wäre; an der Wunde fanden sich keine Bleiabstreifungen und keine Schmauchpartikel. Der Schuss musste ihn also aus gewisser Distanz getroffen haben – oder er hatte etwas zwischen Waffe und Bein gehalten, was die Kugel sozusagen gesäubert hatte.

Gerwin Moss verbrachte die nächsten Tage in Untersuchungshaft in der Erwartung, dass sich anhand der Indizien, die auf einen perversen Fremdtäter hindeuteten, seine Unschuld erweisen würde. Zwei Filme, aber in der ganzen Wohnung keine dazu passende Kamera, seine eigene benötigte ein Rollfilmformat. Ebenso fand sich nirgends die Tatwaffe; der Täter musste mit seiner Waffe und der verwendeten Kamera geflüchtet sein, hatte vorher wohl die Filmrollen versehentlich verloren.

Die Filme, die unter dem Bett gelegen hatten, wurden entwickelt. Der eine war leer, ganz unbelichtet. Auf dem anderen fanden sich acht Fotos: der mit dem Nachthemd bekleidete Körper der Frau. Dann der entkleidete Körper mit gespreizten Beinen. Dann die mit Tannenzweigen versehene Leiche, auf der Stirn des Opfers brannte auf einem quadratischen Pappsockel eine weiße Haushaltskerze. Dann die Scheide. Dann die Scheide mit einem eingeführten Gegenstand, schwer zu sagen, was es war, ein Penis oder die Mettwurst. Dann als sechstes Foto die nackte rechte Brust mit Bissspuren. Das siebte Foto zeigte die behaarte rechte Achselhöhle, das achte Foto war nicht belichtet. Die Bissspuren, das wusste Moss, waren nicht seine. Es waren die Spuren eines Metallgebisses, das er selbst hinter der Rigipswand sorgsam gebaut und in seiner Werkstatt-Esse schon wieder eingeschmolzen hatte. Er wartete auf den zahnmedizinischen Sachverständigen, der ihm, wie er ahnte, einen Gebissabdruck abnehmen würde.

Derweil wurde Gerwin Moss weiter vernommen, auch zur Person. Er blieb zurückhaltend, es wäre mehr zu sagen gewesen. Seine Mutter – worüber hätte man sonst berichten sollen, als es um die ersten zwanzig Lebensjahre ging –, seine Mutter Lotte Moss, geborene Stettner, war, wie sie es stets ausdrückte, Akademische Malerin, das hatte sie studiert. Sie hatte Jahre vor dem Krieg in Rostock den charmanten englischen Geschäftsmann Francis Moss kennengelernt, der deutlich älter war als sie. Sie ging mit ihm nach England und heiratete mit 23 Jahren, im gleichen Jahr wurde auch ihr erster Sohn Thomas geboren, der wie sie die britische Staatsangehörigkeit erhielt. Leider verlief die Ehe unglücklich, es hieß, dass der charmante Francis, anders als sie, im Jahr nach der Hochzeit an Syphilis erkrankte, worauf Lotte Moss in ihrer

Bereitschaft zu klaren Entschlüssen zu ihren Eltern nach Deutschland zurückkehrte und ihren Mann nie wiedersah. Die ganze Beziehung hatte von Anfang bis Ende nur zwei Jahre gedauert. Dann studierte sie Malerei.

Acht Jahre nach seinem Halbbruder wurde Gerwin Moss geboren, die Mutter war noch nicht geschieden. Juristisch war er der Spross eines britischen Ehepaars und somit Bürger des Vereinigten Königreichs, wenn auch mitten im Dritten Reich zur Welt gekommen. Medizinisch war die Geburt ebenfalls kompliziert verlaufen, die Schwangere hatte einen Bluthochdruck entwickelt, das Kind wurde nach einem Eklampsie-Anfall im 8. Monat per Kaiserschnitt geholt und wog 2250 Gramm. Ein Arzt hatte Lotte Moss zu dieser erneuten Schwangerschaft geraten: Das könne ihrer Gesundheit förderlich sein. Sie berichtete später, sie habe sich das überlegt, und ihre Wahl sei auf einen Deutschen gefallen, einen damals bekannten deutschen Volksmusiker, der vor allem gesund war und aus einer gediegenen Bauernfamilie stammte. Der Name, den sie dem Kind gab, sollte auch seinem Erzeuger gefallen.

Gerwin kannte den Mann, denn er kam jedes Jahr einmal zu Gast, abends nach einem Musikabend im Ort. Dann übernachtete er auch bei der Mutter; morgens fuhr er wieder fort. Aber erst als er 18 war, erzählte die Mutter Gerwin, dass dies sein Vater sei. Ein rechtes Bild von ihm hatte er eigentlich nicht. Er sei ihm danach noch mal begegnet. Für ihn sei das eigentlich nie ein Vater gewesen, sondern ein Bekannter. Er habe auch keine von dessen Schallplatten, müsse er zu seiner Schande gestehen, bis auf eine Langspielplatte, die er mal zu Weihnachten von ihm geschenkt bekommen habe, aber eigentlich interessiere ihn diese Musik nicht, er habe eine Leidenschaft für klassische Musik.

Das Kind, das ihrer Gesundheit doch nicht so förderlich gewesen war, gab Lotte ihrer Mutter zur Pflege und fuhr wieder zum Studium an der Akademie. Den Großeltern machten die Irrungen und Wirrungen ihrer Tochter einige Sorgen, aber sie versorgten liebevoll die Enkel Thomas und Gerwin. Auch Lotte, wenn sie in den Semesterferien daheim war, kümmerte sich interessiert um den Spross ihrer romantisch angereicherten Zuchtwahl.

Wenige Monate nach Gerwins Geburt hatte der Krieg begonnen. Im Ort wusste jeder, dass sie ja die deutsche Lotte Stettner war, Moss klang auch nicht besonders britisch, sodass man ihr keine Schwierigkeiten machte. Sie durfte auch an der Schule im Kunstunterricht aushelfen; ihr Vater war Oberlehrer. Genauso innig wie sie an ihm hing Gerwin an seiner Mutter; noch in Haft schrieb er ihr zweimal wöchentlich. Sie hatte Freude an dem braven, folgsamen Sohn.

Letztlich kamen sie heil und ziemlich unbeschadet durch den Krieg. 1944 waren sie aus Hinterpommern in den Westen geflüchtet. Sie landeten in Westfalen, wo Gerwin bald nach Kriegsende auf die Volksschule ging. Da die Mutter die beiden Kinder noch nicht allein mit ihrer Malerei durchbringen konnte, war sie als Verkäuferin für Angora-Unterwäsche unterwegs und als Lokalberichterstatterin für die Zeitung. Später, als sie wieder als Kunsterzieherin arbeiten konnte und häufiger Bilder verkaufte, litten sie keinen Mangel mehr, und sonntags und ein- bis zweimal auch unter der Woche kam Fleisch auf den Tisch.

Gerwin allerdings blieb sein Leben lang mager, schon als Kind war er groß und dünn. Er wäre auch gerne in den freien Künsten so begabt und einfallsreich gewesen wie seine Mutter, um ihr eine Freude zu machen. Aber er war eher ein introvertierter Bastler als ein ausdrucksfreudiger Künstler, verschlossen und etwas lahm. Wenn man ihn auf dem Schulhof suchte, stand er allein. Die Mutter sah es mit Kummer; andere Jungen waren laut, lebhaft und mitten im Getümmel, Gerwin guckte zu und kaute lustlos an seinem gesunden Vollkornbrot.

Beim Wandertag der vierten Klasse in die Baumberge war Gerwins Mutter plötzlich mit im Bus und lief neben ihm her bis zum Waldspielplatz, weil er zwei Wochen vorher doch noch krank gewesen war. Als sie gerade losgegangen waren, hielt sie ihn mit einem Ruck fest, schloss den Reißverschluss seines grauen Anoraks, damit er sich nicht erkältete, und zog ihm die Wollstrümpfe hoch. Die anderen Jungen nannten ihn Muttersöhnchen, die Mädchen, die vor ihm herliefen, drehten die Köpfe um und kicherten. Eine von ihnen war Lörchen Köhler, die er liebte seit dem ersten Schultag, so lebendig und froh und schön, wie sie war. Lörchen drehte lachend ihren Lockenkopf zu ihm nach hinten, sie lachte ihn aus, weil seine Mutter ihn immer an die Hand nehmen wollte. Er wäre am liebsten seitwärts in den Wald gelaufen, aber es war kein Entkommen.

Der Bruder wohnte da schon nicht mehr bei ihnen, nach der mittleren Reife war er an die Fachhochschule gegangen, was kein großer Verlust war, denn der hatte sich als Chef aufgespielt und ihn bisweilen geohrfeigt. Zu Hause war er mit der Mutter allein. Zu Hause ging es auch besser, als wenn andere dabei waren.

Nach der Volksschule bestand Gerwin die Aufnahmeprüfung zum Gymnasium. Dahin fuhr er mit dem Bus, als einziger Fahrschüler jedoch auf dieser Route hatte er weder in der Schule noch im Ort richtige Freunde. Er besaß keinen großen Ehrgeiz, war nicht besonders fleißig, hatte aber stets gute Noten in Mathe, Physik und im Zeichnen, in den Sprachen weniger. Bei einem IQ von 130, der später im Strafprozess festgestellt wurde, hat man Reserven. In Sport aber galt er als Niete.

Nach einer monatelangen Nierenerkrankung, durch die er fast die ganze Quarta versäumte, meldete die Mutter ihn dauerhaft vom Sportunterricht ab in der Überzeugung, er habe einen Herzfehler davongetragen und dürfe nicht belastet werden. Das war verheerend, das war ihm nun auferlegt, obwohl er sich eigentlich gern bewegte, gern Rad fuhr, es war aber halt nicht zu ändern. Erst als Student lernte er schwimmen. Wenn die anderen in die Sportstunde gingen, musste er in der Klasse bleiben und sich sinnvoll beschäftigen.

Er ließ abschreiben und verpetzte keinen, insofern hatte er doch einen ganz guten Stand in der Klasse. Natürlich geriet er nie in Gefahr sitzenzubleiben, und natürlich trieben die anderen ihre Scherze mit seinem Namen «Gerwin». Am Wohnort durfte er zu den Jungschützen, wo er den Umgang mit dem Luftgewehr lernte und auch an Wettkämpfen teilnahm.

Auf dem Gymnasium waren nur Jungen, Mädchen gingen auf die Mädchenschule, einen geheimnisumwobe-

nen, fast extraterrestrischen Ort. Einige Jahre fuhr er mit
der Mutter zum Urlaub nach Sylt, wo er am Strand die
Mädchen beobachtete – Ungezwungenheit, Naturalismus
war die Theorie, für ihn war es unglaubliche Anschauung,
völlig hoffnungsloses Begehren. Mit 17 fand er dort am
Strand eine Freundin, die genauso schüchtern war wie er.
Sie spielten viel im Sand, liefen miteinander herum, aber
anfassen taten sie sich nicht.

Als er 18 war, erkundigte er sich bei seiner Mutter, wie
man Genaueres zum Thema Sexualität erfahren könne,
und sie brachte ihm eine Broschüre aus der Stadtbücherei
mit. Nun wurde geordnet, was er vorher geahnt, aber
nicht sicher gewusst hatte. So ließ denn auch die Panik
nach, die ihn mit 12 Jahren das erste Mal überkommen
hatte. Jahrelang hatte er geglaubt, krank zu sein, weil
durch das Reiben, das ihm angenehm war und das er trotz
aller Ängste nicht lassen konnte, dieses Weiße aus seinem
Glied rauskam, das er für eine Art von Eiter hielt. Mit
Mädchen hatte das allerdings noch wenig zu tun, Mädchen müsste man ja irgendwie näher kennenlernen. Andere schafften es, sich zu verabreden, aber Gerwin hatte
nicht die leiseste Idee, wie das gehen könnte. Er überlegte, ein Fahrrad zu konstruieren, das auf Knopfdruck
genau vor einem begehrten Mädchen zusammenbrach,
um so mit ihr in Kontakt zu kommen.

Dann kam das Abitur, und Gerwin ging anschließend
fort zum Ingenieurstudium. Ach nein, die Mutter hat ihn
nicht zu halten versucht, sie hat ihm einen gebrauchten
Fiat 500 geschenkt. Nicht, damit er öfters heimfuhr von
Braunschweig, sondern weil er etwas außerhalb wohnte
und durch so einen Hohlweg musste. Er besuchte sie oh-

nehin von sich aus gern. Er ließ sich Zeit beim Studium, wechselte nach fünf Semestern den Studienort, wohnte jetzt außerhalb von Darmstadt direkt im Odenwald in einer Waldschänke, einer Ausflugsgaststätte, wo er einen Kohleofen hatte und sich sein Brennholz aus dem Wald holte. Mit einem Freund machte er lange Wanderungen und berichtete der erfreuten Mutter, dass er mit der Studentenermäßigung ganz oft ins Theater ging. In den ersten zwei, drei Jahren habe er kein Stück versäumt.

Nach 21 Semestern, da war er schon verheiratet und Vater, beendete er das Studium mit Diplom und der Note «gut». Seine letzte Studentenbude war ein großes Zimmer mit Toilette und Bad auf dem Flur. Die Vermieterin wohnte im Erdgeschoss und hatte das Gefühl, dass sie sich etwas um diesen sonderlichen, mageren Bastler kümmern musste. Ein schlechter Esser, der sich abkapselte und anscheinend nur von Rohkost und selbstgepressten Fruchtsäften lebte, weil er nur das für gesund hielt. Gerwin klagte häufig über Beschwerden, meinte, er habe wohl ein Hüftleiden und müsse etwas tun für seine Gesundheit. Seiner Mutter hatte die Vermieterin daher versprochen, darauf zu achten, dass er mehr aß. Sie lud ihn vereinzelt zum Essen in ihre Küche, ermahnte ihn immer wieder und beriet ihn auch in allen anderen Lebensfragen.

In der zweiten Hälfte des Studiums war es so weit, Gerwin hatte seinen ersten Geschlechtsverkehr, woraus sich aber keine Liebesbeziehung ergab. Hannelore war Sekretärin und wohnte am anderen Ende der Stadt. Das war ihm, wie seine Mutter glaubte, auf die Dauer wohl zu umständlich. Vor allem aber deutete sich an, dass sie ihn fest binden wollte, und das wollte er nun nicht, immerhin war sie fünf Jahre älter als er, schon 30. Wie in der Schulzeit war er nochmals in die Tanzschule gegangen, aber damit war der Bann immer noch nicht gebrochen. Schließlich hatte er auf eine Annonce geantwortet und so Hannelore kennengelernt. Sie war ein bisschen unscheinbar, aber das machte nichts. «Ich habe mein ganzes Leben ein großes Bedürfnis nach Zärtlichkeit gehabt», erzählte er später, «und diese Frau habe ich gewählt, um diese Zärtlichkeiten zu haben.» Zum ersten Mal zu küssen. Zu streicheln und gestreichelt zu werden. Er habe fürchterlichen Hunger danach gehabt. Es war aber nicht das, was man echte Liebe nennen konnte.

Dann lernte er beim Spazierengehen Gerda kennen. Die war allerdings noch älter als Hannelore, neun Jahre älter als er. Aber das war etwas ganz anderes, Gerda gefiel ihm auch vom Äußeren her sehr, sie war eine richtige Frau. Diesmal war es umgekehrt: Er hätte sie gerne geheiratet, sie ihn aber nicht. Vielleicht traute sie ihm nicht zu, dass er überhaupt das Studium schaffte. Gerda wurde schwanger und hatte eine Fehlgeburt. Vorher war sie im Urlaub bei Freunden in Schweden gewesen; er hatte den Verdacht, dass sie nachgeholfen hatte. Nach der Fehlgeburt wollte sie nicht mehr mit ihm ins Bett und auch nicht heiraten. Diese Frau hatte er wirklich gerngehabt.

Aus Stolz und um sie zu bestrafen, wurde Gerwin aktiv, lernte über eine Zeitungsannonce Petra Triebel kennen und teilte Gerda mit, dass auch er nicht heiraten wolle. Petra war die erste Frau, die gleichaltrig war, sie hatte eine nette Art und ähnliche Einstellungen wie er, auch hinsichtlich der Ernährung, und sie verdiente schon Geld. Nach zwei, drei Monaten wurden sie miteinander intim.

Die ersten Male waren sehr schön, Petra war beim Geschlechtsverkehr erregt und lebendig, doch sehr schnell mochte sie sich ihm wiederholt nicht hingeben.

Als Gerda merkte, dass Gerwin eine andere hatte, bemühte sie sich wieder um ihn. Sie fuhr ihm nach, wartete im Auto vor seiner Wohnung, um ihn abzupassen. Er fasste den Entschluss, sich wieder von Petra zu trennen, einerseits wegen Gerda, zum anderen wegen der sexuellen Schwierigkeiten von Petra. Aber da war es schon zu spät: Petra teilte ihm mit, dass sie von ihm schwanger war.

Gerwin Moss erklärte ihr, er wolle sie aber eigentlich nicht heiraten. Petra sprach mit ihrer Schwester und deren Mann, die rieten ihr, doch zumindest auf Zeit zu heiraten, da sie sonst möglicherweise als Lehrerin Schwierigkeiten bekäme mit einem unehelichen Kind. Nach diesem Gespräch traf sich Petra wieder mit Gerwin. Sie erzählte ihm von ihrer Sorge, was man in der Schule über sie denken würde und dass sie ihre Verbeamtung gefährdet sah. Sie beide sollten es doch vielleicht mal versuchen, zumindest auf Zeit. Auf Zeit fand Gerwin nicht in Ordnung – wenn, dann richtig.

Gerwin Moss und Petra Triebel heirateten, bezogen eine 3-Zimmer-Wohnung im Dachgeschoss, und fünf Monate später wurde Torsten geboren. Petra arbeitete weiter als Lehrerin, bis Gerwin sein Studium abgeschlossen hatte und seine erste Stelle bei einem Kraftwerk antrat. So war er die ersten beiden Jahre viel mit dem Baby zusammen und ein liebevoller Vater. Zu Gerda hielt er weiterhin ein bisschen Kontakt, schickte ihr zu Weihnachten und zum Geburtstag Geschenke, aber es passierte nichts Unschickliches.

Petra war häufig etwas depressiv und schlechter Stimmung. Sie war überzeugt, mittags schlafen zu müssen und auch nachts besonders lange Ruhe zu brauchen, half nach mit Baldrian, aber auch richtigen Schlafmitteln. Sie suchte einen Psychotherapeuten auf, der «Hysterie» in seiner Karteikarte vermerkte. Er war überzeugt, dass sie unter eingebildeten Krankheiten litt, und riet ihr, sich nicht zu überlasten. In ihrem Tagebuch fanden sich Hinweise, dass sie sich nach anderen, aufregenderen Männern sehnte als ihrem ruhigen mageren Gerwin. Aber untreu werden wollte sie nicht. Ihren Pflichten als Hausfrau und Mutter ging sie nur lustlos nach. Sie las gern Flaubert, voller Verständnis für Emma. Nach ihrem Zusammenbruch und dem Krankenhausaufenthalt zur Kräftigung machte sie eine Ausbildung zur Hilfspflegerin beim Deutschen Roten Kreuz. Anschließend arbeitete sie ein paar Tage im Altersheim, aber das ging auch nicht, die körperliche Belastung war zu groß. Schließlich hatte sie eine stundenweise Aushilfe als Lehrerin in Aussicht. Doch dazu kam es nicht mehr.

Die Schwiegermutter Lotte Moss, die später zu all dem befragt wurde, erklärte: Gewiss sei die Ehe bisweilen spannungsgeladen gewesen, aber sie hätten sich im Grunde doch geliebt. Es habe ihrem Sohn, der am Tod seiner Frau sicher unschuldig sei, eine gewisse Befriedigung gegeben, dass er in der Ehe der Stärkere war, wo er doch sonst immer als Schwächling hingestellt worden sei. Wie oft habe er zu ihr gesagt: «Ich freue mich, dass Petra nicht so kräftig ist, dadurch bin ich der Kräftigere.» Sie sei sehr überrascht, wie gleichmütig und ruhig er diese ganze schlimme Zeit ertrug. «Aber im Grunde ist das seine Art. Schon als Kind war er ausgesprochen ruhig und ausgeglichen. Ich versteh ja die Verwunderung, dass er nicht aufgeregter war in der Nacht, wo seine Frau ermordet wurde. Aber für mich ist es nicht verwunderlich, so ist er nun mal, immer freundlich und hilfsbereit. Er hat so ein ganz reines Empfinden. Er liebt Musik. Er liebt Kinder. Alle, die ihn kennen, haben ihn gern.»

Derweil zerbrach sich die psychiatrische Sachverständige den Kopf, ob Moss, wenn er denn der Täter war, pervers und ein Sadist war. Petras Freundinnen hatten der Polizei keine Klagen über ungewöhnliche sexuelle Wünsche berichtet. Aber einmal soll er aus Wut mit einer Holzsandale nach ihr geworfen haben. Das wäre ja noch nicht unnormal, aber es gab das Gerücht, er hätte sie mit der Sandale auch mal auf den nackten Po geschlagen. Außerdem hatten Zeugen vermutet, er habe das Spielhäschen des Sohnes erschossen – oder er habe an dem Plüschtier eine Schießübung gemacht. Und wenn er es war, hatte er die Tannennadeln ja auch mit Stecknadeln befestigt, die er ihr in den Körper gestochen hatte. War das nicht sadistisch?

Dann war da die Mettwurst. Also doch ein sexuell perverser Fremdtäter, der irgendwie an einen Wohnungsschüssel gekommen war? Vielleicht hatte Moss den Schlüssel nicht verloren, sondern dieser war gezielt gestohlen worden? Ein Täter, der lange die Wohnung beobachtet und es in seiner perversen Art auf Petra abgesehen hatte, tief in der Nacht eindrang, erregt vom eigenen Wagemut seine sadistischen Begierden an der Frau ausließ, sie zurichtete, fotografierte und dann verschwand – wobei er im

Hinausgehen auf den Ehemann traf, den er im Dunklen niederschoss, sodass er unerkannt fliehen konnte.

Eigentlich fand Gerwin Moss ebendiese Version des Geschehens überzeugend. Zumal er gar nicht der Täter sein konnte. Jeder kannte ihn als einen braven, wohlerzogenen Bürger, der nichts als Mitgefühl verdiente angesichts des schrecklichen Todes seiner Frau, bei dem er ja auch selber niedergeschossen worden war. Allerdings gab es nun Komplikationen.

Man hatte mit Gerwin Moss rekonstruiert, wo er gestanden hatte, als ihn der Schuss ins Bein traf. Er war sehr kooperativ gewesen. Als die Kriminaltechnik ihr Modell entwickelte, war er natürlich nicht mehr dabei. Sie kam zu dem Schluss, dass angesichts des recht hoch gelegenen Einschusslochs in der Flurwand der Täter bei Schussabgabe eigentlich am Boden gelegen haben musste. Oder aber Moss selbst hatte sich im Sitzen durch das übergeschlagene oder angehobene Bein geschossen, wobei er etwas zwischen Mündung und Bein gehalten hatte, um Spuren des aufgesetzten Schusses zu verhindern.

Des Weiteren hatte die Polizei in seiner Wohnung drei umfängliche metallische Schmelzrückstände gefunden, jeder Klumpen etwa 350 Gramm schwer, darin auch Bruchstücke eines Glaskörpers, möglicherweise einer optischen Linse. Man fand heraus, dass er vor zwei Monaten eine Esse in seinen Hobbyraum eingebaut und vor vier Tagen zwei Gasflaschen für seinen Schweißbrenner erworben hatte.

Moss aber setzte all seine Hoffnungen auf den Biss in die Brust. Er hatte in sorgfältiger Bastelarbeit aus einer Zange und Bandeisen ein metallenes Gebiss geschaffen, derweil Petra nebenan schlief. Der zugerichteten Leiche hatte er damit kräftig in die Brust gekniffen und dann den Biss fotografiert aus Sorge, dies könnte übersehen werden. Aber er konnte ja nicht ein einziges Foto mit diesem Motiv zurücklassen. Also hatte er mehrere Fotos mit unterschiedlichen bizarren Motiven gemacht.

Nun hatte er beim Werken in seinem Hobbyraum natürlich kein Modell seines eigenen Gebisses gehabt. Er hatte seine Zähne aber immer wieder sorgsam im Spiegel gemustert und darauf geachtet, dass sein Modell dem eigenen Zahnsatz möglichst wenig ähnelte. Zur Sicherheit hatte er dem Modell eine Zahnlücke am Oberkiefer verpasst, während ihm selbst ein Backenzahn unten fehlte. Eigentlich erwartete er jeden Tag, aus der Untersuchungshaft entlassen zu werden, sobald der Bissabdruck an der Leiche mit seinem Gebiss verglichen worden war.

Tatsächlich war Gerwin ins Haftkrankenhaus gebracht worden, wo man ihn auf den Zahnarztstuhl setzte. Ein Arzt kam und drückte ihm die riesig wirkende Kelle mit der kalten, feuchten Modelliermasse in den Mund und hinter die Lippen, hielt sie eine Weile gegen den Oberkiefer gepresst, bis die Masse mit einem leichten Schmatzen von seinen Zähnen abgezogen wurde. Das Gleiche wiederholte man an seinem Unterkiefer, ab sofort gab es eine dreidimensionale Dokumentation seines Gebisses – der Beweis seiner Unschuld in Gips, der Weg in die Freiheit tat sich auf.

Aber nichts dergleichen geschah. Es wurde gegen ihn Anklage erhoben wegen Mordes. Die Anklage wurde zugelassen, die Hauptverhandlung angesetzt und ein zahnmedizinischer Sachverständiger geladen. Der Mordprozess begann, die Anklage wurde verlesen. Moss ließ erklären, dass er unschuldig sei, aber sich nicht zur Sache äußern wolle. Die Kriminalbeamten berichteten, schilderten das Spurenbild: kein gewaltsames Eindringen von außen, keine Spuren einer weiteren Person, die Frau vermutlich im Schlaf getötet, also auch nicht durch einen Eindringling geweckt. Die schwer erklärliche Einschusshöhe im Flur, die nicht zu dem passte, was Moss während der Vernehmung geschildert hatte.

Dann kam der zahnmedizinische Sachverständige. Es fing gleich schlecht an, sagte Moss später: Er verwechselte Ober- und Unterkiefer. Was er als Oberkiefer gedacht hatte, wurde vom Gutachter als Unterkiefer angesehen. Und dann kam das mit der Zahnlücke plötzlich einigermaßen hin. Moss merkte: Gerade *wegen* der Zahnlücke hatte der Gutachter seine Zuordnung so getroffen. Aber trotzdem stimmten der Abdruck auf der Brust und sein Gebissabdruck nicht überein. Der Vorsitzende Richter ließ den Sachverständigen zu sich nach vorne kommen, die Verfahrensbeteiligten sahen alle auf eine Kopie der beiden Abdrücke, die vor ihm auf dem Richtertisch lagen. Auch wenn die Abdrücke sich nicht richtig ähnlich sähen, sagte der Sachverständige, sei trotzdem sehr wahrscheinlich, dass sie vom gleichen Gebiss herrührten. Denn man müsse bedenken, bei der Tat habe der Täter ja nicht wie beim Probeabdruck in eine plane, ebene Masse gebissen, sondern in eine runde Brust, wie zum Beispiel beim Biss in einen Apfel. In Vorbereitung seines Gutachtens hätten sie das ausprobiert an einem Luftballon, und da sei die Ähnlichkeit schon sehr viel größer. Der Sachverständige nahm an, dass Herr Moss damals vielleicht zwei etwas wacklige Schneidezähne gehabt hatte, die im schrägen Aufbiss auf die widerständige runde Brust zur Seite gewichen und sozusagen an den Platz gerutscht seien, an dem sie auf dem Spurenfoto zu erkennen waren. Auf den Einwand des Verteidigers, Herr Moss habe aber keine wackligen Schneidezähne, wurde versichert, die könnten sich wieder gefestigt haben.

Zwei Jahre und zwei Monate nach dem Tod seiner Frau wurde Gerwin Moss wegen Mordes zu lebenslanger Haft verurteilt. Das Urteil, das in der Revision umstandslos bestätigt wurde, war 123 Seiten lang und erörterte sorgsam alle Indizien, nicht zuletzt den Zahnstatus.

Der schmale, lange Moss, der eine ungewöhnliche Erscheinung war unter den breitschultrigen, tätowierten, langhaarigen Insassen, war ein vorbildlicher Strafgefangener, der bis zum Schluss kein einziges Disziplinarverfahren hatte und Jahr für Jahr beteuerte, dass er unschuldig sei. Irgendwie kam er mit den anderen aus, erzählte auf Fragen, durch ein Unglück sei seine Frau zu Tode gekommen, und er sei deswegen verurteilt worden. Bereits früh organisierte er einen Rechenkurs für mathematisch schlecht ausgebildete Mitgefangene. Vier Jahre nach dem Urteil gründete er in der Anstalt eine Kammermusikgruppe. Eine Kammermusikgruppe in einem Gefängnis für Langzeithäftlinge ist etwa so erwartbar wie eine Punkband im Vatikan. Zwölf Jahre lang hielt die Mutter engen Kontakt zu Moss, kam auch immer wieder zu Besuch, bis sie mit 75 Jahren starb. Moss stellte im Laufe der Jahre drei Wiederaufnahmeanträge, die immer kompliziertere

Schilderungen dessen enthielten, was in jener Nacht passiert sei; keiner wurde angenommen.

Schließlich beantragte Moss' Anwalt, ihn als britischen Staatsbürger nach sieben Haftjahren auszuweisen, da Deutschland kein Interesse an seiner weiteren Beherbergung haben könne. Moss, der nie in seinem Leben in England war und auf dem Gymnasium Latein und Französisch gelernt hatte, begann Englisch zu lernen. Der Antrag wurde abgelehnt. Gegen Ende der Haftzeit, als er schon gelockert war und als Freigänger bei einer großen Firma arbeitete, wurde er wegen Fluchtgefahr wieder in den geschlossenen Vollzug verlegt, weil die Ausländerbehörde seine Ausweisung für den Zeitpunkt der eventuellen Haftentlassung beantragte. Sinngemäß stand in der Verfügung, er habe als Ausländer sein Gastrecht in Deutschland schändlichst missbraucht, indem er eine deutsche Frau getötet habe; seine weitere Anwesenheit sei der Bevölkerung hier nicht zumutbar. Nach langem Hin und Her und einer Petition beim Landtag wurde ihm ein Bleiberecht zuerkannt.

Ich traf Gerwin Moss nach 15 Haftjahren. Zu diesem Zeitpunkt galt er immer noch als Tatleugner. Nur einem Jesuitenpater hatte er 18 Monate zuvor die Wahrheit gestanden. Inzwischen hatte das Bundesverfassungsgericht entschieden, dass auch zu lebenslanger Freiheitsstrafe Verurteilte nach mindestens 15-jähriger Verbüßung in Freiheit entlassen werden konnten, wenn sie nicht mehr gefährlich waren. In der Haftanstalt war man der Auffassung, dass die Tat wohl einer nicht wiederholbaren, besonderen Beziehung geschuldet war; durch das anhaltende Leugnen seien aber das tatsächliche Geschehen und

die wahre Geisteshaltung des Verurteilten nicht hinrei-
chend zu beurteilen.

Insofern war es in diesem Moment für ihn sicher klü-
ger zu gestehen, als weiter zu leugnen. Die Mutter, der er
mit dem Geständnis Schmerz bereitet hätte, lebte nicht
mehr; allerdings gab es andere Menschen, die an ihn
glaubten und deren Zuwendung er riskierte. Entscheidend für sein langes Leugnen war aber, wie er berichtete,
dass er selbst nicht bereit war, die Strafe als die gerechte
oder gar notwendige Ahndung der Tat anzusehen. Sein
Geständnis war daher auch kein reuiger, überfließender
Herzenserguss, sondern wurde von ihm ruhig und überlegt vorgetragen. Wie schon den psychiatrischen Gutachtern im Erkenntnisverfahren imponierte auch mir, dass
seine Worte nur sehr schwach von so etwas wie Mimik
oder Gestik untermalt wurden; er wirkte emotionsarm,
aber erstaunlicherweise nicht kalt. Was er in jener Nacht
der Rache, die um 21 Uhr nach dem Einschlafen der Frau
begonnen hatte, an Hass, Verachtung und Zurückweisung
in eindrucksvollen Bildern auszudrücken imstande gewesen war und wen alles er hätte treffen mögen, kam nicht
mehr zu Sprache. Aber ansatzweise doch die Schwäche,
aus der so viel Wucht erwuchs.

Gleich zu Beginn der Beziehung, erzählte Gerwin
Moss, war seine Frau zur Kur nach Königstein gefahren.
Ein Arzt hatte gesagt, ihre physischen Leistungswerte
lägen zwar im Normbereich, aber alle an der untersten
Grenze. Immer wieder war sie krank gewesen, häufiger
als gesund. Gestritten hatten sie sich nicht viel, eigentlich hatten sie meist die gleichen Ansichten. Aber sie litt
darunter, dass sie nicht so konnte in der ehelichen Liebe.

Sie beneidete ihn, dass er damit so wenige Probleme hatte und immer Lust verspürte. Sie war überzeugt, sie habe ein Trauma, weil ihre Eltern sich immer gestritten hatten und sie die als Kind einmal beim Sex gesehen und gedacht hatte, auch das sei Kampf und Streit.

Als Petra wieder einmal krank war, hatte Gerwin gedacht, am besten wäre, wenn sie stirbt. Das wäre eine Erlösung für beide. Und noch mehr für das Kind, das ja ganz besonders darunter litt, dass die Mutter immer wieder kränkelte und zur Kur war. Der Junge hatte, glaubte Moss damals, eine bessere Mutter verdient, eine, die da war und für ihn sorgte. Irgendwann dachte er: Warum nicht etwas nachhelfen? Zwar lehnte er diesen Gedanken sofort innerlich ab, aber er meldete sich immer wieder. Und mit der Zeit wurden die Bedenken schwächer.

Moss sagte, er spreche nicht gerne darüber, er schäme sich. Sicherlich habe dieser Prozess ein bis zwei Jahre gedauert. In der Haft, bei Thomas Mann im *Zauberberg* habe er gelesen, man solle dem Tod keine Macht über die eigenen Gedanken geben. Er habe das getan damals.

Gerwin Moss schaute mich an, nachdenklich, ernsthaft. Dann sprach er weiter, ganz sachlich, wie ein Ingenieur, der mir ein technisches Problem erläutert: Schließlich habe er konkrete Überlegungen angestellt, er habe ihr ja nicht wehtun wollen. Aufgrund seiner früheren Beziehung zum Schießen hatte er gedacht, dies sei die beste Art. Als sie im Krankenhaus lag, fuhr er in die Schweiz, wo man ohne Ausweis ein Gewehr bekommen konnte. Am Ende verwendete er das Gewehr doch nicht, denn er kam zu der Überzeugung, dass man nur auf eine Weise das Auffinden der Tatwaffe sicher ausschließen konnte – indem man sie einschmolz. Das bedeutete, dass er die Tat zu Hause durchführen musste, damit ihn niemand auf dem Weg vom Tatort zur Werkstatt zufällig sah. Das wiederum hatte zwingend zur Folge, dass er ein Tatmotiv unübersehbar machen musste, das ihn selbst als Täter ausschloss. Es musste zweifelsfrei ein perverser Sexualmord sein; den beging nicht der brave Ehemann. Deswegen habe er die Leiche so hergerichtet, das habe ihm wirklich keinen Spaß gemacht. Wie auch immer: Am Anfang war der Entschluss und dann der Plan. Zwischendurch ging es nur langsam weiter, weil er die Sache vor sich herschob. Doch er besorgte nach und nach die anderen Dinge, und zum Schluss war es so, dass er fast meinte, er habe so etwas wie eine Pflicht dazu.

Sein Motiv sei wohl Egoismus gewesen. Seine Frau war nicht die sexuell vollwertige Partnerin, die er sich gewünscht hatte. Er hätte sich ja auch scheiden lassen können, aber das wäre für seine Frau schlimm gewesen. Sie wäre sicher nicht zurechtgekommen. Am schlimmsten aber war es für das Kind, das hatte unter seiner Mutter noch mehr gelitten als er. Ihm sei klar gewesen, dass Torsten seine Mutter vermissen würde, aber er war erst drei, und irgendwann hätte er eine Ersatzmutter bekommen. Ja, damals habe er auch mit dem Gedanken gespielt, dass es mit Gerda noch etwas werden könne, sie ihm als Witwer und alleinstehendem Vater helfen würde.

Klar war, dass er nicht als Täter in Frage kommen durfte. Deswegen all die Vorbereitungen. Für die Fotos verwendete er die eigene Kamera, mit ein paar Pappstreifen änderte er das Format der Bilder; so musste er die Kamera gar nicht verschwinden lassen, nur ein paar Vorsatzlinsen, die er dafür benötigt hatte. Was man in der Schmelzmasse gefunden hatte, waren Teile dieser Linsen gewesen. Das Schweißgerät hatte er zwei Monate zuvor gekauft, um die Waffe einzuschmelzen. Die war ein selbstgefertigter Schussapparat, ein Aluminiumrohr mit Schaumstoff drum herum. Er habe durch den Schaumstoff geschossen, in unmittelbarer Nähe des Kopfes. In seinem Bastelraum konnte er alles aufbewahren, ohne dass es jemand gesehen hätte, seine Frau schaute da nie hinein. Eigenartig eigentlich.

«Mein ganzes Leben», sagte Gerwin Moss, «war geprägt von der Suche nach einer Partnerin. Ich habe damals den Fehler gemacht, mich zu früh und an eine falsche Frau zu binden. Das ist mir heute bewusst.»

Exakt 18 Jahre nach seiner Festnahme wurde Gerwin Moss vom Oberlandesgericht in Freiheit entlassen. Er hatte Glück, dass es damals noch nicht den Profiler mit dem knarzenden Wiener Dialekt gab, der bei jeder weiblichen Leiche mit gespreizten Beinen einen perversen Lustmörder diagnostiziert; mit dieser Vorgabe hätte man ihm eine Sexualtherapie in Haft verordnet und ihn auch danach nicht entlassen. Gerwin Moss hingegen musste nach seinem offiziellen Geständnis trotz guter Prognose noch drei Jahre bleiben – allein wegen der Schwere der Schuld – und entging der Ausweisung nach Britannien.

Zu unserem letzten Gespräch erschien er als Freigänger. Er hatte inzwischen geheiratet, wurde begleitet von einer ernsthaften, klugen, gläubigen Frau, mit der er lange Wanderungen unternahm und stimmungsvolle Landschaftsbilder fotografierte; er zeigte mir einige Abzüge.

Er war schon länger fromm geworden, hatte ganze Bibelpassagen auswendig gelernt. All das, so schien es, hatte den Hunger gestillt. Er schickte mir noch einen Brief, in dem er einen der Sprüche Salomos zitierte: «Haus und Hof vererben die Eltern, eine vernünftige Frau kommt vom Herrn.»

Später fand ich Spuren Gerwins im Internet. Gemeinsam mit seiner Frau, so wurde angekündigt, hielt er in seiner Gemeinde einen Lichtbildvortrag. Er ist ein Fotokünstler geworden.

BLUTBRÜDER

Erstens: den Gegner zu Boden schlagen. Zweitens: Wer am Boden liegt, wird zusammengetreten. Das ist nicht neu, das war schon früher so. Es geht hier nicht um Boxsport. Es geht darum, den anderen fertigzumachen, dass der keine Kraft mehr hat, wieder aufzustehen. In alten Western, schwarzweiß, kann man das sehen. Manche glauben, für das Zutreten wurden die Stiefel erfunden. Es geht nicht um ein männliches Kräftemessen, es geht um Herrschaft, zumindest Respekt. Diese Straße, diesen Ort beherrschen wir. Wenn es uns gefällt, können wir jederzeit wieder zuschlagen, wir sind eine Macht. Davongehen, ohne sich umdrehen zu müssen, weil man weiß, dass niemand sich trauen wird, einen anzugreifen. Im Wilden Westen, in der Mitte, im Osten.

Im Landstädtchen Lassan lebten die drei Brüder Bardelow, die waren so etwas wie Bonanza für Arme, aber sie hatten keinen starken Vater wie Ben Cartwright, der dafür sorgt, dass am Ende alle im Sonnenschein stehen, lachen und sich freuen. Sie wohnten mit ihren Eltern und fünf Schwestern in einem alten Häuschen, Lassan lag nicht am Fuß der blauen Berge, sondern am Peenestrom, wo dieser sich ausweitet zum Achterwasser, das Usedom vom Festland trennt. Weiter im Süden war die Landschaft flach wie ein Backblech, aber hier war sie wieder sanft gewellt, und im Mai leuchtete der gelbe Raps aus riesigen Feldern. Fernsehserien aus dem Westen sollte man nicht schauen, hier im Nordosten gab es sowieso keinen Empfang von Westsendern.

Das sozialistische Vaterland hatte es noch nicht ganz vermocht, soziale Unterschiede einzuebnen und bedeutungslos zu machen. Über die Landwirtschaftlichen Produktionsgenossenschaften sollten die Bauern zu Arbeitern werden und Klassengegensätze verschwinden, aber es gab immer noch die ganz oben, die in der Mitte, die unten und die ganz unten. Der X. Parteitag der SED im April 1981 verordnete dem Volk Optimismus und bat um mehr Arbeitsdisziplin: Das kam im Fernsehen. Die drei schauten aber auch kein Ostfernsehen, ihr tagespolitisches Interesse lag deutlich unter null, vor der Glotze hocken durften die Mädchen. Die drei zogen los nach Feierabend.

Franz Bardelow war der ruhigste und vernünftigste der Brüder, relativ betrachtet; das war nicht immer so gewesen, aber inzwischen war er gereift und schon 26. Dann kam Gerd mit 21, Jan Peter war gerade mal 16. Wenn die drei zu Fuß in den Ort einritten, nahmen die alteingesessenen Bürger von Lassan die Gardinen beiseite und schauten ihnen hinterher, mit zusammengekniffenen Augen, missbilligend. Was wohl wieder kommen würde. Randale, eine Schlägerei, vor allem von dem Jüngsten. Denen fehlte ein vernünftiger Vater.

Vater Bardelow war zwar auch so etwas wie ein Cowboy, Rinderzüchter, Mitglied der LPG, aber dort galt er als Schwätzer und Drückeberger, der sich ständig krankschreiben ließ. Seine Söhne kümmerten sich kaum noch um ihn, seitdem sie groß genug waren, dass er sie nicht mehr prügeln konnte. Jetzt ließen sie ihn reden; im Zweifel hatte Franz das Sagen. Anders als sein Vater konnte er anpacken, er war klein, aber drahtig und zäh. Arbeit machte ihm nichts, er konnte sich anstrengen. Er redete nicht viel, das war hier im äußersten Nordosten der Republik auch nicht üblich. Aber er war nicht dumm. Wenn er doch redete, war es nicht immer zu seinem Vorteil.

Familie Bardelow kam nicht aus Lassan, sie waren zugezogen, die Eltern und neun Kinder. Der älteste Sohn verschwand bald, ging zur Armee und kam danach nur selten wieder. Blieben drei Jungs und fünf Mädchen. Franz war fünfzig Kilometer landeinwärts im Norden des Bezirks Neubrandenburg geboren, dort hatten seine Eltern eine Zeitlang gewohnt. Damals arbeitete sein Vater noch im erlernten Beruf als Zimmermann, die Mutter bei der LPG, in der Landwirtschaft, exakt gesagt im Stall, Kälberaufzucht. Sie hatte schon einiges miterlebt an politischen Einfällen zur Produktivitätssteigerung, das Debakel nach 1958, als sie das Vieh auch im Winter in offenen Stallungen auf der Weide lassen sollten, nach Vorbildern aus dem sonnigen Süden der Sowjetunion. Sie hatte ihr Maul nicht halten können, war renitent und frech, sagten die Vorgesetzten, und sie war jedes zweite Jahr schwanger. Ihr Mann war unzuverlässig, außer beim Zuschlagen; fürs Prügeln musste er noch nicht einmal getrunken haben, und jeder der Söhne hatte ihm schon mal den Tod gewünscht. Als Zimmermann wollte man ihn nicht mehr haben und steckte ihn in die LPG. Auch da war er meistens krank, fälschte sogar einen Krankenschein.

Schließlich kam die Obrigkeit zu dem Entschluss, dass die Familie nicht bleiben könne; wenn sie denn angemessenen Wohnraum haben wolle, möge sie umziehen nach Lassan, da sei ein passendes Häuschen mit zwei Stockwerken frei geworden, etwas Renovierungsbedarf bestehe, und sie sollten sich bei der dortigen LPG melden. So geschah es, schnurgerade fuhr man dahin, immer im Wechsel leicht ansteigend, dann wieder hinab, es gab einen einzigen Knick, dann ging es schnurgerade weiter, hügelaufwärts, hügelabwärts, erst der Wald, dann die Felder, und dann war man in Lassan, 1800 Einwohner. Die Häuser waren nicht hoch, ein bis zwei Stockwerke und darauf die Dachschräge, aber sie standen Schulter an Schulter, ließen keinen Zwischenraum, öffneten sich hinter der Kirche zum Marktplatz, rückten dann wieder zusammen. In der Ortsmitte thronte hinter dem Alten Friedhof und den Resten der alten Stadtmauer der mächtige ziegelsteinrote Kirchturm von St. Johannis auf einem Hügel; von seiner Spitze konnte man über das arg zerschlissene Dach und den Peenestrom weit nach Usedom hineinsehen. Kein Dorf, eine stolze Stadt mit Geschichte. Die Bürger von Lassan schauten die Ankömmlinge an und sahen, dass sie asozial waren; wer so viele Kinder hatte, das stand fest, war asozial. Man musste sich ja nur den Vater anschauen, der immer herumhing und den nie jemand ohne Zigarette sah, der grinste und witzig sein wollte und seine Schau abzog. Kein Arsch in der Hose, sagten sie, aber La Paloma pfeifen.

An seinem Geburtsort war Franz zwei Jahre auf die normale Schule gegangen, nach dem Umzug kam er zur dritten Klasse gleich in die Sonderschule. Er wäre ein

Rowdy, eilte dem Achtjährigen sein Ruf voraus, klein, aber streitsüchtig. Wenn es sich irgendwie einrichten ließ, schwänzte er, oder seine Mutter musste ihm eine Entschuldigung schreiben. Zu schwer war ihm die Schule nicht, aber er hatte zunehmend größere Lücken und kam oft nicht mit. Zu Hause mochte sich niemand darum kümmern, die Mutter hatte keine Zeit, frühmorgens zur Arbeit, dazu neun Kinder und der Mann; und der Vater war zu faul für überhaupt etwas. Immerhin musste Franz keine Klasse wiederholen, und nach der 7. Klasse durfte er die Sonderschule verlassen. Das war damals so üblich, man sollte lieber zügig arbeiten gehen.

Er begann auf dem Sägewerk und fand das gar nicht schlecht. Das war gute Arbeit, und man sah, was dabei rumkam; es wurde ganz gut bezahlt, und er blieb fünf Jahre, bis er das erste Mal eingesperrt wurde. In seiner Freizeit – was sollte man da machen am Ende der bekannten Welt, am Westrand Sibiriens, wie man so sagte? Es gab einige Kneipen, wo er hinging, mit einigen wenigen Freunden oder seinem Bruder Gerd, und es gab eine Disko. Jan Peter war ja noch klein und machte keinen Ärger. Den machte damals noch Franz, der legte sich gerne an mit den ordentlichen Jugendlichen, den Eifrigen, den klassenbewussten Strebern. Er ärgerte sie mit seinen Sprüchen, mit seinem Meckern über die Partei. Wenn er so was rausgehauen hatte, lehnte er sich zurück und war stolz, sagte: «Tja, die Wahrheit! Die Wahrheit könnt ihr halt nicht ertragen.» Einmal wurde er festgenommen, weil er betrunken ins Quatschen gekommen war und Walter Ulbricht nachgemacht hatte mit seiner Fistelstimme und seinem vernuschelten Sächsisch. Oder wenn die mit der

Sammelbüchse kamen, für was auch immer, dann sagte er: «Bleibt mir weg mit eurem Schietkram, ich mach nicht mit, ich brauch mein Geld selber, ist wenig genug.» Das Geld, das er verdiente, hat er überwiegend vertrunken; er fand, es diente damit einem guten Zweck.

Man soll die etwas kleineren Männer nicht unterschätzen. Groß war Franz nicht, aber kraftvoll, und er hatte einen Punch. Äußerlich erinnerte er an Popeye, den Seemann, bloß ohne Pfeife. Er hatte auch dessen Hang zu lakonischen Äußerungen, mit denen er durchaus ins Schwarze treffen konnte; aber zur See gefahren ist er nie. Mit 19 Jahren wurde er zum ersten Mal eingesperrt, verurteilt wegen Körperverletzung und Diebstahls sozialistischen Eigentums. Er hatte einem vor den Kopf geschlagen. Er fand nicht, dass man das hätte anzeigen müssen, ein blaues Auge und dicke Lippen hatte der danach. Vorher war er zwei- oder dreimal an einer Schlägerei beteiligt gewesen, da war auch nichts drauf gefolgt; so was zeigte man nicht an unter Männern. Sein ältester Bruder Torsten hatte mal eine Bewährungsstrafe bekommen wegen Schlägereien, als er in Bansin gelernt hatte. Aber Franz war der Erste, der richtig eine Haftstrafe verbüßen musste, in Stralsund und in Warnemünde. In Warnemünde war ein Arbeitslager, da arbeiteten sie auf der Werft. Das war mindestens so interessant wie das Sägewerk, und sie kamen miteinander klar im Lager. Er ließ sich da tätowieren, obwohl es verboten war, an beiden Armen und am Hals, sodass es ihm aus jedem Hemd hervorschaute. Später hat er das oft bereut, zumal der Kumpel, der das gemacht hatte, bei Licht betrachtet wahrlich kein großer Künstler war. Aber da war es zu spät.

Nach der Haft kam er zum Meliorationsbetrieb Zinnowitz, fuhr jeden Tag mit Kollegen dahin. Eine neue Berufserfahrung für Franz: Wiesen trockenlegen, neue Gräben ziehen, Abwässerarbeiten, Straßenbau, Maurerarbeiten. Die Arbeit hatte er sich selber gesucht. Was einem Haftentlassenen von der Abteilung Inneres zugeteilt wurde, wollte er nicht; er war sich sicher, dass das nur der Mist ist, den keiner machen will. Sowieso hatte der Staat ihm alle möglichen Auflagen gemacht, unsinnige Schikanen, wie er fand, zum Beispiel Hauptstadtverbot, er durfte nicht mal die Schwester in Berlin besuchen. Er war gern nach Teterow zum Bergrennen gefahren, da durfte er nun nicht mehr hin. Dreimal die Woche musste er sich bei der Polizei melden.

Ende der siebziger Jahre schluckte sein Vater Gift, ein Pflanzenschutzmittel. Franz bekam das gar nicht so genau mit, weil er gerade wieder in Haft gekommen war und die Mutter keine Zeit hatte, ihn zu besuchen. Der Vater hatte Magenkrebs, das wusste der schon länger, und zum Schluss war er ganz mager geworden. Er hatte sich wohl wegen der Schmerzen das Leben genommen, aber bei Franz kam kein Mitleid auf, als er davon hörte, sein Gesicht blieb hart. Dem Offizier im Strafvollzug, der ihm die Botschaft überbrachte, sagte er nur: «Er hat nichts getaugt. Ich hab mit 14 Jahren schon mehr verdient als der Vater. Und zu der Zeit hat der mich noch verdroschen. Das Einzige, was ich von meinem Vater gekriegt habe, jahrelang, waren Schläge.»

Nach vier Jahren in Freiheit war Franz wieder eingesperrt worden, wegen Körperverletzung und Einbruch, saß nicht ganz drei Jahre. 1980 kurz vor Weihnachten gab es mal wieder eine Amnestie, und er kam raus, er war jetzt Mitte 20. Nach Lassan wollte er nicht mehr zurück, aber man ließ ihm keine Wahl. Er bekam ein baufälliges Zimmer unterm Dach, ohne Wasser, ohne Kochgelegenheit, nicht mal ein vernünftiger Ofen. Er hatte keinen Ausweis mehr: Der richtige Ausweis war ihm abgenommen worden, und die Annahme des Klappausweises PM12 für Entlassene unter Führungsaufsicht hatte er verweigert; er verlangte, dass erst die Wohnung instand gesetzt wurde, die man ihm zugewiesen hatte. Die Melioration in Zinnowitz nahm ihn wieder, die waren mit ihm zufrieden gewesen. Nach der Schicht ging er zur Mutter essen, aber in der Dachwohnung musste er schlafen. Er trank jeden Tag in dieser Zeit, nach der Arbeit, auf der Arbeit nie. Wegen der Auflagen durfte er die Kneipen des Ortes nicht betreten, getrunken wurde draußen oder zu Hause oder bei einem Kumpel. An Tanzveranstaltungen durfte er teilnehmen, das war alles genau geregelt. Am Wochenende war er tagsüber nüchtern und trieb meistens Hundesport, oder er angelte an einem der Seen. Vor der Haft hatte er eine Freundin gehabt, auf Usedom, hatte auch zeitweilig bei ihr gewohnt. Doch so was übersteht die Haftzeit nicht. Seit der letzten Entlassung hatte sich noch nichts Neues ergeben, er hatte Zeit für Hunde und Fische.

Als es passiert war, die Taten vom Mai 1981, stand in der Zeitung, dass die Bürger von Lassan schon länger durch die Brüder Bardelow in Furcht und Schrecken gehalten wurden. Dass sie sich auch beschwert haben bei der Obrigkeit. Dass die Bardelow-Brüder wie eine Gang sind, die den ganzen Ort terrorisiert. Wie im Wildwestfilm, wurden empörte Bürger zitiert. Franz fand, dass das nicht stimmte, und damals habe man auch nichts davon gehört, erst nach der Tat. Richtig war, so Franz, dass man sie auszuschließen versuchte, alle, die zur Familie gehörten, und alle, die zu ihnen hielten. Sie waren die Asozialen, weil er nun auch mal gesessen hatte und tätowiert war. Dabei schuftete die Mutter seit Jahr und Tag, auch er ging zuverlässig arbeiten, eigentlich fast alle von ihnen.

Natürlich mussten sie zusammenhalten. Franz war der kleinste von den Jungs, Jan Peter hingegen, der Jüngste, war ein ziemlich großer Kerl, obwohl er erst 16 war, und er ließ sich nichts gefallen. Franz hatte sich früher ja auch nichts gefallen lassen, aber jetzt war er erwachsen und friedlicher, fand er, er wollte keinen unnötigen Streit. Jan Peter hatte viel vom Vater: den Mädels imponieren, eine Schau abziehen, eine Zigarette nach der anderen, nicht zur Arbeit gehen, Disko. Wenn er mit Gleichaltrigen zusammen war, war er immer der Größte und Stärkste. Dann hieß es, die Leute hätten Angst vor den Bardelows. Aber Gerd zum Beispiel war arbeitsbedingt die ganze Woche über gar nicht da, und bei der Arbeit hatte sich nie jemand über ihn beschwert. Torsten war noch seltener da. Die Brüder zogen auch eher selten zusammen los, Franz war mehr mit seinen Freunden unterwegs. Ab und zu aber musste er sich um Jan Peter kümmern, der brauchte samstagabends nur eine halbe Stunde im Ort zu sein, und schon machte er Probleme.

Jan Peter zog gern herum mit dem dicken Willy, und beide, ehrlich gesagt, waren gefürchtet. Jan Peter hatte auch die Sonderschule besucht. Im ersten Lehrjahr als

Teilfacharbeiter hatte er nur 30 Tage gearbeitet, die Lehre dann geschmissen; seit neuestem hatte er wieder Arbeit. Kaum war er 14, wurde er wegen Körperverletzung zu vier Monaten auf Bewährung verurteilt. Auch danach gab es viele Hauereien, die nicht angezeigt wurden. Vor wenigen Monaten war er nun 16 geworden, und am 1. Mai 1981, dem heiligen 1. Mai, drang er nachmittags um vier betrunken mit Willy in eine Kinovorstellung für Kinder ein. Sie traten lautstark gegen die Rückseiten der Sitze, rauchten und fläzten sich, Bierflaschen in der Hand, in ihre Sessel, kommentierten lautstark den Film und machten sich lustig. Als ein Rentner kam, der die Veranstaltung betreute, und sie zum Verlassen des Kinos aufforderte, fasste Jan Peter ihn mit beiden Händen am Kragen seines Hemdes, schüttelte ihn und stieß ihn zu Boden, das Hemd zerriss. Der Mann rappelte sich auf und wurde von Jan Peter mit einem Schlag gleich wieder zu Boden gestreckt, das machte ihm Spaß, dass der gleich wieder unten lag.

Am nächsten Tag, einem Sonnabend, lauerten Jan Peter und Willy einem Brüderpaar auf, mit dem sie sich bisher noch nicht geschlagen hatten. Sie forderten einen der beiden auf, mal herzukommen, schlugen ihm mit der Faust ins Gesicht, dass er zu Boden ging, und traten zu. Dem anderen, der weitergegangen war, eilten sie nach und fragten, ob er mal seinen Bruder sehen wolle. Der schaute erstaunt, bekam aber darauf auch sofort einen Schlag ins Gesicht und stürzte ins Gestrüpp.

In der gleichen Nacht noch schlitzten Jan Peter und Willy an dem Moped des Abschnittsbevollmächtigten, also des Dorfpolizisten, die Sitzbank auf, um an Werkzeug zu kommen, brachen die Sicherung auf und setzten das Moped mit einem Schraubenzieher in Gang. Sie fuhren zu zweit los, mal der eine, mal der andere auf dem Rücksitz. An einer Bushaltestelle lösten sie den Benzinschlauch und entzündeten ein Streichholz. Das Moped stand sofort in Flammen und brannte aus.

Am nächsten Tag gingen Jan Peter und Willy abends zur sonntäglich ruhigen LPG und schafften es, einen Traktor vom Typ Belarus zu starten und vom Gelände des Stützpunkts zu fahren. Jan bediente das Lenkrad, Willy Kupplung und Gaspedal. Sie fuhren Richtung Straßensee und stießen an alles, was sich ihnen in den Weg stellte, Bäume, Pfosten, Schilder, ein Baum wurde komplett niedergewalzt, vom Belarus wurden Schutzbleche abgerissen, und er sammelte Beulen. Es machte beiden viel Spaß. An einer Sandkuhle ließen sie den Traktor stehen, drangen in das Gebäude eines Kinderferienlagers ein und übernachteten dort.

Franz Bardelow hatte von alldem nicht mal die Hälfte mitbekommen; solange es ihn nichts anging, ging es ihn nichts an. Die Bürger von Lassan bekamen es mit, aber einzeln konnte man sich nicht wehren, nur ducken.

Sechs Tage später kam dieser Sonnabend im Mai 1981. Traumhaft schönes Wetter über dem Land und über dem Strom, flache weiße Wolken am tiefblauen Himmel, und die Sonne ging schon ziemlich spät unter. Vormittags war Franz bei der Schwester, sie hatte Kohlen bekommen, die hatte man vor dem Haus abgekippt, und er hat sie mit ihr hinters Haus in den Schuppen getragen. Bei der Schwester bekam er auch Mittag, danach ging es weiter bis in den Nachmittag, dann gab es zum Lohn das erste Bier und Schnaps. Abends ging er zur «Anlage», zehn Minuten vom Haus der Familie Bardelow entfernt, eine einfache Parkanlage mit hohen Bäumen am Ortsrand, die bis zum hundertjährigen Schützenhaus reichte, in dem eine Gaststätte jedermann offen stand. Da konnte man auch draußen sitzen und reden und schweigen und trinken. Da traf er seine Kumpels und seinen Bruder Gerd, der von Montage zurück war. Es war noch hell, die Luft war mild, man saß in der Gaststätte und quatschte, und sie hatten Flaschen mit Bier. Wo Jan Peter steckte, wusste er nicht, musste ihn auch nicht interessieren. Solang man nichts von ihm hörte, war es gut.

Dann hörte er von ihm. Zwischen neun und zehn Uhr abends kam Willy angelaufen: «Die hauen Jan Peter, zu zweit!» Gerd hatte sich bis dahin etwas gelangweilt und sagte: «Komm, wir gucken mal, was da los ist.» Zügig liefen sie los, in die Anlage, und fast sofort trafen sie auf Jan Peter und die beiden Männer, die einander gegenüberstanden und sich beschimpften, hoch über ihnen eine gerade verblühende wilde Kirsche und prächtige, blütengeschmückte Kastanien im sanften Ostseewind. In einem kleinen Rondell stand ein Obelisk mit einem Medaillon zum Gedenken an den wohltätigen Stifter des Schützenhauses, dahinter stieg eine mit langem Gras bewachsene Böschung steil an zum Neuen Friedhof von Lassan, der sich parallel zur Anlage auf einer Hügelkuppe dahinzog. Gerd zog seine Jacke aus und hängte sie an einen Pfosten. Franz und Willy marschierten durch.

Das Gericht stellte später fest: Der 26-jährige Franz Bardelow sowie seine beiden Brüder Gerhard, 21, und Jan

Peter, 16, schlugen zusammen mit Willy Meier, der auch erst 16 war, gegen zehn Uhr abends auf Bert Körner und Werner Stolp so lange ein, bis diese besinnungslos am Boden lagen. Sie schleiften beide ein Stück weiter auf den Friedhof in Lassan, wo man um diese Zeit ungestört war. Sie bearbeiteten die beiden, die besinnungslos bäuchlings am Boden lagen, weiter mit Fußtritten und Schlägen. Der 28-jährige Bert Körner starb auf dem Friedhof, hinter einem flechtenbewachsenen Grabstein; er wurde am nächsten Morgen tot aufgefunden. Werner Stolp konnte sich nach Hause schleppen und wurde dort am nächsten Tag blutüberströmt aufgefunden. Die meisten Rippen waren gebrochen, die Weichteile des Kopfes massiv geprellt, das Hirn aber zum Glück nur wenig geschädigt. Das Glück reichte nicht aus: Er verstarb acht Tage später im Krankenhaus infolge des Alkoholentzugs im Delir. Er wurde 30 Jahre alt.

Franz fand: So war es nicht. So verstand man das nicht. Obwohl er es eigentlich auch nicht verstand. Aber eins gab das andere. Die beiden hätten ja auch gewinnen können, und dann läge er selbst auf dem Friedhof. Obwohl die auch wieder nicht das Zeug hatten zu gewinnen. Sie, die Bardelows, waren oft genug geschrubbt worden – so schnell konnte man sie nicht fertigmachen. Als sie bei Jan Peter ankamen ... okay, genau genommen war Ruhe, «kein Kampfgeschehen mehr», wie es im Urteil hieß. Aber der eine hatte Jan Peter schon am Hals gehabt und wollte ihn abwürgen, woher hatte der sonst seinen roten Hals, das waren Würgemale, von Körner. Er selbst hatte mit dem Körner ja sonst nichts am Hut. Nur mit Stolp. Der Stolp, von dem war bekannt, dass er immer Streit suchte. Er hatte dem vorher schon gesagt, eine Woche vorher, er solle ihn zufrieden lassen, sonst lange er ihm ein paar.

Weil Franz in gewissen Gaststätten Verbot hatte, war der Stolp immer gekommen und hatte gestänkert, der wollte glatt verhindern, dass ihm was verkauft wurde. Der Kneipier duldete ihn, der sagte, er habe vom Gericht ja nichts Schriftliches. Der Stolp aber stichelte: «Gib dem nichts, der kommt geradewegs aus dem Knast.» Sonst hatte er mit dem Stolp weiter nichts zu tun gehabt, mit dem Körner auch nicht.

Franz hatte einiges getrunken gehabt zu dem Zeitpunkt, seit der ersten Flasche bei der Schwester sechs Stunden zuvor. Richtig betrunken fühlte er sich nicht, aber doch kampfbereit. Bis sie mit Willy bei Jan Peter waren, verging nur eine Minute. Jan Peter stand da, Bert Körner und Werner Stolp suchten schon das Weite, als sie die Brüder Bardelow anrücken sahen. Franz und Willy verfolgten den fliehenden Stolp und schlugen ihn nieder. Gerd und Jan Peter stürzten Körner hinterher, schlugen ihn zu Boden und versetzten ihm Fußtritte in die Seite und vor den Kopf. Beide lagen auf dem Bauch, versuchten mit den Armen ihren Kopf zu schützen und röchelten. Anfangs versuchten sie noch, wegzurobben, weg von den Tritten, aber die kamen mal von rechts, mal von links. Man hörte nur das Rauschen der Bäume, einen späten Singvogel, das Klatschen der Schuhe, das Röcheln und ein leichtes Schnaufen bei Willy und den drei Brüdern Bardelow.

Willy wischte sich mit dem Ärmel Schweiß von der Stirn. Gerd hielt inne und machte eine Pause, schaute nach oben in die Blätter, die sich im Nachtwind unablässig bewegten, ging kurz zurück, holte seine Jacke, die anderen machten weiter. Dann zündete Franz sich eine Zigarette an, verschnaufte, drückte die Kippe mit dem Schuh aus, während er Stolp anvisierte, nahm etwas Anlauf und trat wieder zu, wie beim Strafstoß. Gerd knallte mit der Fußspitze gegen einen Stein unter dem Körper von Körner, er humpelte zurück, ließ es nun gut sein mit Treten und sicherte sie ab, schaute, ob jemand kam. Franz ärgerte sich, dass die beiden so dalagen und sich nicht mehr rührten und man immer nur so in die Masse trat, wie gegen einen Sandsack. Er winkte Willy herbei: «Komm, ich zeig dir das mal», kniete sich auf den Rücken von Stolp und zog dessen Kopf an den Haaren hoch, sagte Willy, er solle zutreten, ins Gesicht. Willy nahm einen kurzen Anlauf und trat zu, etwas Blut spritzte Franz ins Gesicht.

Ihnen war klar, dass hinterher nichts mehr heil an den beiden wäre, aber das war jetzt auch egal. Als Gerd Stimmen von Leuten hörte, die sich nähern könnten, rief er: «Schnell hier hoch.» Sie blickten nach oben, zum Friedhofszaun über ihnen, und schleiften die bewusstlosen Männer die Böschung hoch. Es war schwer, Gerd rutschte aus und schlidderte die Schräge wieder hinunter, Willy lachte, laut und meckernd, Gerd schnauzte ihn an. Schließlich hievten sie schnaufend beide Körper über den Maschendrahtzaun und stiegen selbst hinterher. Auf dem Friedhof war es ziemlich finster, aber man konnte alles erkennen: die Wege, die hohen Linden rechts und links des einzigen Weges, der den Friedhof wie ein Mittelscheitel durchzog. Sie trugen beide Männer noch ein Stück weiter und legten sie bäuchlings neben ein Grab. Jan Peter setzte sich mit dem Hintern auf den Grabstein und steckte sich eine Zigarette an. Der Friedhof war nicht voll, es gab größere leere Flächen, wo das Gras wuchs mit Gänseblümchen dazwischen und Löwenzahn; Jan Peter sah im Dunklen die weißen Pünktchen der Blüten. Zunächst sagte keiner was, aber allen war klar, dass die beiden nicht überleben sollten, dass die jetzt eh schon zu kaputt waren. Außerdem, dass sie wegen denen nicht in den Knast wollten. Sie fingen wieder an zu treten, fast nur noch gegen den Kopf, bei beiden. Jetzt saß Jan Peter auf dem Rücken von Stolp, zog dessen Kopf hoch, und Franz trat ihm ins Gesicht. Einmal, wieder, noch mal.

Dann soll Franz gesagt haben: «Die schlagen wir tot!», und Jan Peter und Willy antworteten: «Ja, die schlagen wir tot!» Gerd hielt sich zurück, sein Fuß schmerzte. Jan Peter entdeckte einen Baumstamm, etwas länger, als Franz groß war, sie konnten ihn mit beiden Händen nicht ganz umfassen. Den nahmen sie zu zweit, hoben ihn hoch und schmetterten ihn mehrfach auf beide Männer. Dann stellten sie den Buchenstamm Stolp auf den Kopf und ließen ihn umfallen auf seinen Körper. Dasselbe machten sie bei Körner, von dem es kein sichtbares Lebenszeichen mehr gab. Gerd sagte schließlich: «Nun ist genug. Hört auf, es reicht!» In der Mitte des Friedhofs stand eine große alte Hebelpumpe, Jan Peter ergriff den Schwengel, sie hielten ihre Schuhe unter das laufende Wasser und spülten das Blut ab.

Jan Peter und Willy waren als Erste vom Friedhof weg und gleich verschwunden. Franz und Gerd machten sich noch etwas länger an der Pumpe zu schaffen, gingen dann nach Hause, zur Mutter. Dort wuschen sie sich noch mal richtig und wechselten die Oberhemden.

Die Frauen saßen vor dem Fernseher. Franz setzte sich dazu. Was da lief, im Fernseher, interessierte ihn nicht. Was sollte er hierbleiben, der Abend war noch nicht zu Ende. Zigaretten hatte er auch keine mehr. Franz brauchte etwas zu rauchen, er sagte: «Ich geh noch mal.» Der Mutter, die nicht wollte, dass er noch mal loszog, wo er so zerzaust angekommen war, sagte er, dass er nach Jan Peter schauen wolle, dass der keinen Scheiß baue. Das war ehrlich, da konnte er ja gleich mal nach gucken, wahrscheinlich war der in der Gaststätte vom Kulturhaus, und das Kulturhaus war keine hundert Schritt entfernt. Gerd kam mit raus, ging aber weiter, wieder zur Anlage.

Ins Kulturhaus kam Franz nicht rein, da lief eine geschlossene Veranstaltung. Er fragte einen von den Jungs, die auf dem Podest vor dem Kulturhaus herumlungerten, nach Zigaretten. «Nee», sagte der, «da musst du hochkommen.» Franz sprang auf das Podest, stieß ihn zu Boden und zog ihm eine Zigarettenpackung aus der Brusttasche seines Hemdes, holte eine Zigarette heraus und warf ihm die Packung wieder hin. Da umfasste ihn von hinten ein Fremder, fragte, was das solle, er solle das sein lassen. Franz sagte gereizt: «Halt dich raus!», und schon ging es los: Der Fremde schlug zu, oder Franz schlug zu, so ging es weiter, dann kam noch ein Mann dazu, und plötzlich war auch Jan Peter dabei. Das muss wohl so gewesen sein, es gab mehrere Zeugen. Schließlich machten sie sich davon und liefen heim, Jan Peter und er. Die Nacht schlief er bei der Mutter auf der Couch.

Sie wusch am nächsten Morgen seine Klamotten, auf die Mutter war Verlass.

Kurz vor Mittag kamen zwei Beamte von der Volkspolizei. Erst wollten sie nur was von Jan Peter. Der war aber nicht zu Hause, war angeln gefahren. Als er kurz vor dem Mittagessen zurückkam, kamen sie erneut und nahmen ihn mit. Ein bis zwei Stunden später standen sie wieder da, um Franz und Gerhard abzuholen. Franz war zu dem Zeitpunkt schon zu Ohren gekommen, dass der eine, Körner, gestorben war. Und dass der Stolp zu Hause im Bett gelegen hatte mit zerschlagenem Gesicht. Das hatte schnell die Runde gemacht im Dorf, auch dass es natürlich wieder die Bardelows waren, dass Franz dabei war. Was er da gedacht hat? Was soll er schon gedacht haben. Er wusste, was ihm blüht. Zu Jan Peter hatte er noch gesagt, bevor die Polizei kam: «Siehste, was du angestellt hast. Ich bin vorbestraft, der ist tot. Wenn du Pech hast, sitzt du das ganze Leben im Gefängnis.»

Und dann war er also von der Polizei abgeholt worden. Die ganze Nacht wurde er vernommen, er war ganz mickrig bekleidet, wie er so dasaß, Stunde um Stunde. Franz bestritt nicht, was sie getan hatten. Nur den Vorsatz, den wollte er nicht zugeben, umbringen wollten sie die nicht; den Satz vom Töten, auf dem Friedhof, den hatte er nie gesagt.

Er kam in Untersuchungshaft nach Greifswald. Es kamen andere Leute, die Mordkommission aus Rostock, da fing das Ganze noch mal von vorne an. Er hörte auf, die Vernehmungen zu unterschreiben. Die Kripo-Leute wollten alles besser wissen als er. Die wollten ihm noch drei bis vier andere Körperverletzungen anhängen, an denen er gar nicht beteiligt war. Was in der Nacht und danach alles abgelaufen ist, wie die gefunden wurden und wie es mit den beiden weiterging, erfuhr er erst nach und nach. Nach acht Tagen hieß es plötzlich: zweifacher Mord, nicht nur einer. Stolp war tot. Dabei hatte der doch überlebt, wie durch ein Wunder. Er wusste, dass der Stolp am Sonntagmorgen blutverkrustet in seinem Bett gelegen hatte. Er hatte sich noch gefragt, wie der überhaupt weggekommen war vom Friedhof und noch nach Hause. Und jetzt war er doch tot. Die Mediziner konnten auch nicht so genau sagen, wie der Stolp zu Tode gekommen war. Er hatte in der Klinik in Greifswald ein Trockendelir bekommen; daran kann man sterben, erfuhr Franz. War das nun seine Schuld? War doch sicher wichtig, ob der nun an ihren Schlägen oder an Alkoholsucht gestorben ist.

Franz verlangte eine Gegenüberstellung mit Jan Peter. Erst kommt er seinem kleinen Bruder zu Hilfe, und dann sagt der bei der Polizei, er hätte auf dem Friedhof gesagt: «Die schlagen wir tot.» Franz klammerte sich daran, dass er das nicht gesagt hatte. Schließlich gab es die Gegenüberstellung, sein Bruder blieb dabei, sagte es ihm ins Gesicht. Später bei Gericht widerrief er seine Aussage, aber da war es zu spät, da sagte das Gericht, Jan Peter wolle ihn nur schützen.

Warum das sogar auf dem Friedhof noch weiterging mit den Fußtritten und den Schlägen, wusste hinterher keiner der vier mehr zu sagen. Franz sagte, wenn er Alkohol trinke, könne er nicht aufhören. Wenn er nicht zu viel getrunken hätte, hätte er sich vielleicht mit denen geschlagen, dann aber aufgehört. Vielleicht hätte er auch den Arzt gerufen, wenn er gemerkt hätte, dass sie verletzt sind. Franz wusste selbst nicht, ob das stimmte, was er sagte, oder ob er sich hinter dem Alkohol versteckte.

Bei den ganzen Vernehmungen war ihm klar, worauf das hinauslaufen sollte, auf Mord. Nicht Körperverletzung mit Todesfolge, nicht Totschlag. Auf Mord stand Todesstrafe, damals in der DDR, wie stets zuvor in Deutschland. Dass die Bevölkerung auf ihn nicht gut zu sprechen war, konnte er verstehen. «Das ist ja ein ganz normaler Vorgang», sagte er, «bei dem, was wir getan haben. Aber Mord war das nicht.»

Einen Monat nach der Tat in Lassan wurde im Juni 1981 in Leipzig der MfS-Offizier Werner Teske wegen Spionage durch Genickschuss hingerichtet. Es war das letzte in der DDR vollzogene Todesurteil, der letzte von 166 Menschen, an denen die Todesstrafe vollstreckt wurde. Zuletzt traf es nur noch Spione. Der letzte «zivile» Bürger, der hingerichtet worden war, war der erst 20-jährige Erwin Hagedorn im September 1972 gewesen; er hatte drei Kinder ermordet.

Im Januar 1982 wurde Franz Bardelow vom Bezirksgericht Rostock wegen mehrfachen gemeinschaftlich begangenen Mordes in Tateinheit mit Rowdytum sowie vorsätzlicher Körperverletzung zu lebenslanger Freiheitsstrafe verurteilt. Seine beiden Brüder und der jugendliche Angeklagte Willy Meier wurden jeweils zu Freiheitsstrafen von 15 Jahren verurteilt. Es wurde die öffentliche Bekanntmachung der Verurteilung angeordnet, durch Bekanntgabe der Urteilsformel in der nächsten Ratssitzung der Stadt Lassan, Kreis Wolgast.

Franz Bardelow wurde also nicht geköpft oder erschossen, sondern kam in den Vollzug der lebenslangen Freiheitsstrafe und wurde vergessen. Es hat nicht viel gefehlt, und sein Leben hätte sich im märkischen Sand verlaufen.

Am westlichen Stadtrand von Brandenburg an der Havel, in Görden, liegt eine große psychiatrische Anstalt und gleich daneben, auch an der Anton-Saefkow-Allee, ein ruhmreiches Zuchthaus, 1927 als sicherste und modernste Anstalt Europas für 1800 Insassen errichtet. Honecker war hier acht Jahre inhaftiert und der Berliner Kommunist Anton Saefkow 1944 hingerichtet worden. Nach der Wende erhielt es bald eine neue Außensicherung; der frisch entrollte rostfreie Stacheldraht auf den Zäunen glänzte wie Silberschmuck.

Der Kontakt zur Familie war schnell abgerissen, von Lassan nach Brandenburg war es weit, zu DDR-Zeiten endlos weit. Franz erhielt die ersten acht Jahre die «besonders schwere Maßnahme». Zwei Jahre kam er auf Absonderung, das hieß 23 Stunden in einer ganz kleinen Zelle, täglich nur eine Freistunde, die meiste Zeit allein. Acht Jahre lang bekam er besondere Sicherung, keiner erklärte, warum. Dann wurde er zur Arbeit zugelassen, aber mit Einschränkungen: keine Pakete empfangen, keine Prämien erhalten, weiter Einzelunterbringung. Aber er war glücklich und zufrieden damit – wenn man mal auf einer großen Bude gelegen hat, weiß man Einzelzelle zu schätzen. Er hatte stumme Gesellschaft, besaß eine Zeitlang ein Aquarium. Er ließ sich Fischfutter schicken von der Familie, das haben die an der Pforte gleich gedreht, also zurückgeschickt: unerlaubter Paketinhalt. Da hat er das Aquarium lieber verkauft, damit die ihn nicht schikanieren konnten.

Nach sechs Jahren schrieb die Mutter einen Brief an die Anstalt: «Ich möchte gern wissen, ob es stimmt, dass mein Sohn Franz Bardelow tot ist. Wenn das stimmt, warum wurde ich nicht benachrichtigt?» Die Anstalt antwortete, dass ihr Sohn lebe und in guter Verfassung sei. Franz wurde gefragt, ob er nicht Kontakt aufnehmen wolle. Aber wieso sollte er ihr schreiben oder einen Besucherschein beantragen? Das hatte ja keinen Sinn – er hatte LL, lebenslänglich. Wäre er ausgewandert, nach Australien, wäre es ja auch nicht gegangen. Später kam die Mutter doch zweimal zu Besuch, den weiten Weg. Seit dem Tod des Vaters lebte sie allein, hatte sich nicht noch mal einen Mann genommen.

Aber lange Haftjahre war er ohne Besuch. Die ersten zehn Jahre trank er viel und verdiente gut mit dem Ansetzen von Alkohol. Innerhalb der Mauern des Zuchthauses gab es mehrere große Arbeitsbetriebe, darunter das Getriebewerk der IFA. Auch und gerade bei der Arbeit wurde viel getrunken; er schaffte da als Dreher und bekam auch dreimal Prämien. Angetrunken wurden Bauteile für alle Arten von LKWs hergestellt. Bis er sich irgendwann entschloss, aufzuhören mit dem Trinken und nach der Wende auch mit der Arbeit, für das bisschen Westgeld arbeitete er nicht. Mit dem Rauchen hatte er auch aufgehört, da ist man schon raus aus der Geldnot.

Zu DDR-Zeiten ging es im Knast nur um Arbeit, Arbeit und Arbeit, Normerfüllung, alles andere war nicht von Bedeutung. Die Bezahlung war nicht schlecht. Wenn die Normen erfüllt wurden, ließen die Beamten die Gefangenen in Ruhe. Die Gerissensten unter ihnen hatten ein Leibgarde von Brutalen, organisierten die Produktion und waren die Herren im Knast. Es gab eine Rangordnung der Beamten, und es gab eine bei den Gefangenen, aber beide Seiten blieben für sich. Die Chefs der einen Seite verhandelten mit den Chefs der anderen Seite. Die Anstalt hatte zusätzlich noch ihre Spitzel unter den Gefangenen, um zu wissen, was läuft.

Natürlich gab es in der Haft Schlägereien. Fast alles wurde untereinander ausgemacht, die Beamten mischten sich nur im äußersten Notfall ein. Wenn man sich nicht wehrte, hatte man keine Chance, dann war man «eine Fotze». Das durfte man auf keinen Fall sein. Franz hatte einen Blick für Machtverhältnisse, und er konnte andere erstaunlich gut einschätzen; diese Fähigkeiten nutzte er, um auf Distanz zu bleiben, eine Nische zu pflegen, abseits der Hierarchie und der Rangkämpfe.

Einmal jährlich wurde ein Erziehungsgespräch mit ihm geführt, von einem Oberleutnant im Strafvollzugsdienst. Franz sagte jedes Mal, dass er die Tat bereue. Das stimmte. Er wurde auch gefragt, wie er zur sozialistischen Ordnung des Arbeiter- und Bauernstaates stehe. «Na ja», sagte Franz, «darum geht es ja nicht, deswegen sitz ich ja nun nicht.»

Dann kam die Wende. Seine Brüder kamen nach der Wende raus. Gerd schenkten sie einige Jahre, er wurde 1991 entlassen und hat die Bewährungszeit gut überstanden, hat nie wieder etwas angestellt. Er nahm sich wieder eine Wohnung in Lassan und fand Arbeit. Bei Jan Peter wurde das Urteil herabgesetzt auf zehn Jahre, weil er bei

der Tat erst 16 war und das die Höchststrafe im bundes-
deutschen Jugendstrafrecht war. Tatsächlich verbüßte er
zehn Jahre und vier Monate, weil die Wende ein wenig
spät kam. Seither lebte er auf Usedom, hat geheiratet und
ist nie wieder straffällig geworden. Willy Meier ist wohl
auch entlassen worden; zurück blieb Franz.

Franz war eigentlich immer ein problemloser Gefangener; er wusste, dass er keinen Streit haben durfte und
auch keinen wollte. Also hatte er keinen Streit, jetzt nicht
mehr, er war ein altgedienter Gefangener. Dabei nun
keineswegs alt. Er blieb klein und drahtig, nur der Kopf
wurde kahl; Popeye, der Sailorman. Drei Jahre nach der
Wende wurde er zum letzten Mal bestraft, wegen Anset-
zens von Alkohol. Aber Situationen, in denen er an die
Decke hätte gehen können, vermied er.

Nach der Wende nahm auch der Kontakt zur Familie wieder zu, die die erlaubten Pakete zu den Festtagen
schickte. Vor Weihnachten wurde er an die Pforte bestellt, ein Paket für ihn war da. Der Beamte hatte es bereits geöffnet, stand hinter dem Tisch mit dem Paket und
wies mit vorwurfsvollem Blick auf eine rote Kerze. «Die
ist nicht erlaubt!» Franz merkte, wie ihm das Blut in den
Kopf stieg, er stand da, vor dem Tisch, durfte sein Paket
nicht ergreifen und einfach mitnehmen, sagte: «Kerzen
sind erlaubt. Überall auf der Abteilung sind jetzt Kerzen.» – «Kerzen sind erlaubt», sagte der Beamte, «aber
nicht im Paket. Da kann ja alles Mögliche drin sein. Im
Wachs.» – «Da ist nichts drin, das ist von meiner Schwägerin, das Paket», sagte Fritz. Der Beamte sagte: «Nicht
erlaubt», warf die Kerze in einen großen Mülleimer und
schob Franz das Paket rüber. Franz spürte die drängende

Neigung, über den Tisch zu springen. Aber er nahm das Paket und verließ mit hochrotem Kopf die Pforte. In seiner Zelle schrieb er abends einen Brief, in dem er sich bei der Schwägerin ordentlich bedankte und darum bat, man solle keine Pakete mehr schicken. Das müsse nicht sein, er komme schon klar.

Dann kamen schlimme Jahre, obwohl doch alles gut zu werden schien. Man machte ihm Hoffnung, dass er nach 15 Jahren rauskäme, und er traute sich zu hoffen. Seine Familie glaubte das auch. Bei der Anhörung durch das Gericht Anfang 1995 hieß es, dass er entlassen werde, wenn er eine Wohnung nachweisen könne und möglichst auch Arbeit. Die Anstalt befürwortete eine Entlassung. Die Familie kam zu Besuch, sie sagten, sie hätten mit dem Anwalt gesprochen, es sei alles geklärt: Im Mai 1996 käme er raus, vielleicht würde es Juni werden. Das war so in der Bundesrepublik, zu der man nun gehörte, nach 15 Jahren kam man raus, hatte der Anwalt gesagt. Franz, der sich über die Jahre schon mit «lebenslänglich» abgefunden hatte, resigniert hatte, gesoffen hatte, lebte auf: wieder hinaus, in Freiheit, ein neues Leben. Dann kam die Gerichtsentscheidung: 18 Jahre Mindestverbüßungszeit. Weil es zwei Tote waren. Und Entlassung danach auch nur dann, wenn ein Gutachter versicherte, dass von ihm keine Gefahr mehr ausging.

Franz wusste nicht wohin mit seiner Enttäuschung. Der Sozialarbeiterin sagte er, dass er sich von seinen Geschwistern nicht verklapsen lasse, die hätten ihm falsche Hoffnungen gemacht. Die bräuchten ihn nicht mehr zu besuchen. Auch die Mutter nicht. Das rege ihn alles zu sehr auf. Vielleicht auch, weil er sich schämte, es nicht geschafft zu haben. Alle anderen waren schon raus, nur er schaffte es nicht.

Franz zog sich daraufhin immer mehr zurück, lehnte jede Arbeit ab, wollte lange keinen Entlassungsantrag mehr stellen. Ohne den kann eine Entlassung aber nicht geprüft werden, der Gefangene muss zustimmen. Seine Zelle, vermerkte eine Sozialarbeiterin, wurde immer karger, ganz eigenartig; sonst ersticken Langstrafer in dem Zeug, das sich im Laufe der Jahre in so einer kleinen Zelle ansammelt. Bei Franz Bardelow sah es leer und nüchtern aus, als wäre es das Gästezimmer einer kirchlichen Akademie, bloß mit Fernseher. Sie sorgte sich, dass er wegkippte in die Einsamkeit der hoffnungslosen Langstrafer, die schon lange nicht mehr an eine Zukunft glauben. Sie kümmerte sich darum, dass ein Lockerungsgutachten erstellt wurde; da hab ich ihn 1999 das erste Mal gesehen und mir seine Geschichte angehört. Und er bekam Lockerungen.

Im Juli 2000 gab es schließlich die erste Ausführung. Zum ersten Mal nach 19 Jahren verließ Franz den umfriedeten Bereich einer hochgesicherten Strafanstalt. In Begleitung zweier Beamter fuhr er mit der Straßenbahn in die Stadt und ging dort in Geschäfte, war auch beim Gefangenen-Hilfsverein und am Hauptbahnhof. Durch die ungewohnt ausgreifende Bewegung im Raum kam er ins Reden und erzählte den beiden Beamten vier Stunden lang ununterbrochen über sein früheres Leben und seine Erlebnisse im Vollzug, bis in die Gegenwart, wo lauter Ausländer in den Knast gekommen waren, was es früher nun wirklich nicht gab. Als sie einigen Glatzen begegneten, die Daumen hinter den breiten Hosenträgern, schimpfte er auf die jungen Schläger, die heute viel zu milde bestraft würden. Für die Stadt hatte er ansonsten kaum einen Blick übrig, nahm sie nur beiläufig zur Kenntnis.

Bei der zweiten Ausführung wurde Franz vor der Haftanstalt von seinen Brüdern Gerhard und Jan Peter in Empfang genommen. Die einstigen Mittäter, die so viel älter geworden waren, standen etwas verlegen auf dem Mittelstreifen zwischen den beiden Asphaltpisten, die in die Anstalt hinein- und wieder herausführten. Etwas linkisch umarmte er beide Brüder, die dann der Sozialarbeiterin und dem Beamten die Hand schüttelten, die Franz sicherheitshalber begleiteten. In der Straßenbahn herrschte erst mal Schweigen, es war nicht ganz einfach loszuplaudern, offenbar hatten Franz und die Brüder mit Gefühlen und Erinnerungen zu kämpfen. Alle waren froh, dass man erst mal was zu tun hatte: In der Stadt wurde Kleidung gekauft, die Brüder berieten Franz. Dann ging es zum Essen; Franz wollte zunächst ein alkoholfreies Bier bestellen, nahm dann aber auf Anraten der Sozialarbeiterin eine Cola. Er könne gut und gerne auf das Bier verzichten, sagte er, und die Brüder äußerten höfliche Kommentare. Schließlich fuhren sie zurück zur JVA, verabschiedeten sich, und Gerd und Jan Peter machten sich auf die 300 Kilometer weite Rückreise nach Vorpommern, auf der Autobahn an Berlin vorbei bis Prenzlau, und dann über die Landstraßen durch die pottebene Fläche bis ans Achterwasser.

Ende August gab es eine weitere Ausführung, wieder mit den Brüdern, diesmal fuhren sie mit dem Dampfer Havelfee zwei Stunden lang auf der Havel; vielleicht war dies Popeyes erste Schiffsreise. Der Betreuer vermerkte, dass der Haftraum von Bardelow nunmehr gemütlich gestaltet werde, öfters stehe Gebäck auf dem Tisch. Schließlich lag auch ein Gerichtsbeschluss auf dem Tisch, nach 20 Jahren.

Dann war es so weit. Franz stand vor dem Tor der Justizvollzugsanstalt Brandenburg an der Havel und war frei. Der letzte Weg hatte ihn an dem Gebäudeteil vorbeigeführt, in dem das Fallbeil steht, mit dem früher Todesurteile vollstreckt wurden. Franz war daran vorübergelaufen, hatte Papiere unterschrieben, und dann war es vorbei. Seine Habe hatte er bereits den Brüdern mitgegeben, den Rest hatte er in einer großen Sporttasche. Die Sonne schien auf die roten Ziegel der Anstalt und der Beamtenhäuser, und er war frei. Was man halt so frei nennt. Aber es fühlte sich jedenfalls ganz anders an, als wenn man draußen war und zurückmusste.

Den Lauf der Kanone auf die Anstalt gerichtet, stand ihm gegenüber olivgrün und rostend ein russischer Panzer, dort aufgebockt zum Gedenken an die Befreiung des Zuchthauses Brandenburg. Franz ging nach links, zur Endstation der Elektrischen, die wartete auch schon. Es war aber noch Zeit bis zur Abfahrt. Dann setzte sie sich in Bewegung, er war noch der einzige Fahrgast. An der nächsten Haltestelle rechts lag die große psychiatrische Anstalt, die frühere Bezirksnervenklinik. Da gab es in einer neuen Abteilung hinter Kiefern und einer fünf Meter hohen Mauer Eingesperrte, die wegen ihrer Taten in der Psychiatrie gelandet waren. Franz aber fuhr in der alten Straßenbahn weiter, fuhr lange, durch die ganze Stadt, bis zum Hauptbahnhof und stieg in den Zug, zurück nach Vorpommern.

Als er fast angekommen war, die Kirchtürme von Pasewalk waren schon vorbeigezogen, dachte er zurück. So ein Sonnabend im Mai, der das ganze Leben entscheidet, und für zwei war das Leben schon zu Ende, für immer. Er überlegte, wo Körner und Stolp wohl beerdigt waren, ob sie auf dem Friedhof in Lassan lagen. Ob er sie wohl mal besuchen gehen sollte. Oder ob das nun Unsinn wäre, weil das ja nun auch nichts mehr half, nach all den Jahren.

Dann stieg er aus dem Bus, der ihn nach Lassan gebracht hatte. An einer Verkaufsstelle schräg gegenüber standen drei Jungs, Glatze, Stiefel, schwarze Jacken, Bierflasche in der Hand, die lachten und schauten kurz zu ihm rüber. Sie beachteten ihn nicht weiter, obwohl er hier ja nun fremd war. Franz fuhr sich mit der Hand über den kahlen Kopf, packte die Sporttasche und ging heim zur Mutter.

KISSENSCHLACHT

Es war für Alan phantastisch, aus England rauszukommen, er hatte alles bezahlt. Der Flug landete nur zehn Minuten verspätet in Frankfurt am Main. Alan und seine Frau waren mit ihrem Gepäck extra die eineinhalb Stunden mit dem Zug nach Stansted hinausgefahren, weil es von dort deutlich billiger war; sie hatten auch keineswegs alles dabei, was zu einer endgültigen Übersiedlung nach Deutschland nötig wäre, sondern erst einmal nur das übliche Reisegepäck für vier Wochen.

Als sie mit einem kleinen Hopser, wie ihm schien, etwas abrupt auf der Landebahn aufsetzten, hatte Alan ganz kurz ein mulmiges Gefühl im Bauch – war das nicht alles eine Nummer zu groß? Aber dann rollte die Maschine und rollte und rollte, als führe sie mit ihnen direkt nach Heidelberg, hielt an, rollte nochmals einige Sekunden weiter, hielt erneut und beendete mit einem kurzen Seufzer ihre Arbeit. Der beleibte Deutsche neben ihm, der auf dem Gangplatz saß, aber bis weit in seinen Mittelsitz geragt hatte, erhob sich, indem er sich am Vordersitz hochzog, und knackte über ihnen den Deckel des Gepäckfachs auf. Alans Frau, Melinda, sein ganzer Stolz, blieb gelassen sitzen, während er selbst nun auch zögerlich in die Höhe ging und etwas gekrümmt an seinem Platz stehen blieb: Alan C. Boves, 32 Jahre alt, 180 Zentimeter groß, 75 Kilogramm schwer, schmal, blond, ein Engländer, so wie die

Deutschen sich einen bescheidenen, höflichen und wohlerzogenen Engländer vorstellen. Keine Kriegergestalt wie Braveheart, kein proletarisches Raubein wie Wayne Rooney, den damals noch keiner kannte, sondern ein braver Verkäufer in der Filiale Liverpool Street Station der Buchhandelskette W. H. Smith.

Nach zehn Jahren dort hatte er die letzten drei Jahre als «Postal Messenger» bei Western Kingdom Insurance gearbeitet, wo er morgens die Post aufmachte, auf die verschiedenen Abteilungen und Gebäude sortierte, dann verteilte und zugleich die neue Post abholte, die er wiederum für die Abholung zentralisierte. Er hatte keine Wechselschicht mehr und verdiente besser als bei W. H. Smith. Das Leben in London war teuer. In Deutschland würde es nicht so teuer sein, dachte er sich, und so eine Arbeit als Bürobote zum Beispiel müsste doch möglich sein, auch wenn er gerade erst anfing, die Sprache zu lernen. Von einem Verwandten, der bei der Rheinarmee gewesen war, hatte Alan gehört, dass man in Deutschland finanziell gut zurechtkommt und die Leute alle Englisch sprechen.

Es ging nicht voran im Flugzeug, fast alle Leute standen. Alan fühlte sich eingekeilt und etwas unbehaglich, umgeben von Leuten, deren Sprache wohl Deutsch sein musste. Melinda blickte ihn an, zwinkerte ihm aufmunternd zu. Sie war schon eine Wucht, nicht groß, aber ein richtiges Weib. Immer wieder einmal, so auch jetzt, staunte er, dass er dieses Spice Girl erobert hatte, dass sie sein war. Sozusagen sein, aber daran wollten sie jetzt nicht mehr denken.

Eigentlich war der Neuanfang in Deutschland seine Idee gewesen, aber sie war in die Reisebüros gegangen und hatte Prospekte besorgt. Sie hatten am Couchtisch gesessen und die Hefte angeschaut, Preise verglichen; Melinda hatte schließlich mit ihm die Reiseroute festgelegt: Drei Regionen wollten sie anschauen, die um Heidelberg, München und, auf Empfehlung des Vetters von der Rheinarmee, Bielefeld. Melinda hatte die Fahrkarten nach Stansted und die Hinflüge gebucht sowie das Hotel der ersten Etappe, in Heidelberg.

Melinda Rose Boves war 28 Jahre alt, attraktiv, was sie auch wusste, und Mutter dreier Kinder. Mit 18 hatte sie Sandy bekommen, deren Vater, ein gleichaltriger Lehrling, sie schon vor der Geburt verlassen hatte, weil er ein Verlierer, Schisser und schlicht untauglich war. Mit 20 hatte sie von einem anderen Mann das Kind Moses bekommen. Dieser Mann, der zehn Jahre älter war als sie, weigerte sich, ihretwegen seine Frau zu verlassen. Dann traf Melinda Alan, und vor sechs Jahren hatten sie geheiratet, da war sie mit ihrem jüngsten Kind Vicky schwanger. Sie arbeitete weiter in Teilzeit, als Platzanweiserin im Kino, als Televerkäuferin, als Aerobiclehrerin, als Bardame, manchmal drei Jobs gleichzeitig. Zusätzlich hatte sie erfolgreich einen Kurs in Buchhaltung gemacht.

Sie war ehrgeizig und wollte was vom Leben. Nicht nur arbeiten, auch feiern und genießen, flirten, scherzen, trank gerne Gin und Bitter Lemon, zu Mahlzeiten manchmal Wein, mochte den aber nicht besonders. Nie sah sie jemand betrunken oder gar torkeln. Jetzt schon gar nicht, da die Menschen sich in Bewegung setzten, Melinda ihre beiden großen Taschen packte und hinter Alan auf den Ausgang zu marschierte, wo sie die Stewardess und den Purser mit einem Lächeln bedachte.

Sie liefen fast 20 Minuten bis zum Gepäckband, hievten die beiden großen Koffer auf einen Rollwagen und fanden schließlich den Flughafenbus, der sie nach Heidelberg bringen sollte. Während Melinda mit der Wange am Fensterglas auf der Autobahn Richtung Mannheim sauste, fragte sie sich, ob sie denn mit dem richtigen Mann unterwegs war. Seit Jahren hatte sie ein Verhältnis mit Ronald Terryman, ihrem Chef bei Sprint Cars an der Eastern Avenue in Ilford im Osten Londons. Ron war ein kompakter, am ganzen Körper schwarz behaarter, zupackender Kfz-Mechaniker, der es gewohnt war, mit schwarzen Fingernägeln bei seiner innig geliebten Mutter die Mittagsmahlzeit einzunehmen; seine Ehefrau kam erst abends von ihrem Bürojob in der City zurück. Er war zehn Jahre älter als Melinda. Genau vor drei Jahren hatte sie bei ihm als Bürokraft zu arbeiten begonnen, ein halbes Jahr später hatte Ron ihr am späten Vormittag das Höschen runtergezogen und sie auf dem ohnehin ziemlich leeren Schreibtisch genommen, wofür sie ihm dankbar war.

Das war im Januar gewesen, und Alan hatte es bald mitbekommen, dass Melinda ihre sexuellen Wünsche nun weitgehend anderswo, vermutlich mit Ron, befriedigte. Es wurde aber nie darüber gesprochen, Alan machte ihr nur Vorwürfe, sie sei so viel weg und vernachlässige die Kinder. Es sei doch auch gefährlich, wenn sie so spätabends noch unterwegs sei.

Er wollte sich nicht eingestehen, dass die Ehe aus war. Nach einigen Monaten suchte er zusammen mit seiner Mutter Rons Ehefrau auf und unterrichtete sie von der «Affäre». Beendet war diese damit jedoch nicht, sodass

Alan schließlich nach einem Jahr die Familienwohnung an der Wanstead Park Road in Ilford verließ und zurück zu seinen Eltern zog.

Er bemühte sich aber weiterhin um Melinda und versuchte immer wieder, sie zur Rückkehr zu bewegen. Die drei Kinder kamen ihn regelmäßig besuchen im Haus der Oma. Er bedrängte ihre Schwester und andere Verwandte, mit Melinda zu reden. Oft stand er mit seinem Auto vor ihrer Haustür, übernachtete sogar im Auto, trotz des Lärms, der von der parallel verlaufenden Autobahn kam. So bekam er auch häufig genug mit, dass Ron vor allem freitags bei Melinda und den Kindern übernachtete, konnte sehen, wie er ankam oder dass sein Auto dastand oder wenn Melinda und Ron morgens zusammen aus der Haustür traten.

Ein Jahr nach seinem Auszug entführte Alan die beiden jüngeren Kinder, Moses und Vicky, und hielt sie in einem Lieferwagen fest, den er ansatzweise in einen Wohnwagen verwandelt hatte. Als Melinda daraufhin zur Polizei ging, rückte er die Kinder nach zwei Tagen wieder heraus. Sie beantragte anschließend das alleinige Sorgerecht, die Kinder der beiden anderen Männer hatte er ohnehin nicht adoptiert, auch wenn diese nach der Heirat seinen Nachnamen angenommen hatten.

Melinda war es nun endgültig leid gewesen mit Alan; sie drängte Ron zur Trennung von seiner Frau, aber der ließ sich Zeit. Was er ihr nicht sagte: Es steckte auch einiges Geld seiner Ehefrau in der Werkstatt. Außerdem hatte er vier Kinder mit ihr, die etwas älter waren als Melindas, aber noch keineswegs erwachsen. Dennoch sah sich Melinda gemeinsam mit Ron Häuser in der Gegend von

Becontree an, wo ihre Familie lebte, um sich dort mit ihm niederzulassen. Das war nun gerade mal ein halbes Jahr her, und es war dann doch alles ganz anders gekommen.

Im Bus hatte Alan sich auf den Sitz jenseits des Ganges gesetzt, um rechts aus dem Fenster schauen zu können. Er dachte an die Kämpfe, die er durchgemacht hatte, um dies zu erreichen: ein neuer Anfang, noch mal ganz von vorn, wie frisch verliebt, fern von zu Hause und all den schlechten Erinnerungen. Die ihn aber nun doch begleiteten, während der Bus vor sich hin rollte durch eine April-Landschaft, die unter einem grau verhangenen Himmel grün zu werden begann. Als er ausgezogen war, im November vor eineinhalb Jahren, hatte er einen «Zusammenbruch» gehabt und war sogar zu einem Psychiater gegangen, der ihm eine Depression bescheinigt und Beruhigungsmittel verordnet hatte. Die hatte er drei Tage genommen, dann weggelassen, weil sie ihn so müde machten. Seine Mutter hatte ihn gestützt und getröstet; sie wusste Bescheid im Leben. Als er damals angekommen war mit einer Frau mit zwei Kindern, war sie nicht sehr erbaut gewesen. Sie hatte ihn gewarnt, ihm aber die Beziehung gestattet und konnte schließlich auch der Ehe nicht widersprechen, als Melinda sie zur Großmutter machte. Aber auch dass Melinda bald nach der Geburt wieder arbeiten ging, war ihr nicht recht, obwohl sie sich gern um das Baby, die kleine Victoria, kümmerte.

Alans Mutter wohnte nicht weit entfernt in Ilford, dort war er aufgewachsen. Bis zur Rente hatte sie bei British Rail am Fahrkartenschalter gesessen, geduldig mit den Kunden, die nicht wussten, wohin und wann wieder zurück. Sie hatte früher mit Behinderten gearbeitet und pflegte mit gleicher Hingabe ihren Garten. Alans Vater arbeitete schon viele Jahre, wie dann auch sein Sohn, bei Western Kingdom Insurance, als Bote im Hauptbüro, und hatte noch drei Jahre bis zur Rente. Wie sein Sohn war er Nichtraucher und Nichttrinker, aber lustig und ein Kandidat für den privaten Friedensnobelpreis: Er hasste Konflikte und war bis zur Selbstverleugnung tolerant. Wenn es dennoch zum Streit kam, stand er einfach auf und ging hinaus.

Alan war gerne zur Schule gegangen, Erdkunde, Geschichte, Englisch hatten ihm Spaß gemacht. Er wäre auch gern aufs College gegangen oder zur Uni, um Geschichtslehrer zu werden, aber ein Freund hatte eine bessere Idee: fremde Länder kennenzulernen, statt jahrelang zu studieren, viel herumfahren, Norwegen, Deutschland – die Navy. Mit 16 war Alan also zur Royal Navy gegangen. Der Drill und die militärische Ordnung machten ihm nichts aus, sportlich war er ohnehin, kein Muskeltyp, aber drahtig, ein quirliger Mittelfeldspieler im Fußball, das war alles okay. Trotzdem blieb er weniger als ein Jahr, weil er Heimweh hatte. Täglich rief er seine Mutter an. Die Grundausbildung in England ging ja noch, aber als man ihm in Aussicht stellte, in einem U-Boot sechs bis sieben Monate in der Antarktis zu bleiben, sah er zu, dass der Vertrag wieder gelöst wurde.

Danach war es Alan nicht gelungen, wieder in die schulische Laufbahn einzusteigen und ein College zu besuchen. Er genierte sich auch, seinen Ausstieg bei der Navy immer wieder zu begründen. Schließlich war er froh, mit 18 Jahren bei W. H. Smith zu landen, einer renommierten Firma, die ihm eine solide Berufsperspektive bot. Alan arbeitete dort in verschiedenen Berufsfeldern, lernte mit Menschen und Geld umzugehen und arbeitete sich hoch zum Lagerverwalter der Filiale Liverpool Street Station. Er hatte Verantwortung, musste Aufträge abwickeln, neue Bücher bestellen, das Personal einweisen, war der zweite Mann hinter der Chefin. Nach zehn Jahren bei W. H. Smith wollte er eine eigene Filiale übernehmen, aber die Geschäftsführung teilte ihm mit, er sei schon am richtigen Platz. Melinda warf ihm vor, er habe nicht genug Ehrgeiz, man müsse etwas machen aus seinem Leben. Da sagte der Vater, in seiner Firma sei eine Stelle frei, und so wechselte Alan zu Western Kingdom, wo die Arbeit nicht gar so anspruchsvoll war, aber deutlich besser bezahlt wurde. Und er war jeden Nachmittag um fünf zu Hause.

Melinda sah eine Autobahnraststätte vorbeiziehen, der Bus überholte leicht schaukelnd einen LKW. Ein gleichförmiges Rauschen erfüllte die Luft. Sie hätte gern eine Zigarette geraucht und nach dem Flug etwas getrunken, aber jetzt musste sie durchhalten bis Heidelberg. Sie erinnerte sich, wie alles begann, vor gut sieben Jahren: Sie war 21 und hatte schon zwei Kinder und arbeitete in der Diskothek Cadillac in London als Barfrau, ein ganz sauberer Job. Sie musste sich und die Kinder allein durchbringen, von ihrer Familie war nichts zu erwarten. Melinda war das jüngste von fünf Geschwistern. Ihre Mutter war abgehauen, als sie drei Jahre alt war, sie hatte keinerlei Erinnerung an sie. Aber wenn sie niedergeschlagen war, dachte sie oft an ihre Mutter und fragte sich, warum diese ihre Familie verlassen hatte. Sie hatte wohl gesoffen wie auch der Vater, ein waschechter Ire; man hatte ihr erklärt, bei Iren sei das halt so. Dass der Vater eines seiner Kinder finanziell unterstützen könnte, war ausgeschlossen, aber er hielt zu Melinda, nannte sie nur bei ihrem zweiten Namen Rose.

Damals im Cadillac kamen jeden Donnerstag um neun Uhr abends zwei Kerle, die sahen ganz manierlich aus, jedenfalls nicht schlimmer als die meisten. Sie waren nicht besonders laut oder aufdringlich und offenbar auch nicht schwul. Der eine war Alan. Sie unterhielten sich, und per Zufall stellte sich heraus, dass sie beide nicht weit voneinander in Ilford wohnten. Melinda hatte Alan gefragt, ob er einen Führerschein habe und ein Auto und ob er sie bei Betriebsschluss mitnehmen könne; es war ein ziemliches Elend, so spät nachts noch aus der City nach Essex rauszukommen. Er hatte einen Führerschein, und er trank nicht, nur Cola. Nach einiger Zeit begann Alan dann, Melinda auch zu Hause abzuholen und zu ihrer Arbeit mitzunehmen, wenn sie später anfing. Sein Freund schätzte das nicht sehr, musste sich aber fügen.

So hatte alles angefangen. Später hatte Melinda rausgefunden, dass Alan sogar noch Jungfrau war. In der Zeit bei der Navy war ohnehin nichts gelaufen; er hatte sich wohlweislich gedrückt, wenn die Kameraden verdeutlicht hatten, wohin sie wollten. Er erzählte ihr zwar, dass er, seitdem er bei W. H. Smith arbeitete, insgesamt drei Freundinnen gehabt hatte, eine sogar länger, und mit denen sei auch sexuell was gelaufen. Aber von seiner Mutter wusste sie, dass er nie eine mit nach Hause gebracht hatte. Wenn er mit einem Mädchen ins Kino ging, hatte er vorher Bescheid gegeben, damit sie nicht unruhig wartete, und war nachts immer pünktlich heimgekommen.

Auch Alan hatte die Autobahnraststätte gesehen. Er ahnte nicht, und es musste ihn auch wirklich nicht interessieren, dass diese Raststätte wenige Jahre später der Schauplatz eines Kriminaldramas sein würde, der Verhaftung eines flüchtigen Mörders. Alle Orte, an denen wir vorbeifahren, eignen sich für eine Landkarte des Bösen, der Verbrechen. So, wie es eine Landkarte der Liebe gibt, in die problemlos auch ganz unscheinbare Orte hineinpassen wie Ilford, Essex, am zerfledderten Ostrand Londons. Es muss nicht immer Heidelberg sein. Aber in Heidelberg sollte es den Neustart der Liebe geben.

Natürlich konnte sich nicht wiederholen, was damals zu Beginn ihrer Liebe geschah. Außer wenn Alan Melinda zur Arbeit fuhr und abholte, und zwar jeden Donnerstag, gab es keinen Kontakt, keine Einladung zum Kaffeetrinken, nichts, von keinem, und das mehrere Monate. Bis Alan eines Freitags in seinem Vauxhall die Geldbörse von Melinda fand, die sie darin verloren hatte. Sie hatte ihm nie ihre exakte Adresse gesagt, sondern war stets an demselben Altenheim ein- und ausgestiegen, von wo sie auf einem schmalen Fußgängerweg verschwand. Er hatte das Portemonnaie geöffnet und darin die Fotos von zwei kleinen Kindern gefunden, anscheinend ein Junge und ein Mädchen. Als er ihr das Portemonnaie zurückgab, hatte sie sich bedankt, er hatte nichts gesagt. Zwei Wochen später erzählte sie während der Heimfahrt von der Disko, dass sie zwei Kinder hatte, Sandy und Moses. Es tue ihr leid, sie hoffe, es mache ihm nichts aus, aber deswegen könne sie ihn nicht mit hochnehmen. Außerdem sei abends eine Freundin da, die auf die Kinder aufpasse. Das sei doch völlig in Ordnung, hatte er gesagt, er habe es ja auch nicht mehr weit. Dann war er nach Hause gefahren, dafür brauchte man nur vier Minuten, und war wie immer leise in sein Zimmer gegangen, um seine Mutter nicht zu wecken; der Vater schlief eh wie ein Murmeltier. Als er im Bett lag, spürte er seine Erektion, und als er Melinda in Gedanken auszog und sich selbst befriedigte, hatte er fast ein schlechtes Gewissen – als verstieße er gegen eine Absprache. Eine Woche später meinte Melinda, er könne ja kurz mit hochkommen und die Kinder kennenlernen. Oben sagte sie zu Pauline, der Babysitterin: «Das ist Alan, mein Freund.» Und Alan schaute ins Schlafzimmer und sah die schlafenden Kinder. Dann gab er Melinda einen züchtigen Gute-Nacht-Kuss und ging, sagte: «Bis Samstag.»

Melinda kellnerte jetzt auch samstags in der Diskothek. Alan bracht sie allein hin und holte sie wieder ab, schaute sich zwischendurch im Kino einen Film an. Das ging noch mal zwei Monate so, dann sagte Melinda eines Nachts, er könne doch bei ihr schlafen, wenn er wolle, morgen sei Sonntag, da müsse er doch nicht arbeiten. Alan stotterte, es könne doch so bleiben, wie es ist, es sei doch ganz nett. Erst als Melinda ihm anbot, im Wohnzimmer zu schlafen, willigte er ein zu bleiben. Sie war dann noch ein paarmal reingekommen, in einem kurzen Nachthemd mit einem hübschen Dekolleté, hatte gefragt, ob er noch etwas zu trinken brauche, ob das Kissen okay sei, aber er hatte gesagt, dass alles ganz nett sei. Nein, es gab keinen Sex in dieser Nacht, sie haben sich respektiert, gegenseitig, so nannte er das später. Am nächsten Morgen standen als erstes die beiden Kinder im Zimmer, blickten ihn an und fragten: «Bist du Vati?»

Am nächsten Sonnabend, es war genau genommen schon seit zwei Stunden Sonntag, nahm ihn, als er sich wieder das Lager auf dem Sofa gerichtet hatte, Melinda an der Hand und zog ihn ins Schlafzimmer. Sie hatte diesmal auf das Nachthemd und jede sonstige Verzierung verzichtet und trug nur ein goldenes Halskettchen. Es ging alles sehr schnell mit dem Verlust seiner Unschuld, aber dafür wurde der Akt in dieser Nacht noch zweimal wiederholt.

Melinda hatte gesehen, dass die Kinder Alan mochten und er gut mit Kindern umgehen konnte. Im Kindergarten sprachen sie von Alan als von ihrem Daddy. Zum ersten Mal seit der Navy-Zeit zog Alan bei seinen Eltern aus, in Melindas Wohnung, der Platz reichte. An einem Ostersonntag sagte Melinda aus heiterem Himmel: «Wie wär's, wenn wir heiraten würden?» Alan dachte: Wieso? Es war doch auch bisher ganz nett. Er hatte eigentlich nie ans Heiraten gedacht. Doch dann sagte er: «Warum nicht? Dann sind wir eine richtige Familie.»

Sie sprachen mit seinen Eltern, mit Melindas Vater und ihrer ältesten Schwester einen Hochzeitstermin ab, kümmerten sich um die Feier und die Kirche. Als alles geregelt war, sagte Melinda: «Ich bin schwanger.» Das war eine Überraschung für Alan, irgendwie zwiespältig, aber dann auch eine Freude. Melinda ihrerseits war von der Sorge erlöst, Alan könnte sie verlassen, weil die zwei anderen Kinder nicht von ihm waren. Sie selbst hatte nie ernsthaft bezweifelt, dass dies dritte Kind von Alan war; Alan wäre gar nicht auf die Idee gekommen zu zweifeln.

Sie hatten ein funktionierendes Familienleben: Jedes Wochenende besuchte er mit den Kindern seine Eltern, ein- oder zweimal unter der Woche kam seine Mutter zum Einhüten, damit die jungen Leute auch mal ausgehen konnten. Dann kamen die älteren Kinder in die Schule und die Jüngste in den Kindergarten. Melinda fand eine Frau, welche die Kinder von der Schule und vom Kindergarten abholte, und dank ihres Buchhaltungskurses bekam sie einen Teilzeitjob bei Sprint Cars an der Eastern Avenue in Ilford, einer vielbefahrenen Durchgangstraße, wenige Kilometer von zu Hause entfernt.

Wenn Alan die Worte «Sprint Cars» hörte, zog sich sein Inneres schmerzlich zusammen. Es war ein Teilzeitjob, aber nach einigen Monaten fing Melinda an, Überstunden zu machen. Die Kinder waren schon lang wieder zu Hause, er war zu Hause, Melinda kam und kam nicht, und wenn sie kam, hatte sie nicht eingekauft. Irgendetwas war nicht in Ordnung, ihre Haltung änderte sich. Sie kümmerte sich nicht mehr um die Wäsche und das Aufräumen, fing an, daheim Gin zu trinken, nicht viel, aber vorher hatten sie gar keinen Alkohol in der Wohnung gehabt. Vor allem aber war sie auf einmal so kalt, auch den Kindern gegenüber. Nicht jeden Tag, es war für ihn gar nicht zu verstehen, manchmal war sie plötzlich wieder ganz lieb, schnurrte, sobald die Kinder im Bett waren, und war ganz anhänglich, was ihn noch mehr durcheinanderbrachte. Sie fuhr mit dem Auto zur Arbeit und kam immer öfter angetrunken nach Hause.

Er stellte sie zur Rede. Lass mir doch etwas Luft, bat ihn Melinda, ich bin jung, ich möchte mit meiner Freundin Lucy jeden Mittwoch ausgehen, Tanzen oder sonst was. Warum nicht, sagte Alan, ihm gehe es ja nur darum, dass sie die Kinder nicht vernachlässige, von der Schule kamen schon Beschwerden über vergessene Sachen und fehlende Hausaufgaben. Als er einige Monate später Lucy anrief und fragte, was sie denn eigentlich so machten an ihren Disko-Abenden, Melinda erzähle so gar nichts, sagte Lucy, sie habe Melinda seit mindestens einem Jahr nicht mehr gesehen.

Er brauchte dann noch acht Monate, bis er herausfand, mit wem Melinda ihn betrog, sie wollte es ihm nicht sagen. Obwohl ihm natürlich aufgefallen war, dass sie sich besonders schick machte, wenn sie zur Arbeit ging. Er begann systematisch zu recherchieren und benutzte zur Tarnung das Auto seiner Mutter. Zusammen mit ihr observierte er ein verdächtiges Auto und gelangte so zum Wohnhaus von Ronald Terryman, 25 Kilometer themseabwärts in Tilbury. Da waren auch die Telefonzellen, die man anrufen konnte und deren Nummern er bei Melinda gefunden hatte. Er läutete an der Wohnungstür, Rons Ehefrau machte auf, und er fragte nach ihrem Mann. Die Frau sagte, jeden Mittwoch gehe der zum Auto-Club. «Nein», sagte Alan da, «der ist im Restaurant mit meiner Frau.» Er wusste auch, wo, weil Melinda immer mit ihrer gemeinsamen Visa-Card bezahlt hatte.

Rons Frau, die immer noch in der Haustür stand, fing an zu schreien, dass sie Ron umbringen werde, diesen

Kerl. Alan blieb bei ihr, während seine Mutter geduldig im Auto wartete, bis Ron nach Hause kam. Etwas steif sagte Alan: «Es tut mir leid, Ihr Spiel zu verderben, aber ich weiß, was los ist.» Ron stellte sich ahnungslos, drohte schließlich mit der Polizei. Alan sagte, Ron solle seine Frau in Ruhe lassen, nach all dem Unheil, das er in das Leben seiner Familie gebracht habe. Vor allem die Kinder würden darunter leiden. Und Melinda gehe es auch ganz schlecht; wenn Ron Augen im Kopf hätte, würde er das ja wohl sehen. Dann stieg er wieder ins Auto, seine Mutter fragte: «Hast du es ihm gesagt?», und er antwortete: «Ja, ich habe es ihm gesagt.» Dann fuhren sie wieder themseaufwärts nach Ilford, er parkte das Auto vor dem Haus der Eltern und ging zu Fuß nach Hause. Melinda fragte ihn, wo er gewesen sei, und er sagte: «Ich weiß jetzt, was los ist, wer das ist.»

Alan konnte später nie erklären, warum er nicht verlangt hatte, dass Melinda bei Sprint Cars kündigte. Er kam gar nicht auf die Idee. Aber Melinda ging in die Offensive. Sie sagte: «Der Mann hat mehr Geld, als du je im Leben haben wirst.» Sie sagte auch: «Der ist ein richtiger Kerl, der weiß, was eine Frau braucht.» Das sagte sie sogar vor den Kindern. Er mochte das gar nicht hören, zuckte immer zusammen, es tat ihm so leid wegen der Kinder. Er sagte ihr, sie solle so was sagen, wenn die Kinder schlafen.

Ihr Lieblingsausdruck war «Du Bastard», ein Wort, dessen Bedeutung er den Kindern nicht erklären mochte. Sie sagte, während sie auf den Fernseher schaute: «Ich will dich nicht mehr, ich ertrag dich nicht mehr, du stehst all meinen Plänen im Weg.» Die Kinder kamen und fragten, ob er weggehe. Sie wussten, was los war, der ganze

Haushalt war durcheinander. Immer wieder bat Alan seine Frau: «Schrei nicht so laut, die Nachbarn können alles hören.» Aber er wollte seine Ehe nicht aufgeben. Er fragte sich auch, was er falsch gemacht hatte, prüfte sich selbst, ob er vielleicht zu viel forderte. Gefragt hatte er sie das auch, und da hatte sie gesagt: «Nein, es ist nichts mit dir. Es ist nur nicht so, wie es sein sollte.» Manchmal hätte er sie durchschütteln mögen. Aber er rührte sie nicht an, und sie ließ sich auch nicht mehr anrühren.

Melinda hatte dies als eine schlimme Zeit in Erinnerung, in der sie sehr unglücklich war, keine Berührung ertrug und sich doch nach Wärme und Zärtlichkeit sehnte. Sie trank viel, einmal war sie betrunken auf dem Küchenboden eingeschlafen, wo Alan sie fand, als er heimkam; es war ihr sehr peinlich. Schließlich kapitulierte er und zog wieder zu seinen Eltern. Melinda dachte, dass es für ihn sicher eine Erleichterung war, wieder von Vater und Mutter umsorgt zu werden, eigentlich waren das ja auch sehr nette Leute, unendlich harmlos und nicht einmal so langweilig wie Alan. Der war weiter die Zuverlässigkeit in Person, brachte sonntags die Kinder zur Kirche, kümmerte sich in der Woche mehrere Stunden nachmittags um sie und war am Wochenende mit ihnen bei Opa und Oma. Er gab ihr weiter Geld, mit dem sie weiter nicht gut auskam, und sie gewöhnte sich wieder an ihre Rolle als Single.

Freitags kam meistens Ron, die Kinder mochten ihn nicht besonders, Moses nannte ihn «den Gorilla». Eigentümlich, Melinda konnte sich von Alan nicht recht lösen. Immer wieder rief sie ihn an, mitten in der Nacht oder auch frühmorgens: «Komm rüber, bring mir 'ne Schachtel Zigaretten mit.» Und Alan kam, jedes Mal, sagte, so könne er ja auch gleich nach dem Rechten sehen. Er schaute dann in den Kühlschrank, ob Milch da war, in den Brotkasten und nach den Schulsachen der Kinder. Manchmal zog sie ihn ins Bett mit ihrem rauchigen Atem, wollte, dass er schnell eindrang, und blieb in weiter Distanz. Aber von sich aus versuchte er nie, die Situation auszunutzen, er ahnte, dass er sich dann eine Abfuhr holen würde.

Vor einem Jahr war dann ihr Vater plötzlich ins Krankenhaus gekommen, das war fürchterlich für sie gewesen. Sie konnte sich freinehmen und war 14 Tage bei ihm. Sie hatten ihm einen krebsbefallenen Lungenflügel entfernt. Die andere Lunge war aber auch befallen, und so lohnte es sich nach Auffassung ihres Vaters nicht mehr, mit dem Rauchen aufzuhören. Keuchend stand er auf der eisernen Nottreppe am Ende des Stationsflurs im Freien und rauchte; Melinda stand drinnen, vor der geschlossenen Glastür, wartete auf ihn, und ihr liefen die Tränen. Dann, Anfang Juni, war er gestorben, Old Paddy.

Die Beerdigung fand an einem Dienstagvormittag statt. Alan war natürlich dabei, saß in einer der hinteren Reihen. Die Kinder drehten sich nach ihm um. Am nächsten Vormittag wurde er am Arbeitsplatz angerufen, Melinda, weinend, ob er kommen könne, jetzt gleich, es gehe ihr schlecht. Alan regelte es, dass er gehen konnte, und fuhr raus nach Ilford. Die Haustür war offen, er ging hoch in den ersten Stock und stand vor der Wohnungstür, als er merkwürdige Geräusche hörte. Er schaute durch die

Briefkastenklappe in der Tür und sah ins Wohnzimmer. Genauer gesagt sah er auf Rons nackte Beine, Hintern und Hodensack, die sich in regelmäßiger Bewegung befanden, und von Ron verdeckt seine Frau. Er ging wieder runter vor die Haustür, schellte, sagte durch die Sprechanlage: «Komm runter, ich warte unten», und wartete, zehn Minuten oder noch länger. Eine Nachbarin kam vorbei, grüßte, er grüßte. Schließlich kam Melinda, sagte gleich: «Komm, gehen wir etwas trinken.» Wohl damit Ron sich davonmachen konnte. Er sagte: «Was treibst du eigentlich mit mir? Rufst mich an, dass du jemand zum Reden brauchst, und dann so was! Was soll das?» Melinda sagte: «Mach keinen Ärger, gehen wir etwas trinken.»

Er ging mit ihr los, denn er wollte Ron sowieso nicht noch mal sehen. Jemand anders würde sicher reingehen und ihm ein paar verpassen, dachte Alan. Ich nicht, dachte er. Er überlegte, ob Melinda und Ron das extra gemacht hatten, ob sie ihn verrückt machen wollten. Im Pub sagte Melinda nicht mal, dass es ihr leidtue. Sie sagte, es sei ihre Sache, was sie mache, und dass Alan kein Recht habe, in ihr Leben einzudringen. Dann nahm sie noch einen Ginfizz, und sie redeten, und Melinda sagte, gar nicht laut, aber so, als sei es die letzte Wahrheit: «Du bist überflüssig! Solche Leute wie dich braucht man nicht auf der Welt.» Alan hatte gemerkt, wie sein Gesicht rot geworden war, er hatte geglaubt zu zittern. Er rief vom Apparat hinter der Theke in der Firma an, dass er auch nachmittags nicht zurückkommen könne. Als er an den Tisch zurückkam, fragte Melinda, ob er arbeiten müsse, er verneinte. Dann könne er ja die Kinder abholen. Das tat er dann und brachte die Kleinen zu seinen Eltern. Am nächsten Tag ging er wieder zum Psychiater, der ihn krankschrieb, für vier Wochen.

Das, so sah es Alan in der Rückschau, war der Tiefpunkt gewesen. Danach ging es langsam bergauf. Der Arzt wollte ihn auch noch einen zweiten Monat krankschreiben, aber er ging wieder zur Arbeit und blieb dort, bis sie im April nach Deutschland flogen; er hatte vier Wochen Urlaub genommen. Im Oktober hatte der Aufwärtstrend begonnen. Mit der Geburtstagsparty seiner Tochter, sie wurde fünf. Am Abend nach der Party hatte Melinda ihn rasch geküsst und gesagt, dass es ein richtig schöner Kindergeburtstag gewesen sei. Und dass er ihr noch etwas bedeute. Er wisse doch, was sich liebt, das schlägt sich. Es war Samstagabend, schon spät, sie bat ihn zu bleiben, aber er wollte nicht, wollte seine Prinzipien nicht verletzen. Irgendwie war er dann doch geblieben und hatte auch mit ihr geschlafen.

Seine Mutter zog am Sonntagmittag bedenklich die Augenbrauen hoch, als sie ihn sah. Melinda aber hatte gemeint, beim nächsten Mal solle er doch ein paar T-Shirts mitbringen, damit er was zum Wechseln habe. Der alte Kleiderschrank füllte sich dann Stück um Stück wieder, und Melinda wurde immer freundlicher. Aber freitags kam nach wie vor Ron.

Anfang November rief Melinda Alan ziemlich spät an: «Komm rüber und bring eine Flasche Gin mit.» Er merkte an ihrer Stimme, dass etwas passiert sein musste. Er brachte Whisky mit und ein paar Flaschen Cola. Als er ankam, saß Melinda auf dem Sofa und weinte heftig. Sie murmelte etwas, was er nicht verstand. Er reichte ihr einen Drink, den sie sofort hinunterstürzte. Schließlich sagte sie, die Hände auf den Knien und den Blick unter den Couchtisch gerichtet: «Er will sie nicht verlassen.» Alan sagte, dass er das schon lange wisse. Er hatte Ron Terryman noch einmal in seiner Werkstatt besucht und ihn gefragt, ob er sich scheiden lassen werde. Darauf hatte Ron gesagt, niemals, er habe vier Kinder. Alan hatte ihm vorgeworfen, er spiele mit Melinda und ruiniere ihr Leben. Doch Ron hatte entgegnet, er solle sich schleunigst verpissen und sich auch nie mehr in der Nähe von Melindas Wohnung blicken lassen, sonst bekomme er einen Schraubenzieher zwischen die Rippen.

Das erzählte Alan ihr jetzt aber nicht, sondern nur: «Ich weiß das, schon lange.» Melinda schnaufte, putzte ihre Nase und legte das geknüllte Taschentuch zu den vier anderen, die schon auf dem Couchtisch lagen. Sie trank noch zwei Gläser Whisky, während Alan ihr in der Küche etwas zu essen machte. Dann sagte er ihr, dass er sie ja nie wirklich verlassen habe und nur gegangen sei, weil sie das immer wieder verlangt habe. Sie sagte, dass sie weiter bei Terry arbeiten müsse, des Geldes wegen. Alan meinte: «Okay, wenn es dir da gefällt.» Obwohl es ihm lieber gewesen wäre, wenn sie aufgehört hätte.

Er war dann immer häufiger auch nachts bei Melinda geblieben. Eines Abends verlangte sie von ihm, dass er sie zu einem Restaurant fuhr. Sie blickten von außen hinein und sahen Ron mit einer anderen Frau. Melinda sah Alan an und nickte mit dem Kopf. Sie habe das nur sehen wollen. Dann fuhren sie zurück. Als sie in der Wohnung waren, sagte sie, er solle doch zurückkommen, sie sollten es noch mal versuchen. Alan entgegnete, das sei nicht so einfach, er müsse darüber nachdenken. Es war ja auch ganz schön bei seinen Eltern, und wenn sie etwas Abstand hatten, dachte er, sagte es aber nicht. Er fürchtete, dass es wieder zu Explosionen käme, wenn sie die ganze Zeit zusammen wären. Daher blieb er bei seinen Eltern wohnen.

Im Januar war Melinda ziemlich fertig. Sie sagte Alan nicht, warum, aber er merkte es an den Ringen um ihre Augen. Schließlich meinte sie: «Lass uns weggehen, wir müssen mal weg, raus aus alldem. Lass uns zusammen weggehen. Wenn wir das durchstehen, können wir alles durchstehen.» Das stimmt ja auch, dachte Alan. Auswandern, dachte er, genau, warum nicht auswandern. Erst wollten sie nach Australien, aber das ging nicht; dafür hätte man dort schon vorher feste Arbeit nachweisen müssen. Melinda fragte, welche anderen Sprachen er spreche, und Alan sagte: Keine, außer ein paar Worte Deutsch. Sie sagte: «Deutschland, die haben eine starke Wirtschaft, da gibt es sicher Arbeit.» Alan schrieb an die Deutsche Botschaft und erkundigte sich nach den Arbeitsbedingungen. Man antwortete ihm, er müsse Deutsch können.

Im Februar beschlossen sie gemeinsam, es zunächst in Deutschland zu versuchen. Nicht sofort zusammen mit den Kindern, das war unpraktisch. Aber Alans Eltern unterstützten den Plan und waren bereit, alle drei Kinder so lange zu nehmen. In den folgenden Wochen saßen Alan und Melinda am Küchentisch, auf dem ein Radio mit Tonbandteil stand, und versuchten anhand von Kassetten Deutsch zu lernen.

So konnte Melinda einige Schilder und Aufschriften deuten, die sie sah, als sie jetzt mit dem Flughafenbus durch Mannheim fuhren, am Wasserturm anhielten, wo eine Reihe von Fahrgästen den Bus verließ. Dann fuhren sie ostwärts auf den Odenwald zu, das war ein schönes Bild, zumal die Sonne jetzt herauskam und die Berge beleuchtete. Irgendwo vor ihr musste Heidelberg sein, sie erwartete, dass gleich das berühmte Schloss am Berghang auftauchte, aber da war nichts, nur ein Mast auf der Bergspitze. Wenn alles nicht klappt, dachte sie, wird es zumindest ein schöner Osterurlaub. Vor der Abfahrt hatte sie bei Ron drei Wochen Urlaub genommen, ihm mitgeteilt, es könnte auch länger werden; gekündigt hatte sie nicht. Außerdem hatte sie Ron gesagt, sie gebe ihm drei Wochen Zeit; er solle das klären mit seiner Frau. Von alldem hatte sie Alan nichts gesagt, sie wollte ihn nicht beunruhigen; es war ihr ja ernst mit dem Neuanfang, wirklich, sie wollte sich Mühe geben.

Der Bus hielt in Heidelberg, ohne dass sie das Schloss zu sehen bekam, und dann ging es mit dem Taxi ein kurzes Stück in die Weststadt. Das Taxi hielt vor einem älteren vierstöckigen Haus, das Hotel war nicht sehr groß mit 24 Zimmern, aber preisgünstig und ordentlich. Sie bekamen ein Zimmer im zweiten Obergeschoss, ein wuchtiges Doppelbett füllte den Raum. Man sah in einen Garten und auf die Rückseite anderer Häuser, und zur Rechten sah man die Straße, auf der sie gekommen waren. Der Taxifahrer hatte gut Englisch gesprochen und ihnen den Irish Pub empfohlen, dort würden sie viele Amerikaner und Engländer treffen. Abends brachte er sie hin, und es war sehr nett. Alan erzählte dem Wirt, einem Schotten, weswegen sie hier waren.

Am nächsten Tag fragte er die Hotelbesitzerin nach

dem Arbeitsamt und ging mit Melinda zu Fuß hin, es war nicht weit. Zu Alans Überraschung sprach der Mann an der Information sehr gut Englisch, fragte, was sie arbeiten wollten, und schickte sie in den dritten Stock. Dort saßen sie dann auf dem Flur, da saßen auch Deutsche, und es tat sich nicht viel; man musste warten, bis die gezogene Nummer aufgerufen wurde. Nach einer halben Stunde wurde Melinda ungeduldig, zappelte mit den Beinen, ging hinaus, um eine Zigarette zu rauchen, kam wieder, sagte schließlich: «Komm, wir gehen. Morgen kannst du ja erst mal allein hierherkommen, gleich in der Frühe, morgen ist sicher besser.» Sie gingen und besichtigten die Stadt, aber Melinda war schlechter Stimmung, und Alan hätte sich lieber um Arbeit gekümmert. Sie liefen die Hauptstraße hinauf, bis sie unterhalb des Schlosses waren. Hochzusteigen zum Schloss und auf die Stadt und den Fluss hinunterzusehen, verschoben sie auf den nächsten Tag.

Sie waren dann fast jeden Abend im Pub, bis spät. Der schottische Wirt machte sie mit einer Reihe von Leuten bekannt. Ein Autohändler suchte einen Volvo-Verkäufer für Amerikaner und erklärte Alan, was er sich vorstellte; die Sache war aber noch nicht geklärt, und der Mann tauchte nicht wieder auf. Das war etwas enttäuschend, zumal Melinda erwartete, dass bald etwas passierte. Doch dann bot der Wirt an, sie könnten erst mal aushilfsweise bei ihm arbeiten, und das nahmen sie gern an. An einem Dart-Abend bediente Melinda, und Alan wusch die Gläser. Der Wirt gab ihnen dafür Geld, aber Alan meinte, sie hätten es auch so getan, um Erfahrungen zu sammeln. Am Ende des Abends kam Harold, ein Amerikaner, auf ihn zu und fragte, ob sie Arbeit suchten, er hätte vielleicht etwas für sie. In ein paar Tagen wollte er ihnen Bescheid geben. Andere gaben Alan und Melinda den Rat, bei der US Army zu fragen. Auch da ging Alan hin, füllte ein Formular aus, und man sagte ihm, er solle Anfang nächster Woche wieder anrufen.

Dann kam das Osterwochenende, die Auferstehung des Herrn. Alan war eigentlich Ostern immer in die Kirche gegangen, schon wegen der Kinder. Doch dieses Jahr kam er nicht auf den Gedanken, er hatte anderes im Kopf. Sie liefen durch die Stadt, waren auf dem Schloss, hatten sogar das große Fass besichtigt. Jeden Abend gingen sie in den Pub. Die anderen Stammgäste sahen, wie es lief mit den beiden. Die deutsche Frau des Wirts erzählte später, sie seien absolut angenehme Gäste gewesen, so freundlich, und der Alan habe seine Frau sehr aufmerksam behandelt, ein echter Kavalier. Wenn sie sich vom Tresen an einen der Tische setzte, trug er ihr die Getränke hinterher. Er holte für sie Zigaretten, obwohl er selbst nicht rauchte. Und beim Darten zog er für seine Frau die Pfeile aus der Scheibe. Melinda, das sah man auch, genoss es, so bedient zu werden. Sie gab sich nicht mit anderen Männern ab, auch nicht nach mehreren Gin, einen Grund zur Eifersucht gab es nicht, bei Alan sowieso nicht. Wenn sie dann spät ins Hotel zurückkehrten, schlief Melinda sofort ein. Auch am Morgen schlief sie lange, war nicht aus dem Bett zu bekommen. Alan hingegen war stets um 7 Uhr 30 im Frühstücksraum, trank Tee, aß etwas und nahm dann eine Flasche Mineralwasser und zwei Brötchen mit aufs Zimmer. Auf Fragen des Hotelpächters sagte er jedes Mal, seine Frau fühle sich nicht so wohl. Die Zimmermädchen klopften nach wenigen Tagen nicht mehr vor zwölf.

Ostermontag waren sie sehr lange im Irish Pub. Sie trafen Harold wieder, der meinte, es klappe vielleicht mit der Arbeit; auch er verkaufte Autos. Für Melinda hatte er im Moment keine Arbeit, aber Alan sollte ihn Dienstagmorgen anrufen, er werde ihn dann abholen und zu seinem Chef bringen. «Mach dir keine Sorgen, Alan», sagte er, «das wird schon klargehen.» Alan strahlte, Melinda verzog keine Miene. Das musste jedenfalls gefeiert werden. Als der Pub um 2 Uhr schloss, schlug der Wirt vor, noch ins Shepherds zu fahren, die machten erst um 4 Uhr zu. Sie nahmen zwei Taxen, und es wurden noch einige Bier getrunken. Melinda sah sehr schön aus, fiel Alan auf. Sie wurde von drei Amerikanern angebaggert, die nicht mitgekriegt hatten, dass er und Melinda zusammen waren. Sie gaben Melinda Drinks aus, aber damit, das wusste Alan, verschwendeten sie nur ihre Zeit. Plötzlich schrie Melinda auf; ein Amerikaner war unter den Tisch gekrochen und hatte sich an ihrem Rock zu schaffen gemacht. Ab dem Moment waren ihr die Amis lästig, aber sie trank noch ziemlich viel Wein und Ouzo, wurde laut und sagte Sachen, die sie sonst nicht sagte. Oder doch lange nicht mehr gesagt hatte. Aber Alan hörte auch nicht so genau hin, sie war halt etwas betrunken. Um 4 Uhr 30 waren sie im Hotel, Ostern war vorbei, es war Dienstag, und sie fielen ins Bett, jeder auf seiner Seite.

Alan konnte nicht einschlafen. Das Angebot von Harold beschäftigte ihn, außerdem war er hungrig. Irgendwann schlief er dann doch ein, wurde aber früh wieder wach.

Um kurz nach 7 Uhr war er wieder im Frühstücksraum, stillte seinen Hunger, ging zur Rezeption, verlängerte ihren Aufenthalt bis zum Wochenende und bezahlte die bisher aufgelaufene Rechnung. Um 8 Uhr weckte er Melinda, er gehe jetzt Harold anrufen. Melinda richtete sich im Bett auf, rieb ihre Augen und sagte: «Nein, lass das.» Er fragte, wieso nicht, und sie sagte: «Nein, lass das. Das ist nichts, ich trau dem Amerikaner nicht. Das ist keine ehrliche Sache, das ist nichts Gutes, was der dir anbietet.» Alan konnte das nicht verstehen, aber er merkte: Sie fing wieder an. Er wollte keinen Ärger, also ging er erst mal nicht telefonieren. Vielleicht überlegte sie es sich ja noch mal anders. «Komm ins Bett», sagte Melinda, «schlaf dich aus.» Sie rollte sich zur Seite und schlief wieder ein. Auch Alan legte sich noch mal hin und schlief ein. Mittags standen sie auf und gingen in die Stadt, wollten eine Fahrt auf dem Neckar machen. Als sie am Anleger ankamen, lag dort ein Schiff, die Tour ging aber erst um halb vier los. Melinda sagte, dass es ihr nicht gutginge, ihr Kopf täte ihr weh, und sie sah auch wirklich schlecht aus. Auf der berühmten Brücke gab es Streit, weil sie nicht weiterlaufen wollte, während Alan meinte, frische Luft sei das Beste für sie. Es war so ein schöner Tag.

Am Ende der Brücke setzten sie sich auf eine Bank. Melinda fragte, was mit ihrem Geld war, wenn nur er einen Job bekam. Sie sagte: «Wenn du hier einen Job bekommst, wirst du mich nicht mehr kennen wollen.» «Unsinn», erwiderte Alan, «wer zuerst einen Job hat, hilft dem anderen.» Er habe ja auch bis jetzt alles bezahlt, Flugtickets und Hotel und alles. Auf einmal wollte Melinda wissen, wie viel Geld Alan bisher verbraucht hatte.

Das wisse er nicht genau, sagte er, nur was die Tickets gekostet hatten und was er morgens im Hotel bezahlt hatte. Da wurde Melinda giftig, meinte, eines Tages werde er ankommen und sagen, sie schulde ihm die Hälfte aller Kosten, die er nun wiederhaben wolle. Und dann würde er zwei Jahre keinen Unterhalt zahlen deswegen. Alan fand das völligen Quatsch, aber Melinda bestand darauf, dass er alles aufschrieb, was er bisher ausgegeben hatte. Okay, sagte Alan, wenn du es unbedingt willst. Daraufhin nahm er aus dem Papierkorb neben ihnen eine leere Obsttüte und schrieb auf. Melinda riss ihm die Tüte aus den Händen, warf einen Blick darauf, zerknüllte sie und warf sie auf den Boden. Alan hob sie wieder auf, faltete sie auseinander und sagte: Nein, wenn wir schon so eine Aufstellung machen, behalten wir sie. Er sah Melinda an, sie war so, wie er sie schon von früher kannte, ein Vulkan, der jeden Moment ausbrechen konnte. Gottlob hatte sie heute noch keinen Alkohol getrunken, sondern immer nur heißes Wasser, weil sie glaubte, dass sie damit ihren Alkoholspiegel senke. Sie ist wütend, dass ich einen phantastischen Job bekomme, dachte er. Und: Ich hätte Harold anrufen sollen. Harold hatte gesagt, wahrscheinlich wäre der Termin mit dem Chef am frühen Nachmittag. Alan könnte jetzt ganz woanders sein und seinem neuen Chef die Hand schütteln. Aber er ging mit Melinda in ein Café, wo sie heißes Wasser trank und er eine Cola.

Als sie um 4 Uhr nachmittags wieder im Hotel waren, verschwand Melinda gleich ins Bad. Vielleicht musste sie sich übergeben, Alan traute sich nicht zu fragen, über so was sprach sie nicht. Melinda kam zurück ins Zimmer, sagte, sie gehe heute nicht mehr weg, zog sich aus bis auf den Tangaslip und dann ein kurzes Nachthemd an. Alan saß noch eine Weile im Sessel am kleinen runden Tisch und las in seinem Deutschbuch. Doch bald legte er es beiseite, zog sich ebenfalls Hemd und Hose aus und legte sich zu Melinda. Sie drehte ihm den Rücken zu, der frei war, weil sie Arme und Beine um die Bettdecke geschlungen hatte. Alan drückte sich an sie, an ihre weiche warme Haut, streichelte mit der rechten Hand ihre Oberschenkel und die Pobacken. Melinda knurrte etwas unwillig, rührte sich aber nicht. Alan streichelte weiter, langsam, vorsichtig. Gestern, am frühen Abend, bevor sie in den Pub gegangen waren, hatten sie das letzte Mal Sex gehabt, sie hatte ihn geritten, und er war mit einem gedehnten Knurren in ihr gekommen. Seitdem sie sterilisiert war, mussten sie nicht mehr aufpassen. Jetzt aber, so dachte er sich schon, war ihr Kater wohl ein kleines Hindernis, andererseits konnte er aber auch an nichts anderes denken. Er fuhr mit den Fingerspitzen den Tangastring zwischen ihren Pobacken auf und ab und dann weiter nach vorn, wo das Fleisch unter dem Tanga weich wurde und nachgab. Aber Melinda schob seine Hand beiseite. Er zog sich zurück, streichelte wieder ihre Schenkel, ihren Rücken und ihren Nacken, ging erneut sanft zwischen ihre Beine. Ärgerlich sagte Melinda: Lass mich, und wickelte sich in die Bettdecke. Alan ließ los, drehte sich auf den Rücken, lag einige Minuten regungslos da und starrte an die Zimmerdecke, eine weiße Raufasertapete. Er dachte an seine Mutter und die Royal Navy und an die verpasste Chance mit Harold. Dann stand er vorsichtig auf, um seine Frau nicht zu stören, und zog sich ein rotes T-Shirt an.

Melinda aber schlief nicht, sie dachte an Ron, ob er

vielleicht etwas geklärt hatte und sie ihn vielleicht irgendwie anrufen könnte, ohne dass Alan es merkte. Sie dachte an die Kinder, die sich hier nie wohlfühlen würden, und an das ganze Geld, das sie völlig nutzlos in diesem Scheißland verplemperten, und dass sie nach Hause wollte, heim, heim, so schnell wie möglich. Und dann tschüs, Alan. Sie hatten es versucht, jetzt wussten sie Bescheid, das war wohl nichts. Was sollte sie mit einem solchen Mann, und dann auch noch im Ausland, wo die Autos alle auf der falschen Seite fuhren?

Melinda war gerade eingeschlafen, als Alan laut sagte: «Ich geh dann mal los und rufe Harold an.» Er hatte eigentlich gehofft, Harold am Abend im Pub zu sehen und das versäumte Vorstellungsgespräch ausbügeln zu können. Wenn Melinda nun aber nicht mehr ausgehen wollte, musste er Harold wenigstens anrufen, um seine Chance zu wahren.

Melinda fuhr hoch. Was wollte der Kerl? Sollte das hier denn ewig weitergehen? Wann kapierte er endlich mit seiner Eselsgeduld, dass es aus war, vorbei, over, tilt? Sie rollte sich übers Bett auf Alans Seite, der neben dem Bett stand, sprang auf, packte ihn am Hals, schüttelte ihn und beschimpfte ihn als Idioten, der gar nichts kapierte und sich von jedem hergelaufenen Ami verarschen ließ. Sie stand mit den Füßen auf dem Bett und war trotz ihrer 158 Zentimeter jetzt größer als er. Alan sagte: «Es ist genug, hör auf!» Immer wieder sagte er das. Wie ein Judoka zog Melinda ihn mit ihren 54 Kilogramm auf das breite Doppelbett, sodass er zunächst auf ihr zu liegen kam, rollte sich dann unter ihm weg, setzte sich auf ihn und schlug mit ihren Fäusten auf seine Brust, kratzte seinen Hals, ohrfeigte ihn und schrie immer wieder: «Idiot! Du Nichts! Du gottverdammtes Nichts!» Alan spürte Schmerz, er wusste nicht wo, er sagte: «Nimm dich doch zusammen! Mel! Nimm dich zusammen!» Melinda schlug weiter auf ihn ein, und Alan sagte: «Kannst du dich jetzt endlich beruhigen?»

Irgendwann sprang Melinda auf ihrer Seite aus dem Bett, und Alan machte ohne jede Überlegung auf seiner Seite dasselbe, er wollte nicht mehr auf dem Rücken daliegen. Beide standen sich an den Seiten des Bettes gegenüber und sahen sich schnaufend an. Mels Nachthemd war verrutscht, eine Brust lag fast frei, schweißglänzend. Sie sahen sich an, Alan schnaufte, schluckte, sagte: «Wir benehmen uns jetzt wie vernünftige Leute!» Mel sagte nichts mehr, sondern lauerte, sprang plötzlich wieder aufs Bett und auf Alan zu. Der packte sie an beiden Armen und stieß sie aufs Bett, warf sich auf sie. Er sagte: «Es ist genug, hör auf! Hör endlich auf!»

So, erzählte er später, sei das gewesen. Melinda lag mit dem Kopf auf einem der dicken Kopfkissen, aber sie ergriff nun eines der beiden kleineren Kopfkissen an einem Zipfel und schlug damit auf Alans Kopf ein. Der wich zur Seite aus, fiel halb auf den Rücken, und plötzlich war Melinda wieder über ihm, schlug ihm das Kissen ins Gesicht, ließ es da und drückte, während er sich mit einer Hand abzustützen und aufzurichten versuchte und mit der anderen unter Melindas Kinn griff, um ihren Kopf wegzuschieben. Wieder sagte er: «Es ist gut, hör auf!» Aber er spürte, dass es ernst war, sehr ernst. Er spürte, wie ihm die Kraft aus den Armen wich.

Da ließ Melinda für einen kurzen Moment nach, Alan

konnte sich aufrichten und war plötzlich wieder über ihr, brachte seinen Oberkörper über ihr Gesicht und drückte nun seinerseits das Kopfkissen auf ihr Gesicht, mit beiden Armen, mit aller Kraft, mit seinem ganzen Gewicht. Er meinte hinterher, das sei eine halbe Minute gewesen, aber es waren mehrere Minuten, wie er so auf das Kissen gestützt dalag, allmählich wieder zu Atem kam, unverwandt auf den glänzenden weißen Kissenbezug unter sich starrte, unter dem Melindas Kopf lag, während ihre Arme allmählich aufhörten zu zappeln und sich ihr Körper unter ihm nicht mehr aufbäumte, ruhig wurde, alles still wurde, ganz still.

Dann rollte sich Alan zur Seite, auf den Rücken, auf die andere Seite und sprang aus dem Bett, setzte sich auf den Sessel. Er wartete ab. Er sagte: «Das war nicht nötig, wirklich nicht nötig.» Aber Melinda antwortete nicht. Er blieb im Sessel sitzen, bis sein Atem ruhig wurde. Melinda sagte immer noch nichts. Er sprang aufs Bett, befühlte ihren Hals nach einem Puls. Er schob ihr Nachthemd vollends nach oben und legte sein Ohr auf ihre linke Brust, prüfte, ob er Herzschläge hörte. Er begann, wie er es gelernt hatte, zweihändig eine Herzmassage durch Druck auf ihr Brustbein, doch ließ es bald sein, derweil ihm die Tränen kamen. Er sagte: «Guck, was du jetzt angerichtet hast!» Im Schneidersitz saß er neben ihr auf dem Bett, weinte, hielt ihre Hand, und sagte: «Was machen wir jetzt?» Und: «Was soll ich noch ohne dich?»

Irgendwann stand er auf und ging zur Toilette. Als er zurückkam, setzte er sich wieder in den Sessel und starrte auf das Bett. Er dachte an die Kinder, an seine Mutter. Wie konnte er zu Hause erzählen, was hier passiert war?

Immer wieder hoffte er, dass sie doch nur bewusstlos war, dass sie sich gleich regen und aufrichten würde. Er starrte auf ihren Körper, ob er nicht doch eine Bewegung gesehen hatte, aber der regte sich nicht. Allmählich wurde es draußen dunkel. Er überlegte, ob er einfach verschwinden sollte, alles Notwendige in eine Sporttasche packen, die Tür abschließen und dann weg. Vor morgen Mittag würde keiner fragen. Aber wohin?

Immer wieder kam ihm der Gedanke: Es musste wie ein Unfall aussehen, dann war es nicht ganz so schlimm. Oder ein Herzinfarkt oder so was. Aber das würden die Ärzte überprüfen. Es musste so sein, dass man das nicht überprüfen konnte. Melinda hatte ja immer im Bett geraucht, auf ihrem Nachttisch stand noch der Aschenbecher, halbvoll mit Kippen.

Alan brauchte Stunden, um zu einem Entschluss zu gelangen. Er wollte ja auch nicht das ganze Hotel in Flammen aufgehen lassen, nur das Zimmer, nur etwas Rauch, nur dass Melinda – nicht verbrannt, aber eben Rauchvergiftung, dadurch tot, während er noch mal unterwegs war, um zu telefonieren. Oder besser: Er schläft, sie raucht, und dann passiert es, und er muss flüchten.

Schließlich nahm er ihr Feuerzeug, das auf dem Nachttisch lag, und hielt die Flamme unter eines der dicken Kissen. Erst wollte es nicht brennen, es gab nur schwarze Flecken auf dem Bezug, daher nahm er den *Guardian*, den sie mittags in der Stadt gekauft hatten, zerknüllte ein paar Blätter und stopfte sie hinter das Kissen. Dann ging es ziemlich zügig: Es gab Rauch, viel Rauch, er hustete, hustete endlos, er musste raus aus dem Zimmer, Tür hinter sich zu und die Treppen hinunter. Er rief: «*Fire*, *Fire!*», und rannte auf die Straße. Da standen schon Leute, die zu seinem Fenster emporschauten, aus dem schon dicker schwarzer Qualm kam.

Alan stand mitten auf der Straße mit seinen strubbeligen Haaren, barfuß, in Unterhose und rotem T-Shirt und schaute zum Fenster empor, während ihm die Tränen die Wangen hinunterliefen. Die Hotelchefin kam, mit hochrotem Kopf, und beschimpfte ihn: «Was haben Sie mit meinem Zimmer gemacht? Was zünden Sie mir das Haus an?!» Sie fragte, wo sein *wife* sei, er zog die Schultern hoch und ließ sie fallen, schaute sie mit seinen roten Augen an und sagte nichts. Die Frau fragte, wer wohl da oben Feuer machen konnte. Alan sah sie an, sagte: «*Smoking*», und machte eine Geste, als würde er rauchen.

Die Feuerwehr war sehr schnell da, Alan rührte sich nicht. Er sagte nur, mehr zu sich selbst: «*Too late*», deutete mit Armbewegungen und Gesten an, dass es zwecklos sei, da oben hinzugehen. Die Polizei nahm ihn mit auf die Wache. Er fror etwas und bat um ein Glas Whisky.

Die Polizei vermittelte Alan kulant an den besten Strafverteidiger der Stadt. Nie kam es ihm über die Lippen, dass er wütend gewesen wäre auf Melinda. Traurig habe sie ihn gemacht. Besorgt sei er gewesen, immer erneut besorgt, um sie selbst, ihre Unvernunft und um die Kinder. Das Landgericht verurteilte Alan wegen Totschlags zu fünf Jahren. Der Staatsanwalt hatte neun Jahre gefordert, Melindas Schwestern als Nebenklägerinnen die Höchststrafe. Nach zweieinhalb Jahren wurde Alan zur weiteren Verbüßung nach England verlegt.

Sein Anwalt suchte ihn ein letztes Mal im Mannheimer Gefängnis auf. Als er heimfuhr nach Heidelberg und den Flughafenbus der Lufthansa überholte, dachte er, dass irgendetwas dran war an diesem zähen, nervtötenden Alan C. Boves. Etwas, das diese blassen, hühnerbrüstigen Engländer befähigt hatte, ein tropisches Weltreich zu erobern. Und wieder zu verlieren.

SIEGFRIED

Als der Direktor der Haftanstalt Tegel die letzte Hoffnung aufgegeben hatte, aus Siegfried Lehmann noch zu beider Lebzeiten zumindest einen halbwegs erträglichen Strafgefangenen, wenn schon keinen gesetzestreuen Bürger zu machen, verlegte er ihn nach Celle. Dort, in diesem steinalten Gefängnis, begann das Wunder. Der Chef nahm ihn in Empfang und sagte, wenn er sich zwei Jahre lang ordentlich führe, dürfe er zurück nach Berlin. Und tatsächlich: Der Engel der Friedfertigkeit behütete Siegfried in Celle und geleitete ihn auf all seinen Wegen. Jetzt war er nicht nur zurück in Berlin, sondern seit der knastnahen Haltestelle Holzhauser Straße ungefesselt in der U-Bahn unterwegs in Begleitung zweier Beamter in Zivil. Es ging zum Antigewalttraining.

Siegfried, der so manchen Kampf zwischen Männern siegreich bestanden hatte, womit jetzt aber Schluss sein sollte, war schätzungsweise 1 Meter 90 groß, die Figur kräftig, aber nicht dick, der Kopf wie mit der Axt geschnitzt, und auch sprachlich hatte er so seine Möglichkeiten. Jedenfalls konnte er alles ausdrücken, was er sagen wollte, und beendete jeden zweiten Satz mit einem nur ansatzweise fragenden, Zustimmung einfordernden «Wa?!».

Nun, in der U-Bahn, schwieg er jedoch. Die Beamten, ein älterer und ein junger Kollege, saßen ihm gegenüber und erweckten nicht unbedingt den Anschein, etwas mit ihm zu tun zu haben. Bei dem Jungen jammerte und vibrierte auf einmal das Handy am Hosengurt; außerhalb der Anstalt, zumal bei Ausführungen, darf, ja soll der Beamte ein Handy dabeihaben. Es war etwas Dienstliches, und der aufmerksame Zuhörer konnte erraten, dass der Angerufene im Gefängnis arbeitete, dem größten Gefängnis Deutschlands, aus dem einst auch Franz Biberkopf entlassen wurde, den es aber in Tegel den Akten zufolge nie gegeben hat, wohl aber Siegfried, der war da nicht zum ersten Mal.

Der aufmerksame Zuhörer stand nahe bei den Beamten, lyrisch um eine Haltestange gedreht. Er war auch schon dreimal in Tegel gewesen, als Insasse, und seither hatte er Vorurteile gegen «Schließer», wie er sie etwas konservativ nannte, eigentlich keine Vorurteile, sondern eine tiefgehende, im Grunde ungerechte Feindschaft, denn sie waren von der anderen Seite. Die von der anderen Seite bleiben immer die von der anderen Seite, und im Knast hatten sie Macht über einen. Hier draußen aber nicht. Und jetzt hatte er hier zwei vor der Flinte, die gehörten offenbar zusammen und fanden das gar nicht lustig, dass er sie ansprach: «Ey, Schließer, gleich zwei Schließer, Tegel – Heimat, die ich meine! Du glaubst es nicht. Wie geht's euch denn so? Lange nicht mehr da gewesen. Ja, ist das eine Freude!»

Der im Endeffekt unbekannt gebliebene Mann in Sportkleidung aus Fallschirmspringerseide in farblich lebhaftem Design, nennen wir ihn Pelle, wurde nicht nur unhöflich, sondern nachgerade beleidigend, und dies in lautem Ton, sodass alle, zumindest in dieser Hälfte des

U-Bahn-Wagens, mithören konnten. Dem Kollegen Köhler, der schon manches Dienstjahr hinter sich gebracht hatte und wusste, dass man viel mitmacht in diesem Beruf, aber eben auch Arbeitsplatzsicherheit hat, wurde es ein bisschen viel. Wo man doch nun zivil unterwegs war. Man merkte, wie sich seine Gesichtshaut durch einen Blutdruckanstieg rötete.

Siegfried hingegen verteilte seine 98 Kilo über beide Sitze, damit dieser Spinner, der gerade dabei war, ihm seine Lockerungen zu vermasseln, sich nicht auch noch neben ihn setzte. Aber der blieb lieber stehen, neben den beiden Beamten, hielt sich oben an der Querstange fest, beugte seinen Oberkörper samt Kopf immer wieder tief runter, als hinge er an seinem Arm, und prustete den beiden mit seinem Bieratem Frechheiten in die Ohren. Siegfried drehte unbeteiligt sein schlichtes, nach Möglichkeit ehrliches Gesicht mit dem kräftigen Kinn zum Fenster, konnte auch jetzt den bei ihm so häufigen Ausdruck eines gewissen ratlosen Erstaunens nicht unterdrücken, schaute hinaus in das zuckende Dunkel und hoffte, dass sie bald zur Umsteige-Station kamen. Nur ja kein Stunk auf dem Weg zum Antigewalttraining.

Alle drei standen schon eine Minute zu früh auf und gingen nach dem zischenden Öffnen der Türen hinaus auf den Bahnsteig. Pelle, der nichts weiter vor und sich gerade so schön warmgelabert hatte, folgte ihnen. Der Vollzugsbeamte Köhler wechselte einen Blick mit seinem jungen Kollegen, beide beschleunigten ihren Schritt und waren Siegfried (der Nachname tat seit Jahren nichts mehr zur Sache) dankbar, dass er ebenfalls Tempo hielt. Zügig ging es zum anderen Bahnsteig. Siegfried hatte gelernt, dass man immer auch einen Plan B haben musste. Bei ihm war Plan B meist: Weiter mit Plan A, aber ganz entschieden und mit Kawumm. Diesmal war Plan B: Auf keinen Fall Stunk auf dem Weg zum AGT. Auf dem anderen Bahnsteig machten sie abrupt halt, der andere Zug war noch nicht da, «3 Minuten», sagte die elektrische Anzeige.

Nun traf auch Pelle ein, schlenkernden Schritts: «Hey, Leute, warum so eilig, und ist ja nu auch die ganz falsche Richtung.»

«Halt's Maul», meinte Köhler genervt.

«Wie, was, willste mir hier Vorschriften machen, Schließer, Schlüsselschlepper? Hier is nicht Knast, dit is hier ein freies Land, wenn hier einer die Klappe hält bis du det.»

Unter solchen Worten trat Pelle sehr nahe an Köhler heran, sodass dieser erneut einen deutlichen Geruchseindruck erhielt. In diesem Moment wurde Pelle derb nach hinten gerissen. Dem jungen Kollegen war der Kragen geplatzt, und Pelle wäre rückwärts zu Boden gestürzt, wenn Siegfried mit seinen Pranken den Fall nicht rechtzeitig gestoppt und den Mann wieder in die Senkrechte gestellt hätte. Die U-Bahn fuhr ein, Siegfried brüllte: «Wir gehen rein, und du bleibst hier.»

Pelle, der ihn bis dahin gar nicht auf der Rechnung hatte, blieb verdutzt zurück; Siegfried hatte sich in der Tür aufgebaut, die beiden Beamten waren hinter ihm verschwunden. Die Bahn fuhr ab, und Siegfried setzte sich, großer Gefahr soeben entronnen, beugte sich vor zu den beiden, dass er erst das eine, dann das andere Gesicht gut fixieren konnte, und sprach mit kräftiger, empörter Stimme: «Ick fasset nich! Wegen euch hätt ick beinah meine Lockerung verlorn, wa! Randale auf dem Weg zum Antigewalttraining!»

Die Beamten blickten befangen aus den Seitenfenstern, sagten nichts und schämten sich ein wenig. Siegfried dachte nach und stellte fest, dass es komisch zuging auf der Welt. Er auf dem Weg zum Gewalttraining, und die Beamten prügeln sich beinahe. Und am Ende hätte er die Zeche bezahlen dürfen, so wie es ja eigentlich immer gelaufen war. Er beschloss, sich diesen Vorfall zu merken und daraus zu lernen.

In der Anstalt hieß das AGT einfach nur «Gewalttraining». Das war lustig, denn da musste er eigentlich nicht hin. Gewalt konnte er, schon lange. Gewalt ist in Wirklichkeit nie lustig. Siegfrieds Gewalt war brutal, unbeirrbar, gnadenlos. So war er eigentlich immer gewesen. Er war sicher, dass es notwendig war, dass es nicht anders ging, man musste schließlich über die Runden kommen. Besonders schlimm war es unter Alkohol, aber getrunken hatte er oft, und furchtbar wurde es ja nur manchmal. Da war er eh schon schlecht drauf, hatte vorher schon so einen Hals.

Aber jetzt wandelte Siegfried auf neuen Pfaden. Er wollte raus aus der Sicherungsverwahrung, in die Freiheit, er war geläutert. Er wollte mal was Neues ausprobieren, einmal leben wie die anderen, die nie in den Knast kommen. Die zehn Jahre Sicherungsverwahrung, die er zusätzlich zur Strafe erhalten hatte, waren noch nicht ganz verbüßt, aber inzwischen hatte man die 10-Jahres-Frist aufgehoben. Also saß er hier nun open end; Entlassung nur, wenn gesichert war, dass er keine Straftat mehr begeht. Welcher Gutachter würde ihm das bescheinigen?

Er war 45 Jahre alt, 20 Jahre am Stück hinter Gittern und vorher auch schon reichlich.

Wenn ich ins Langstraferhaus kam, stand er da, die Pranken um den Besenstil gelegt, leicht aufgestützt, und dachte nach. Sein Blick schweifte über den Garten des Hauses, mit einem kleinen Feuchtbiotop, den die Gefangenen vor einigen Jahren anlegen durften, mit Vogeltränke, kleiner Holzbrücke und Wasserrad; meist war das Wasser abgestellt. Es musste einfach weiter so friedlich bleiben, dann würden die Teilanstaltsleitung und der Gutachter vielleicht mithelfen, dass man es noch mal mit ihm versucht, dass das Gericht ihn rauslässt. Spes contra spem, hätte er gesagt, wenn ihm die klassische Bildung vergönnt gewesen wäre. War sie aber bei weitem nicht.

Jung Siegfried

Er war nichtehelich, das ist Standard in Tegel. Als er zwei war und der Vater gestorben, gab ihn die Mutter zu den Großeltern nach Berlin. Doch die konnten ihn nicht behalten, sie waren schon dreimal geschieden und zweimal wieder zusammen, da gab es ständig Zoff. Nach sechs Monaten wurde er weitergereicht in ein Kinderheim, wo er bis zur Strafmündigkeit blieb und die Heimschule besuchte. Im Heim war Siegfried groß und stark und aggressiv, früh war er gewiss: Die anderen lachen, aber er muss sich durchschlagen. In den Ferien und am Wochenende durfte er zu den Großeltern.

Mit denen kam Siegfried gut klar, obwohl es zwischen den beiden zur Sache ging, da flog auch mal ein Aschenbecher; der Großvater war ziemlich jähzornig. Er hatte früher im Teerbau, also im Straßenbau, gearbeitet und erzählte, dass das heiß war, aber gut für die Haut. Die Oma war Hauswartsfrau gewesen. Sie wohnten direkt am Kanal, im Norden Berlins in der französischen Besatzungszone, und wenn Siegfried sich bei Oma sattgegessen hatte, lief er mit anderen Kindern der Straße runter zu den Bahngleisen. Am Kanal fingen sie Frösche für die Franzosen, 50 Pfennig pro Stück.

Sonntags brachte ihn der Großvater abends zurück ins Heim, vier Abteilungen mit jeweils 15 Kindern. Jede hatte einen Schlafsaal und einen Tagesraum, das war's schon. Es gab auch schöne Zeiten im Heim, genauso wie später im Knast, wenn man ehrlich war, gab es auch dort positive Erlebnisse. Aber negative auch. Er durfte im Heim nie mit auf Sommerreisen, nach Sylt und so, weil er als schlimmer Finger galt. Die Kinder, die in Berlin blieben, fuhren auf den Campingplatz Heiligenseer Sandberge. Da durfte auch er mal mit.

Oft ist er abgehauen aus dem Heim, rumgedüst in der Stadt, allein. Am Ende ging er zu den Großeltern, dort gab es als Erstes was zu essen. Dann riefen die Großeltern im Heim an, Siegfried solle doch noch ein paar Tage bei ihnen bleiben, bis er sich beruhigt habe. Nach diesen drei Tagen musste er wieder ins Heim zurück. Über seine Mutter oder seinen Vater hat er mit den Großeltern nie gesprochen – wieso auch über Geister reden, die er nie gesehen hatte. Im Heim besuchte er die Hilfsschule, nur wenige Kinder gingen raus auf die normale. Schulisch war er okay, Durchschnitt, kein Wunderknabe, aber auch nicht der Schlechteste.

Im Heim war es wie im Knast, wie überall, wenn Menschen zusammengepfercht sind, die nicht freiwillig da sind – es gibt Reibereien. So kam er zu seinem Ruf. Entweder man fügt sich ein, oder man behauptet seinen Platz in der Rangordnung. Wenn er nicht nach unten gedrückt werden wollte, musste er sich nach oben boxen. Zu den Strafen in der Schule gehörte, dass man mit dem Rohrstock auf die Hände bekam oder eine Stunde in der Ecke stehen musste. Im Heim gab es Arrest, mit Essensentzug. Einmal sollte sich Siegfried in die Ecke stellen und weigerte sich. Der Lehrer wollte ihn gerade am Ohr ziehen, da schlug er ihn mit der Faust aufs Kinn. Daraufhin bekam er 14 Tage Arrest. Er nutzte die nächste Chance zur Flucht und machte ein paar Tage Ferien.

Als Siegfried 13 Jahre alt war, kam seine Mutter zu Besuch nach Berlin. Es gab ein Zusammentreffen bei der Oma, das nicht schön endete. Die Mutter wollte nicht Rede und Antwort stehen, warum sie ihn weggegeben hatte. Am Abend schluckte Siegfried Tabletten. Man musste ihm im Krankenhaus den Magen auspumpen. Danach wollte die Mutter keinen Kontakt mehr.

Als die Jugendbehörde Siegfried nach der 7. Klasse in ein Heim nach Westdeutschland verlegen wollte, holten ihn die Großeltern lieber raus und schickten ihn auf eine ganz normale Schule, auf der er bis zur Mitte der 9. Klasse blieb. Statt Stress mit den Erziehern hatte er nun Stress mit den Großeltern, die sich auch gerade mal wieder trennten. Schließlich kam er in den Jugendhof Schlachtensee für «schwererziehbare Jugendliche». Ein halbes Jahr blieb er dort, es gefiel ihm absolut nicht.

Zwei Monate vor seinem 16. Geburtstag beging Siegfried an einem heißen Sommertag seine erste schwere Straftat. Er und ein paar Kumpels trafen sich öfters im Park, hinterm Rathaus Spandau am Anleger, und tranken da Alkohol. Er hatte ein Auge auf eine junge Frau geworfen, die zehn Jahre älter war als er und in Begleitung eines Mannes. Der war über 30, und es hieß, er wäre bei der Legion gewesen. Siegfried hatte versucht, mit der Frau ins Gespräch zu kommen, ganz harmlos. Aber als sie und einige andere eine Bootspartie machten, durfte er nicht mit, weil nur Platz für sechs war.

Als die Gruppe zurückkam, war die Frau nicht mehr dabei. Siegfried lief zum Kirmesplatz, traf auf dem Weg dorthin zufällig den Fremdenlegionär wieder und fragte ihn, wo die Kleine geblieben war. Der sagte, sie wäre betrunken gewesen, er hätte sie abgesetzt, weil sie schon mal in seine Wohnung gehen sollte. Dort ginge er jetzt auch hin. Siegfried wollte mitkommen. «Nee, Kleener», sagte der Mann, «geh lieber zu Mutti, lass die Finger von ihr.» Dann drehte er ihm den Rücken zu und ging.

Siegfried meinte: «Das werden wir ja mal sehen», lief dem Mann hinterher und fasste ihn von hinten am linken Arm. Der drehte sich um den linken Arm herum und schlug Siegfried sofort mit der Faust aufs Kinn, dass er sich rückwärts auf den Hintern setzte. In dem Moment griff Siegfried das Messer an seinem Fuß, schoss hoch und stach sofort zu – eine Bewegung, ohne zu überlegen. Das Tauchermesser am Bein hatte er vom Schwimmen dabei, weil er und seine Freunde öfters an die Schlepper ranschwammen und sich vorn an der Bordwand hochzogen, weit entfernt vom Führerhäuschen. Als Piraten fuhren sie ein Stück mit und sonnten sich an Deck. Manchmal kamen welche von der Besatzung und versuchten, sie mit Schraubenziehern zu verjagen. Da konnte er sich mit so einem Tauchermesser Abstand verschaffen.

Siegfried war bei der Tat etwas betrunken, und es war halt ein heißer Tag gewesen, sagte er später. Es wäre ein Reflex gewesen – das Tauchermesser ziehen, zustoßen, in die Herzgegend. Dann lief er weg, ging auf den Kirmesplatz, wo er einen Kumpel traf und ihm von dem Zusammenstoß mit dem Legionär erzählte. Auch die Frau, um die es ging, Gabi, traf er dort. Sie sagte, er solle erst mal einen trinken, und nahm ihm das Messer weg.

Dann trafen sie sich mit mehreren in einer Wohnung. Gabi sagte, sie ginge mal Bier holen, kam aber nicht wieder. Als er nach ihr sehen wollte, hörte Siegfried, dass es im Viertel eine Razzia gegeben und man Gabi mitgenommen hatte. Er lief direkt zur Polizeiwache, um nach der Frau zu fragen. Dort war ausgerechnet der Fremdenlegionär – das war kein Zufall, meinte Siegfried –, und der sagte den Polizisten: «Das ist er.» Das war seine erste Festnahme.

Der Mann hatte überlebt, das Messer war von einer Rippe abgeprallt.

Siegfried bekam 30 Monate wegen versuchten Totschlags, Jugendstrafanstalt Plötzensee. Die Strafe wurde voll verbüßt; als er rauskam, war er 18.

Während der Jugendhaft beging Siegfried neue Straftaten, Körperverletzung, Betrug, Urkundenfälschung. Das gab noch mal 18 Monate. Er ist also bald wieder eingefahren.

Einen Monat vor seiner zweiten Entlassung kam die Kripo und warf ihm Wohnungseinbruch vor. Das gab wieder anderthalb Jahre, die wurden aber zur Bewährung ausgesetzt unter der Bedingung, dass er Wohnung und Arbeit nachwies. Der Bewährungshelfer besorgte ihm eine Wohnung und eine Arbeitsbeschaffungsmaßnahme.

Der fahrende Ritter

Kurz nach seiner Entlassung fuhr Siegfried am Wochenende mit einem Kumpel namens Werner Richtung Hannover. Sie fuhren von der Autobahn runter, um beim Bäcker zu frühstücken und etwas zu trinken. Als sie mit Brötchen und Getränken in aller Seelenruhe auf der Bank saßen, kam ein alter Mann mit seiner Frau vorbei. Schon als er ankam, schaute er misstrauisch auf die beiden tätowierten Männer, die da im Unterhemd mampfend dasaßen und die Beine weit von sich streckten. Er schimpfte leise, aber doch hörbar, vor sich hin auf diese Penner. Siegfried war sofort ganz Ohr, fragte nach, ob er das richtig gehört habe, das Wort «Penner», sagte dem Mann, er solle sich verpissen. Darauf drohte ihm der Rentner mit seiner Krücke. Siegfried meinte sogar, dass er ihm mit der Krücke eins übergezogen habe, und langte dem Mann so eine, dass dieser in die Büsche flog. So was, sagte Siegfried, lasse er nicht mit sich machen.

Während Siegfried und Werner sich gemessenen Schrittes und erhobenen Hauptes, als wäre nichts gewesen, entfernten, rief die Frau des Mannes um Hilfe, der Bäcker alarmierte die Polizei. Schließlich stand den jungen Männern ein Streifenwagen im Weg, Siegfried wandte sich höflich an die Polizisten und schilderte ihnen die Situation. Sie ließen sich von ihm nur seine Adresse geben, und beide durften sich entfernen. Aber es gab doch ein Verfahren, noch mal 18 Monate in Plötzensee, die Bewährung war hin.

Nach der dritten Haftzeit kaufte sich Siegfried mit seinem Knastkumpel Hagen einen alten Daimler. Im Knast hatten sie Briefkontakt mit Frauen in Schleswig-Holstein gehabt. Nun wollten sie die Damen besuchen. In Schleswig-Holstein wurde viel getrunken, das verflüssigte das Denken, sie kamen auf die Idee, mit einem Wagenheber die Scheibe einer Drogerie einzuschlagen. Im Fenster waren ein paar Fotoapparate, die wollten sie verscherbeln, aber in dem Moment kam auch schon die Polizei. Da fuhr er wieder ein, Verurteilung zu einem Jahr, JVA Neumünster.

In der Haftanstalt Neumünster kamen Siegfried und Hagen auf die Idee auszubrechen. Im Arbeitsbetrieb sollte Siegfried Netze für die Fischerei stricken. Er war kreativ und baute nebenbei eine Strickleiter. Als dritten Mann nahmen sie einen aus der Gegend mit. Dieser Uwe allerdings verletzte sich beim Sprung von der Mauer, brach sich das Sprunggelenk, sodass Siegfried ihn auf seinen Rücken packte und gut einen Kilometer huckepack schleppte, während Uwe unentwegt jammerte. Schließlich verlangte er, dass die beiden ihn zurückließen, mit ihm zusammen würden sie es alle drei nicht schaffen. Das war ja auch edel gedacht. Also ließen sie ihn auf seinen Wunsch im Gebüsch zurück und liefen zu zweit weiter. Im Wald fiel Siegfried in ein Moorloch und steckte bis zur Brust im Schlamm. Das war schon sehr kalt, Schnee lag. Mit Mühe und Not konnte Hagen ihn rausziehen. Schließlich fanden sie ein Auto, das sie kurzschlossen und klauten. Hagen meinte, sie sollten zu einer Baustelle fahren und schauen, ob sie einen Bauwagen fanden zum Verschnaufen und Nachrüsten. Bevor sie jedoch da ankamen, hielt plötzlich ein Mann neben einem grauen VW eine Stopp-Kelle hoch. Eine Zivilstreife wollte sie kontrollieren. Hagen fragte, ob er anhalten solle, aber Siegfried meinte, dafür seien sie doch nicht geflohen, er solle Gas geben. Da die Straße versperrt war, fuhren sie auf dem Bürgersteig an der Sperre vorbei und in eine kleine Gasse hinein. Dann verabredeten sie, dass sie ab der nächsten Kreuzung zu Fuß weiterfliehen würden. Sie verließen beide sofort das Auto, aber die Polizei war schon da und gab einen Warnschuss ab. Siegfried rannte weiter, über Gartenzäune hinüber und schließlich zu einem Haus, das noch im Rohbau war. Da versteckte er sich unter einer Plane, die über einem Sandhaufen lag, und harrte zwei Stunden bei großer Kälte aus. Dann machte er sich zu Fuß weiter auf den Weg, alleine nach Hamburg.

Siegfried kam schließlich auch in Hamburg an, wo Kumpels ihm weiterhalfen. Eine Woche blieb er, dann fuhr er mit dem Zug nach München. Dort besorgte er sich Ausweispapiere und arbeitete mehrere Monate auf dem Rummel. Von Hagens Mutter hörte er, dass dieser eine Bewährungsstrafe bekommen hatte. Siegfried dachte, dann könne er sich ja auch stellen, aber erst wollte er noch das Oktoberfest mitmachen und sich einen Automatikwagen kaufen. Mit dem fuhr er anschließend durch Deutschland und fragte sich, ob er sich stellen sollte oder nicht. Irgendwo im Rheinland ging er schließlich zur Polizei und sagte: «Ich werde gesucht, ich will meine Strafe absitzen.» Die Beamten wollten ihm erst nicht glauben und ihn wegschicken, aber dann schauten sie brav in die Fahndungsliste und wunderten sich sehr.

Wollte man alles erzählen, was Siegfried gemacht hat und wofür er bestraft wurde, würde dies hier länger als die *Odyssee*. Es war, sagen wir es kurz, fast alles dabei: immer wieder Diebstahl, so Subtiles wie Dulden des Fahrens ohne Fahrerlaubnis, 1980 auch Gefangenenmeuterei, Betrugsdelikte. Einen Hafturlaub hat er etwas ausgedehnt, ist nach Frankreich gefahren, um richtig Urlaub zu machen. Mit einem Boot wollte er die Kanäle abfahren, aber dann wurde er von drei Algeriern überfallen. Einer schlitzte ihm mit dem Messer von hinten den Oberschenkel auf, und Siegfried wachte erst im Krankenhaus wieder auf. Auf dem Heimweg nach Berlin wurde er an der Grenze festgenommen und kam in Saarbrücken in Haft. Als er noch 38 Tage zu verbüßen hatte, wurde er entlassen; zum Absitzen der Reststrafe sollte er sich in Moabit melden. Stattdessen zog Siegfried lieber in Berlin herum und lernte sofort eine Frau kennen. Er war schließlich 26 Jahre alt und ein stattlicher Mann, geradeaus in der Äußerung seiner Wünsche. Was sollte er da zurück in den Knast? So eine neue Beziehung musste gepflegt werden. Scheiß auf die 38 Tage.

Es begab sich nun zu dieser Zeit, dass Siegfried mit westdeutschen Touristen durch verschiedene Kneipen zog und frühmorgens gegen Viertel vor sechs eine «Sammelaktion» durchführte, um Geld für weitere Getränke zu bekommen: «Wollt ihr nicht auch mal was bezahlen?» Noch auf der Straße nahm er von einem den Hut und forderte alle auf, etwas reinzutun. Als ein Mann sich weigerte, ihm Geld zu geben, bedrohte er ihn mit einer Teppichmesserklinge, stieß ihn zu Boden und schlug auf ihn ein. Der Mann verlor das Bewusstsein. Siegfried ergriff den Bewusstlosen und schlug ihn mit Kopf und Oberkörper so stark auf die Kühlerhaube eines BMW, dass diese eingebeult wurde. Von der Polizei vorläufig festgenommen, griff er beim Abtransport die Beamten an, die ihn kaum bändigen konnten und Verstärkung rufen mussten. Im Wagen riss er so lange an den Handschellen, bis sie ab waren. Auf der Wache trat er den Tisch weg und rammte mit dem Kopf die Zwischenwand. Er verletzte vier Polizisten. Wegen seiner Alkoholisierung wurde die Strafe gemildert, auf sieben Jahre wegen versuchter schwerer räuberischer Erpressung, gefährlicher Körperverletzung und Widerstands gegen Vollstreckungsbeamte.

Kampf hinter Gittern

Wieder in Tegel wurde Siegfried Hausarbeiter, das heißt, er reinigte die Flure, brachte den Müll weg, holte das Essen. Im Herbst, zur Erntedankfestzeit, fanden in der JVA verschiedene Trinkgelage mit Aufgesetztem statt. Ein paar hatten bei ihm auf der Zelle gesoffen, berichtete Siegfried, andere im Tagesraum. Gegen 21 Uhr 30 mussten alle Gefangenen zum Einschluss wieder in ihre Zellen. Das Haus war an diesem Tag nicht vollbesetzt, es gab jeweils nur einen Beamten für zwei Stationen. Deswegen schloss der

Beamte nicht jeden einzeln ein, sondern ging den ganzen Gang runter, sperrte die Zellen erst mal nur auf und sagte den Leuten, sie sollten zu ihren Zellen gehen. Dann ging er auf die andere Station, um dort aufzuschließen. Also standen sie auf dem Gang und warteten, dass der Beamte zurückkam und sie einschloss. Vor Siegfried stand Gunther, sein Zellennachbar zur Rechten. Es kamen die Männer, die im Tagesraum getrunken hatten, unter ihnen auch der Müller und Hänschen Wendt. Hänschen war ein zierlicher, ängstlicher Gefangener, der sich aber stets um guten Kontakt zu den anderen bemühte.

Müller fing Streit an mit Gunther, meinte zu ihm: «Wat kiekst du so, du Penner?» Es gab ein Wortgefecht zwischen den beiden. Siegfried lehnte am Geländer, die beiden streitenden Männer liefen auf dem Gang rechts von ihm aufeinander zu, Hänschen lief linksherum, er hatte seine Zelle direkt links neben Siegfried. Hänschen war jetzt hinter ihm, die anderen zwei vor ihm. Die fingen schließlich an, sich zu ohrfeigen. Und während Siegfried sich noch wunderte, was das sollte, er fand es albern, huschte Hänschen an ihm vorbei und umklammerte Gunther von hinten so, dass der Müller zuschlagen konnte und der Nachbar sich gegen die Schläge nicht schützen konnte. Dies alles steht hier so, wie Siegfried meint, dass es abgelaufen ist. Und damals meinte Siegfried, dass er eingreifen sollte, trotz des vorher getrunkenen Alkohols. Er nahm kurzerhand Hänschen in den Schwitzkasten und sagte: «Zwei auf einen ist feige.» Er schubste ihn in seine Zelle und ging selbst wieder auf den Flur. Da sei Hänschen doch tatsächlich wieder an ihm vorbei und habe Gunther wieder von hinten umklammert. Also habe er, so Siegfried, ein zweites Mal dazwischengehen und ihn wegziehen müssen. Diesmal habe er Hänschen nur ein Stück weggeschubst und gesagt: «Jetzt ist es aber gut!» Doch Hänschen sei wieder auf ihn zugekommen. Da habe Siegfried schließlich direkt mit der Faust zugeschlagen und ihn genau aufs Kinn getroffen. Das sei wie in Zeitlupe gewesen, Hänschen habe geguckt und sei nach hinten weggefallen, als wenn ihm die Beine weggezogen würden. Er fiel schräg nach hinten in die Verstrebungen des Laufgitters und blieb liegen. Alle stoben auseinander. Der Beamte kam angelaufen und stürzte sich auf Siegfried, der reflexartig seinen Arm ausfuhr und den Beamten am Kopf traf. «Nicht anfassen!», sagte er zu ihm.

Kurz darauf wurde Siegfried provisorisch in eine naheliegende Zelle eingeschlossen, deren Einrichtung er zerstörte. Er bedrohte die Beamten und konnte erst nach Versprühen eines Feuerlöschers in der Zelle überwältigt werden. Ein Beamter sagte, Siegfried wäre mit Cowboystiefeln auf dem Kopf von Hänschen herumgesprungen. Siegfried sagte, er hätte noch nie Cowboystiefel gehabt, immer nur Turnschuhe. Hänschen Wendt überlebte mit schweren Hirnverletzungen, lag dreieinhalb Monate im Koma und wurde mit schweren Störungen zum Betreuungsfall. Das Urteil sprach von 1,3 Promille Alkohol und glaubte der Aussage des Beamten von den zusätzlichen Tritten. Mit Strafmilderung wegen Alkohol bekam Siegfried nur dreieinhalb Jahre für schwere Körperverletzung, dazu Sicherungsverwahrung.

Siegfried war danach viele Jahre ein extrem schwieriger, unbelehrbarer, aggressiver Gefangener. In 20 Jahren wurden in seiner Gefangenen-Personalakte 8000 Seiten gefüllt, täglich mehr als eine Seite. Alles beherrschend war sein Jähzorn und seine Angst vor Gesichts- und Statusverlust. Als er eines Tages auch noch den Anstaltsschlüssel an sich nahm, brachte dies das Fass zum Überlaufen.

Während einer Vollversammlung auf der Verschluss-Station hatte der Sozialarbeiter Merker seinen Schlüssel vor sich auf den Tisch gelegt. Als die Versammlung zu Ende war, ging Herr Merker raus und ließ versehentlich den Schlüssel liegen. Bevor er in schlechte Hände kam, steckte Siegfried ihn lieber grinsend ein. Für ihn war das ein Spaß. Nach einiger Zeit ging er zum Büro des Sozialarbeiters: Er wollte seinen Trumpf ausspielen. Er legte den Schlüssel vor sich auf den Tisch und deckte ihn ein wenig mit dem Pulloverärmel ab. Wie ein gefalteter Schrank mit seinen 1 Meter 90 und zwei Zentnern saß er da, mit unschuldsvoll gegenstandslosem Blick unter dem leicht verwuschelten Haar, und wartete, ob Merker von allein draufkam. Er fragte ihn, ob er nicht was vermisse. Der: Nee. Er fragte nochmals, Merker kam nicht drauf. Da hob Siegfried den Arm, sodass Merker den Schlüssel sehen konnte. Der Sozialarbeiter bekam weite Augen, griff sich den Schlüssel und ging anschließend gleich nach Hause.

Merker machte keine Meldung, obwohl er dazu eigentlich verpflichtet gewesen wäre. Andere Gefangene hatten Siegfried vorher angesprochen, weil sie die Maße von dem Schlüssel haben wollten. Siegfried hatte gemeint, das wäre nicht nötig, er kenne die Maße sowieso. Nichts wäre passiert, er hätte dem Merker auch keinen reingewürgt, aber dann erzählten Mitgefangene ihren Anwälten von der Episode, und so kam die Information an die Senatsverwaltung für Justiz. Dann kam der Sicherheitsdienst und steckte Siegfried in Absonderung. Seine Zelle wurde durchsucht, ihm wurde vorgeworfen, er hätte 30 Gramm Drogen in den Schuhen, aber sie fanden nichts. Schließlich hieß es, er hätte hochgestellte Beamte erpresst, damit war der Sozialarbeiter gemeint. Er blieb fast ein Dreivierteljahr im Keller in der besonderen Sicherung, wieder einmal. Und dann, nicht als Strafe, sondern als letzte Chance, wurde er nach Celle verlegt.

Das war die Wende, vielleicht, weil er dort nicht in der Pflicht stand, seinem schlechten Ruf gerecht zu werden. Die zwei Jahre in Celle liefen gut, seine alte misstrauische und überbordende Feindseligkeit gegenüber den Bediensteten schien einzuschlafen. Er kam zurück nach Tegel, arbeitete ordentlich und verhielt sich kooperativ. Beim Antigewalttraining attestierte man ihm nach zwei Jahren, dass er in der Gruppe über seine Straftaten und über ein zukünftig gewaltfreies Leben intensiv geredet habe. Er habe sich mit den Ursachen seiner Verbrechen auseinandergesetzt und Verantwortung übernommen für die Folgen für seine Opfer und für ihn selbst. «Herr Siegfried Lehmann konnte der Gruppe gegenüber glaubhaft darstellen, dass Gewalt für ihn fortan kein angemessenes Mittel der Lösung von Problemen mehr sein kann.» Na also, da stand es schwarz auf weiß, konnte er bei Gericht vorlegen.

Und da war ja auch die Geschichte aus der U-Bahn gewesen, in der Siegfried verhindert hatte, dass die Beamten sich mit einem Ex-Gefangenen prügelten. Die Beamten hatten, zurückgekehrt nach Tegel, in den Bericht geschrieben, dass es bei der Ausführung keine besonderen Vorkommnisse gab. Siegfried aber hatte den Mund nicht halten können oder wollen und seine Heldentat als Friedensstifter einigen Mitgefangenen erzählt. Die fragten bei den Beamten nach und amüsierten sich. Die beiden Beamten waren natürlich nicht amüsiert, dass Siegfried damit hausieren ging, aber der Abteilungsleiter lobte Siegfried. Trotzdem, in die Akten kam nichts.

Doch es passte ins positive Bild, das alle sich jetzt machen wollten. Vom Saulus zum Paulus. Siegfried, das Großstadtkind, erklärte sich bereit, in eine «betreute Wohneinrichtung» außerhalb Berlins zu ziehen. Außerhalb Berlins, das hieß: Brandenburg, fing gleich am Stadtrand an und hörte dann lange nicht mehr auf. Felder, Sandwege, Betonwege, Kiefern, Rehlein und Wildschweine. Siegfried meinte tapfer, er wäre jetzt über 40 und würde das durchziehen; in Brandenburg war er auch noch nie. Sicher hatte er nicht zu Unrecht gesessen, das Opfer, Hänschen, hatte dreieinhalb Monate im Koma gelegen, er war damals ein Rabauke. Ihm war alles gleichgültig gewesen. Aber dann hatte er sich gesagt: Jetzt muss Schluss sein.

Und es gab noch einen Vorfall, bei dem sich Siegfried sehr korrekt verhalten hatte. Auf der Sicherungsverwahrten-Station hatte es einen Türken gegeben, Mehmet, der öfters auf die Psychiatrie-Abteilung musste. Eines Tages ging Mehmet völlig ohne Grund mit einem Standaschen-

becher auf Siegfried los. Er konnte ihn gerade noch ab-
wehren, nahm ihn in den Schwitzkasten und brachte ihn
auf seine Zelle. Der Teilanstaltsleiter meinte zu Siegfried,
er habe wegen des Vorfalls bei ihm einen Stein im Brett,
weil er nicht wie früher überreagiert, sondern den anderen nur abgewehrt hatte.

Aber keine Einrichtung in Brandenburg oder Berlin
bot ihm eine Unterkunft an, und es vergingen noch vier
Jahre, in denen immer neue Stellungnahmen über Siegfried Lehmann eingeholt wurden. Er blieb hartnäckig
brav und ließ sich nichts zuschulden kommen. Anfang
2005 wurde er vom Gericht zur Bewährung aus der
Sicherungsverwahrung entlassen. Er werde jetzt ohne
Straftaten leben, habe ich als Gutachter mutig gemeint,
unter einer wichtigen Voraussetzung: dass er nicht erneut
verwahrlost und nicht wieder zu trinken anfängt. Das Gericht verhängte für die Zeit der Führungsaufsicht – fünf
Jahre, in denen er sich den Weisungen des Bewährungs-
helfers unterwerfen musste – ein striktes Alkoholverbot.
Illegale Drogen waren sowieso verboten.

Ein anstrengendes Jahr in Freiheit

Ein gutes Jahr später berichtete Siegfried mir, wie es gelaufen war – nicht ganz so, wie es sein sollte. Die Entlassung war etwas holterdiepolter vonstattengegangen,
bis zum letzten Tag hatte er keinen Alleinausgang gehabt, weil die Anstalt sich nicht traute. Als er dann im
Januar entlassen wurde, war die Wohnung noch nicht
richtig eingerichtet. Bekommen hatte er sie auch nur über

Schwarzgeld und einen Bekannten, sonst bekam man ja mit seiner Vorgeschichte keine Wohnung. Dann lernte Siegfried durch Bekannte eine Kurdin kennen, Dilara, in die er sich verliebte, so richtig. Allerdings wusste er nicht, dass sie schon seit sieben Monaten illegal in Deutschland war. Sie war aus der Türkei, aus Urfa, ganz nett, in seinem Alter, und er erfuhr zunächst nur, dass auch ihre erwachsene Tochter in Berlin lebte. Mit ihrer kleinen Tochter zog Dilara bei ihm ein. Finanziell war das natürlich eine Belastung, er hatte ja nur 615 Euro im Monat. Aber seine Bekannten fanden es gut, meinten, dann habe er ja gleich eine kleine Familie.

Erst als Siegfried und Dilara heiraten wollten, kam heraus, dass sie illegal in Deutschland war. Er schaltete einen Rechtsanwalt ein, damit er sich darum kümmerte, machte Behördengänge. Dilaras ehemaliger Mann lebte auch in Kreuzberg und war gegen die Heirat. Es stellte sich heraus, dass auch ihre großen Söhne hier lebten, und von beiden wurde Siegfried bedroht, mit dem Tod. In Kurdistan lebte man erst zusammen, wenn man auch verheiratet war.

So kam es zu dem ersten Vorfall mit der Polizei, vor dem Haus der Tochter, in der Alten Jakobstraße. Das war gerade mal sechs Wochen nach Siegfrieds Entlassung aus Tegel. In der Wohnung der großen Tochter gab es eine Art Friedensverhandlung, er sprach mit den erwachsenen Söhnen und Töchtern seiner Freundin über die geplante Heirat. Es folgte eine heftige Diskussion, weil die Söhne dagegen waren. Vor dem Besuch hatte Siegfried, um sich zu beruhigen, Alkohol getrunken, trotz des Verbots und nicht wenig. Im Frust verließ er die Wohnung in der Alten Jakobstraße: Er hatte nichts erreicht, und seine Freundin hatte klein beigegeben. Als er merkte, dass das ganze Treffen nichts brachte, war er abrupt aufgestanden und mit einem Schimpfwort gegangen.

Er kam aus dem Hauseingang, ihm hinterher die jungen Kurden, die nach ihm riefen und gestikulierten. Er stand mit dem Rücken zum Bürgersteig und schimpfte zurück. Es war Winter, abends, dunkel. Plötzlich kam ein Radfahrer, von hinten, und Siegfried fuhr reflexartig den Arm aus, weil er dachte, er würde angegriffen. Mit der Faust traf er einen 14-jährigen türkischen Jungen, der gegen ein Auto flog, sich aber zum Glück nicht verletzte. Siegfried verstand nicht, was das bedeuten sollte. In seiner Wut trat er gegen einen herumstehenden Einkaufswagen, der vor einen Opel Vectra knallte. Anschließend hob er den Einkaufswagen mit beiden Händen hoch und warf ihn auf das Auto. Als eine Frau aus dem Haus kam und zu Siegfried sagte, sie rufe jetzt die Polizei, sprach er die geflügelten Worte: «Ich kämpfe nur mit Männern und schlage keine Frauen.»

Dann stand ihm eine Aprilia im Weg, das Motorrad wurde umgeworfen, die Seitenverkleidung beschädigt. Er entdeckte auf der anderen Straßenseite eine Telefonzelle, schritt hinüber, betrat sie, warf ein Zwei-Euro-Stück ein und wählte die Nummer eines guten Kumpels, um mit diesem die Lage zu beraten. Aber schon vor dem Wählen war nichts zu hören, beim Wählen nicht und auch nicht danach: Das Scheißtelefon funktionierte nicht. Er drückte auf die Gabel, aber die zwei Euro kamen nicht wieder raus. Er haute mehrmals mit dem Hörer auf die Gabel und brüllte, dass er jetzt diese verdammten Euro aus dem verdammten Münzsprecher herausprügeln werde. Er drehte sich zur Seite und schlug den Hörer vor den Apparat, aber nichts tat sich. Vor der Telefonzelle hatten sich Leute versammelt und schauten dem tobenden Mann teils grinsend, teils ängstlich zu, bis die Polizei kam. Er hatte noch zwei Stunden später 1,74 Promille, gemessen, nicht geschätzt. Klarer Verstoß gegen Bewährungsauflagen – aber so was erfährt nicht automatisch der Bewährungshelfer, und der meldet es nicht automatisch ans Gericht, sondern hofft, dass es nur ein Ausrutscher war. Deswegen will man dem Mann ja nicht gleich die ganze Bewährung vermasseln – Ermahnung!

Das war das Ende von Siegfrieds Beziehung zu Dilara, aber er hat sie noch einmal getroffen. Als sie ihr Enkelkind morgens zur Schule brachte, wartete er auf sie, redete mit ihr, ob man es nicht noch mal versuchen solle. Aber sie wollte nicht, und sie musste dann auch ausreisen.

Siegfried hatte sich bemüht, das mit dem Alkohol im Griff zu behalten. Er war zu den Guttemplern gegangen. Doch wegen der Randale in der Alten Jakobstraße im Februar flog er bei denen wieder raus, obwohl er ja nur das eine Mal getrunken und gleich wieder aufgehört hatte. In Charlottenburg war er mal bei den Anonymen Alkoholikern gewesen, das hatte ihm nicht zugesagt. Dann war da so eine Wärmstube in der Kurfürstenstraße, die hatten woanders auch einen Gruppentreff. Dort ging er zweimal hin, aber das waren total fromme Veranstaltungen mit Kirchenliedersingen, das war nichts für ihn.

Solange er mit Dilara zusammen gewesen war, hatte er nichts getrunken, wirklich nicht. Aber danach fing er wieder an, ab und zu, wegen dem Stress. Das hatte alles viel Geld gekostet: Kosten für den Anwalt, für die Ämter, mit drei Personen und 615 Euro pro Monat. Er musste Schulden machen, 500 Euro bei der Sparkasse leihen, konnte trotzdem die Miete nicht mehr bezahlen. Schließlich wurde er aus der Wohnung geklagt, aber er war schon vorher raus.

Im Mai gab es erneut Ärger. Siegfried war im Wedding, wo er gleich hätte hinziehen sollen, vertrautes Umfeld. Es war Vormittag, er saß in einer Kneipe, die rund um die Uhr geöffnet hatte und auf den passenden Namen «Trinkteufel» getauft war. Siegfried spielte am Geldautomaten, er hatte zwei Euro eingeworfen. «Da kommt so ein Punk», berichtete er mir später, «und hat einfach auf die Knöpfe gedrückt.» Er habe zu dem gesagt: «Das ist mein Geld, das ich eingeworfen habe, und dann spiele ich und nicht du. Wenn du das Teil noch mal anfasst, gibt es was.» Prompt habe der wieder Knöpfe gedrückt – «da gab es dann einen Elfmeter, mit dem Kopf». Nach Siegfrieds Kopfstoß seien zwei andere Punks gekommen und hätten ihn von rechts und links angegriffen. Am Ende war auch die Polizei da, Blutprobe, er hatte etwas mehr als 2 Promille.

Der Wirt berichtete der Polizei, der Mann habe morgens mit einer Flasche Whisky auf der Straße gesessen, sei dann reingekommen. Als er auch im Lokal von seinem Whisky trinken wollte, habe er ihm das verboten. Daraufhin sei der Mann zum Tischfußball gegangen, wollte den Spielern einen ausgeben, er habe selbst eine Kneipe, zusammen mit einem Türken. Der Mann sei immer aggressiver geworden, habe mit den Fäusten auf die Tische geschlagen. Plötzlich habe der ein paarmal mit voller Wucht seinen Kopf gegen die Wand gestoßen, so stark, dass er zu bluten anfing. Ein anderer Mann aus dem Lokal konnte ihn beruhigen und vor die Tür schieben. Da habe er noch mal mit seinem Kopf gegen die Wand geschlagen, sich wortlos zu dem Mann umgedreht und ihm einen Kopfstoß gegen die Nase versetzt.

Die Bedienung des Lokals hatte die Polizei gerufen. Die Beamten nahmen Siegfried fest, der sich diesmal nicht wehrte, sie legten ihm die Acht an und setzten ihn in den Streifenwagen. Nach Ausnüchterung wurde er freigelassen; wenn man alle betrunkenen Randalierer in Untersuchungshaft nehmen wollte, müsste man anbauen.

Nach dieser Episode ging Siegfried zu seinem Bewährungshelfer: Er wolle doch lieber Betreutes Wohnen machen. Der Bewährungshelfer sagte, in Ordnung, da gäbe es ein Bürgerschaftsheim, das sei Betreutes Wohnen, für Alkoholiker und andere. Siegfried ging dahin, sprach eine Stunde mit denen, das klang ganz positiv. Eine Woche später kam der Bescheid, man habe sich mehrheitlich entschieden, seine Aufnahme abzulehnen. Sie hätten schon zu viele Alkoholfälle.

Der Bewährungshelfer vermittelte ihm weitere Vorstellungsgespräche, dreimal machte er das mit. Alle lehnten ab, immer mit der gleichen Begründung. Zu diesem Zeitpunkt war er schon in starken Finanznöten. Er hatte nicht das Geld für die wöchentlichen Fahrten nach Prenzlauer Berg zum Bewährungshelfer. Er musste schwarzfahren, um seine Bewährungsauflagen zu erfüllen. Dann überwies auch noch das Arbeitsamt einen Monat lang kein Geld, weil sie es statt auf die Kontonummer auf die Kartennummer überwiesen hatten, und er musste mit denen wegen Überbrückung streiten. So was musste er alles allein machen, ohne Helfer.

Der Bewährungshelfer meinte, er solle zu ALBA gehen, der privaten Müllabfuhr, da könne er Arbeit bekommen. Klar ging er da hin, um 11 Uhr 15 war er da. Da sagten die, er müsse spätestens bis 11 Uhr da sein, er solle am nächsten Tag wiederkommen. Siegfried sagte, dass er am nächsten Tag Geburtstag habe, da ginge es nicht, er komme den Tag danach. Am Tag nach seinem Geburtstag ging er pünktlich hin, und da sagten sie, dass man ihn nicht nehmen könne. Er fragte, warum, und es hieß, weil er 46 Jahre alt sei. Sie würden für den Job nur Leute von 18 bis 45 Jahre einstellen. Er sagte, es gehe doch nur um einen Tag, er sei gerade erst gestern 46 geworden. Aber die haben sich stur gestellt. So ist das gewesen.

Im August berichtete der Bewährungshelfer, offensichtlich trinke Siegfried wieder, angeblich nur in geselliger Runde bei besonderen Anlässen. Einmal sei er mit blauem Auge zum Termin erschienen. Zuletzt habe er aber wieder «trockener» gewirkt.

Im September beging Siegfried einen Ladendiebstahl in einem Penny-Markt. Als ihn der Ladendetektiv festhalten wollte, sprühte er ihm Tränengas ins Gesicht und versuchte sich loszureißen. Als er von einem weiteren Mitarbeiter und dem Ladendetektiv überwältigt worden war, bedrohte er beide mit einem Revolver. Sie konnten ihn gleichwohl mit einem Trick einsperren, woraufhin er randalierte und auch zweimal in die Tür schoss. Schließlich gelang ihm die Flucht über einen Notausgang, noch ehe die Polizei eintraf.

Im Oktober gab es eine Anhörung bei der Strafvollstreckungskammer mit ihm, dem Bewährungshelfer und dem ehrenamtlichen Vollzugshelfer. Siegfried gelobte Besserung, er wolle sich auch um eine Therapie bemühen. Das Gericht sah noch einmal von dem Erlass eines Sicherungshaftbefehls ab. Im November berichtete der Bewährungshelfer, den Siegfried beharrlich mied, dem Gericht, ein anderer seiner «Kunden» habe ihm erzählt, dass es mit Siegfried in einer Karaoke-Bar zu einem Vorfall gekommen sei.

Unruhe im Afrikanischen Viertel

Siegfried selbst sagte später, das könne er erklären. Er hatte sich damals mit seiner Freundin in der Togostraße bei dem Karli aufgehalten. Karlis Nachnamen wusste er leider nicht mehr. Der war schon Rentner, deutlich über sechzig und mit einer Thailänderin zusammen. Diesen Karli hatte er in der Araberkneipe kennengelernt, das waren die Alt-Berliner Stuben, die einzige Tag-und-Nacht-Kneipe in der Nähe, die wirklich 24 Stunden aufhatte. Mit seiner Tina – den Nachnamen hatte er vergessen, sie waren nun auch nicht so lange zusammen, dass man sich den Nachnamen gemerkt hätte – wohnte er eine Zeitlang bei dem Karli zur Untermiete. Die Tina war vorher mit einem türkischen Mann zusammen gewesen, hatte mit dem Krach gehabt und war bei dem ausgezogen. Da hatte er ihr natürlich angeboten, mit ihm zusammenzuziehen.

Der Karli ging häufig und viel trinken. An dem Abend Ende Oktober meinte nun die thailändische Freundin zu Siegfried, er solle doch mal nach Karli schauen und ihn nach Hause bringen, damit der nicht so viel trinke. Er, Siegfried, sei also in die Thai-Bar, das sei so eine Animierbar, habe da nach Karli geschaut, ihn aber nicht entdeckt. Stattdessen habe er mit seiner Freundin ein paar Bier getrunken. Der Tresen war hoch, er unterhielt sich mit jemand und stieß mit seinem Ellenbogen versehentlich ein Bierglas runter. «War natürlich keine Absicht gewesen», sagte Siegfried, aber die thailändische Frau hinter dem Tresen wurde durch die Splitter verletzt. Sie schimpfte mit ihm, er spuckte sie an, sie verpasste ihm prompt eine Ohrfeige. In Siegfrieds Erzählung fehlt, dass er nun ein anderes Glas ergriff und der Frau gegen die Schulter warf. Sofort seien zwei Typen angekommen – die kannte er vom Sehen, weil er ja häufig in der Gegend war –, hätten ihn an beiden Seiten an den Armen ergriffen und gesagt: «Raus, raus, raus.» Da sprach er die geflügelten Worte: «Mich schmeißt niemand raus. Einen Moment, ich komme gleich wieder.»

Er ging mit seiner Freundin zum Auto und schickte sie nach Hause, sagte, dass er noch etwas zu erledigen habe. Er hatte ja nichts gemacht gehabt, nur versehentlich das Glas umgekippt. Die Waffe war im Auto, das war eine Gasdruckpistole, die sah echt gut aus, groß und mächtig. Damit ging er wieder in die Kneipe. Jetzt liefen alle gleich nach hinten und riefen nach der Polizei. Einer stellte sich ihm entgegen, dem langte er eine mit der Waffe, Platzwunde am Kopf. Den anderen rief er nach: «Ja, jetzt zieht ihr alle den Schwanz ein!» Oder so ähnlich. Dass er in der

Thai-Bar jemanden an den Haaren gezogen hatte, als er wieder zurückgekommen ist, dieser jungen Frau, der er auch die Waffe an den Kopf gesetzt hatte, daran konnte er sich nicht erinnern.

Weil er wusste, dass nun die Polizei kommen würde, ging er raus und gleich weiter in die Alt-Berliner Stuben. Da rissen alle die Augen auf und duckten sich unter die Tische, als er mit der Knarre reinkam, er aber sagte: «Nur keine Aufregung!» Er lief zwischen den Tischen hindurch in die Küche und durch den Hinterausgang hinaus auf den Hof und war verschwunden. Es gab nichts mehr zu tun, er lief nach Hause in die Togostraße. Weil er wusste, dass sie ihn jetzt suchten, ging er nicht in die Wohnung, sondern nach oben auf den Dachboden. Er bekam mit, wie die Polizei kam und bald wieder ging. Er blieb oben, falls sie wiederkämen.

Natürlich sei er besoffen gewesen, sagte Siegfried später, er sei in der Zeit ja wieder abgerutscht gewesen. Auch alle Zeugen gaben an, dass der Täter sehr betrunken gewesen sei. Nüchtern, so der syrische Wirt der Alt-Berliner Stuben, sei Siegfried ein ganz netter Kerl.

Nachdem er auf dem Dachboden abgewartet hatte, dass es heller Tag wurde, saß Siegfried nun also bei Tina, deren Nachnamen er vergessen hatte, in Karlis Wohnung in der Togostraße und entschied, die Wohnung aufzugeben. Er packte mit ihr alle Sachen zusammen.

Eine Woche später wurden die beiden zusammen mit einem Kumpel in Hannover bei einer Polizeikontrolle angehalten. Tina wurde festgenommen, sie stand auf der Fahndungsliste und hatte noch was offen. Also sind sie ohne die Braut weitergefahren. Zehn Minuten später wurde der BMW wieder von der Polizei gestoppt, und Siegfried selber wurde festgenommen, um 2 Uhr 25. Mit einem BMW war man um diese Zeit vor Kontrollen einfach nicht sicher, in Hannover, da war ja sonst nichts los. Seinen Kumpel ließ man wieder laufen.

Es gab ein Schnellverfahren, weil man im Auto 92 Diazepam-Rezepte gefunden hatte, ein Gramm Heroin und die Waffe. Natürlich hatte er das Diazepam nicht selber geschluckt. Er musste ja von irgendetwas leben, deshalb war er zu einer Ärztin gegangen und hatte sich ein Privatrezept geholt, seine Freundin auch. Das haben sie dann im Copy-Shop säuberlich und in Farbe hundertmal kopiert und zugeschnitten. Vier Rezepte hatte er in der Apotheke schon eingelöst, für das Diazepam hatte er einen Abnehmer. Eine Tablette Diazepam brachte auf dem Markt etwa 50 Cent, eine Rohypnol 1 Euro. Außerdem hatte man in dem Auto 1 Gramm Heroin gefunden; seine Kleine hat so was immer geraucht, auf Folie, und das war nun liegengeblieben, als sie festgenommen wurde.

Im Schnellverfahren am Folgetag gab es eine Geldstrafe von 150 Tagessätzen zu 20 Euro, 3000 Euro plus Spesen, wegen vorsätzlichen Fahrens ohne Fahrerlaubnis und unter Drogen und wegen Urkundenfälschung, Widerstands gegen Vollstreckungsbeamte und unerlaubten Besitzes von Betäubungsmitteln. Zudem erhielt Siegfried eine Fahrerlaubnissperre von einem Jahr, aber er hatte ja sowieso keinen Führerschein. Noch nie versucht, wann hätte er den machen sollen?

Zehn Tage später, Mitte November, erließ die Strafvollstreckungskammer einen Sicherungshaftbefehl gegen

Siegfried, der erst Ende Januar 2006 vollstreckt werden konnte. Er kam drei Monate in die Untersuchungshaftanstalt Moabit, wo er zusammen mit sogenannten Terminversäumern untergebracht war. Das waren oft ziemlich heruntergekommene Männer, die ihre Geldstrafen nicht termingerecht bezahlt hatten – weil sie ihr Geld vertranken oder aus anderen Gründen nicht über die Runden kamen. Siegfried schimpfte, er habe alle drei Tage einen anderen Penner auf die Zelle bekommen. «Das war unglaublich, was für ungewaschene Gestalten da mit mir zusammengesperrt wurden. Das war nicht auszuhalten, nicht für mich.» Er drohte, wenn das so weitergehe, mache er einen alle. «Falls mich hier einer ankotzt, breche ich ihm das Genick und lege ihn Ihnen morgen früh vor die Tür.» Bald darauf ging es heimwärts, er wurde nach Tegel verlegt, Ort der Besinnung. Nach einem aufregenden Jahr hätte nun Ruhe einkehren können.

Siegfried goes to therapy

Im Vergleich zu den geruhsamen Zeiten vor der Entlassung wirkte Siegfried weniger stark und glänzend, vielmehr etwas abgekämpft. Er war etwas magerer geworden, die Beamten erlebten ihn ernst und ein wenig niedergeschlagen, aber alles andere als hoffnungslos. Sein Anwalt hatte ihn auf die Idee gebracht, er müsse jetzt in Alkoholtherapie gehen, gemäß § 64 Strafgesetzbuch in eine Entziehungsanstalt statt neuer Strafhaft. Das Gericht wollte das prüfen lassen, also bin ich wieder hin nach Tegel, Haus 5, Erdgeschoss, eine kleine offene Gesprächszelle mit abgetrenntem Klo, vielleicht 6 Quadratmeter, als Erstes muss man die Stühle vom Tisch nehmen. Fenster zu und warten, mit Blick in den kleinen Garten, ein paar Kraftsportler im Freien neben der Vogeltränke. Ich kannte Siegfried nun schon seit Jahren, hatte als psychiatrischer Sachverständiger dazu beigetragen, dass er weitere Lockerungen bekam und schließlich unter Auflagen entlassen worden war. Nun hatten sich die Hoffnungen nicht erfüllt, und ich sollte Vorschläge diskutieren, was man jetzt noch machen könnte. Dass er wegen der zurückliegenden Taten in Freiheit erneut bestraft werden würde, war klar.

Türrahmenfüllend und blau gewandet kam Siegfried herein, fing schon in der Tür an zu reden, weiter im Hinsetzen. Er war im Redefluss kaum zu stoppen, laut, lebhaft und impulsiv wie eh und je, aber nach einigen Minuten dann doch imstande, dies zu kontrollieren, sich abzubremsen. Die Alkoholprobleme wurden heruntergespielt, ebenso die neuen Straftaten; eigentlich gab es mehr Pech als echte Fehler. Er versicherte seine Bereitschaft, sich aktiv in eine Therapie einzubringen. Draußen hatte er es ja versucht mit Alkoholikergruppen, und ganz früher hatte er ja mal Therapieerfahrungen. Auch von den Mehrbettzimmern in der Entwöhnungsklinik wollte er sich nicht abschrecken lassen.

Das Gericht, der Verteidiger, ich als Gutachter und auch der Staatsanwalt wollten nichts unversucht lassen, und so beschloss man, Siegfried in die geschlossene und gut bewachte Klinik für suchtkranke Straftäter zu stecken. Neun Monate nach seiner Festnahme wurde er in die Klinik am nördlichsten Rande der Stadt gefahren, in der

Franz Biberkopf einst seine seelische Wandlung erfahren hatte. Hier blieb sie aus, um das Mindeste zu sagen.

Es lief nicht so, wie es sein sollte. Aber vielleicht ist der Moment, wenn man gerade mit allem gescheitert ist, was man sich vorgenommen hat, nicht der ideale Zeitpunkt, um alte Fehler unter die Nase gerieben zu bekommen und zugleich mit neuen Konzepten in die Zukunft zu stürmen.

Bereits nach relativ kurzer Zeit zeigte sich: Siegfried machte nicht mit, jedenfalls nicht so wie gewollt. Kurz nach seiner Aufnahme saß er in einer Einführungsrunde, hörte sich die Ausführungen zehn Minuten lang an, wurde immer unruhiger und sprach die Worte: «Mit diesem Kindergarten hier bin ich nicht einverstanden.» Er war vorlaut, auftrumpfend, nur auf Sendung und verbreitete seine Lebensweisheiten. Er war untergründig gereizt, streitsüchtig und stets bereit, mal schnell zu eskalieren. Bedrohung und Beleidigung von Mitarbeitern als tägliche Fitnessübung. Bei Aushändigung eines Messers brummte er beiläufig: «Das brauche ich, um den Pflegern die Kehle durchzuschneiden.» Als man sich darüber empörte, dementierte er diese Sentenz und erstattete Anzeige wegen Verleumdung.

Nach drei Monaten erklärte er im Einzelgespräch: «Über diesen Laden hier kann ich doch nur grinsen.» Und im Gruppengespräch, nach gut vier Monaten: «Mir geht das Ganze hier auf den Sack», und: «Das ist doch alles ein Witz hier.» Der Klinikpsychologin gegenüber, die seine Lebensgeschichte von ihm erfahren wollte, brillierte er mit protzenden Erzählungen seiner Kämpfe und Siege; nur mit Mühe konnte er von ihr zur Mäßigung bewogen werden. Vier Wochen nach Aufnahme erhielt er ein unzureichendes Frühstück und warf das Essenstablett zu Boden. Wenn ein Mitpatient nicht spurte, drohte er, er werde mit dem «ins Bad gehen». Als ein Mitpatient zu lange zu laut telefonierte, meinte er: «Irgendwann drücke ich den Kopf des Trottels ins Telefon.»

Hat er aber nicht getan. Ein einziges Mal kam es doch zu einer tätlichen Auseinandersetzung. Nachdem ein Mitpatient eine Tür laut zugemacht hatte, nahm Siegfried ihn in den Schwitzkasten und warf ihn zu Boden. Er erklärte, der Mitpatient habe ihn tagelang ständig provoziert. Er war dort natürlich nicht der einzige schlimme Finger.

In der Klinik fiel auf, woran man sich in Tegel schon gewöhnt hatte: dass er nicht warten kann. Er fragte, ob er etwas kopiert haben könne; als dem Wunsch nicht sofort entsprochen wurde, bediente er sich eigenmächtig am Stationskopierer. Eines Tages betrat er das Dienstzimmer, klopfte mit einem Stift auf den unbesetzten Tresen und rief: «Bedienung!» Die im Nebenzimmer am Tisch hockenden Mitarbeiterinnen und Mitarbeiter waren pikiert. Sie ermahnten Siegfried angesichts dieser Ungebührlichkeit zu einem «adäquaten Umgang mit dem Personal».

Schließlich verweigerte er die meisten Therapien und Visiten, und die Klinik gab es auf, Siegfried einer «Persönlichkeitsnachreifung mit abstinenter Daseinsbewältigung zu unterziehen».

Die Strafvollstreckungskammer beendete dieses unglückliche Kapitel nach einem Jahr. Siegfried zog wieder heim zu den rauen Jungs, nach Tegel. Erst mal zu den Strafern, den Strafgefangenen, wegen der Taten in Freiheit; dafür gab es 4 Jahre. Dann war die Strafe verbüßt, und er wanderte wieder auf die Station der Sicherungsverwahrten. Das Gericht hatte die Sicherungsverwahrung nicht erneut angeordnet, aber die alte, von der er schon sechs Jahre abgemacht hatte, wird nun wieder vollzogen. Nicht mehr lang hin, dann hat er die zehn Jahre voll und müsste laut Straßburger Urteil entlassen werden. Es sei denn, es stünden ihm neue, schwere Verbrechen quasi auf seine glatte Stirn geschrieben. Und das Gericht müsste ihn für psychisch gestört erklären.

Nach dem Urteil des Verfassungsgerichts über die Sicherungsverwahrung habe ich Siegfried erneut besucht; er wusste wie alle in Haus 5 recht gut Bescheid. Ich war da, um zu fragen, ob ich seine Geschichte in einem Buch erzählen dürfe; sie ist so prägnant, dass man die Person, um die es geht, nicht hätte unkenntlich machen können. Er hat zugestimmt. Zugleich bekundete er seine Empörung über die Pläne, die die Anstalt mit ihm habe: Wenn die zehn Jahre um seien, solle er in «Therapieunterbringung», das sei ein neues Gesetz. Geschlossen und gesichert natürlich, und das werde alle anderthalb Jahre überprüft. Siegfried sagte nichts Zitierfähiges, aber auch, dass man nun nach 30 Jahren Knast ankomme und ihn therapieren wolle. Wer so etwas ernsthaft vorschlage, habe wohl eine psychische Störung.

Er hatte es sich anders ausgemalt. Wenn es ihm ginge wie denen, die jetzt in Berlin trotz zweifelhafter Prognose nach zehn Jahren aus der Sicherungsverwahrung entlassen wurden, dann würde man ihn umhegen und umpflegen nach der Entlassung, betreutes Wohnen und therapeutische Ambulanz und tagesstrukturierende Tätigkeit und Beratung selbst in Liebesdingen, zum Umgang mit kurdischen Frauen und drogensüchtigen Tinas. Das wäre doch ein Ziel, aufs innigste zu wünschen: ein beschauliches, glückliches Leben mit einer sanft, aber nachdrücklich leitenden Brünnhilde, und wie er dann, Schwerter zu Pflugscharen, im Schrebergarten die Reihen für Rettich und Radieschen zieht mit einem kleinen Feuchtbiotop und Vogeltränke. Irgendeinen Zauber bräuchte es noch, einen Flammenring, um dieses Idyll, um den Trinkteufel draußen zu halten.

MUTTER EINES MÖRDERS

Am Nordrand des Sauerlandes, aus dem der zweite Präsident der noch jungen Bundesrepublik stammte, öffnet sich Westfalen in die Weite und die kohlehaltige Tiefe, und die Schlote rauchten wieder. An einem warmen Julitag des Jahres 1962 war Magdalene Fürstner auf dem Heimweg von der Arbeit. Gegenwärtig war sie zwar nur noch Putzfrau, aber sie hatte bessere Zeiten gesehen, und sie hielt auf ein gepflegtes Äußeres. Nach der Arbeit hatte sie wieder die Nylonstrümpfe angezogen, ihr hellblaues Kostüm aus dem Metallspind geholt und vor dem Spiegel ihre Locken geordnet; die blondierten Haare waren maßvoll toupiert, sozusagen pudelig, und schwangen an den Seiten unter das Kinn. Was sie im Spiegel sah, war gepflegt, aber nicht dunkel wie Jackie Kennedy, die nun im Weißen Haus regierte, oder gar die schwarze Agentin Olga Tschechowa, gegen die sie einst gekämpft hatte. Sie ähnelte, trotz ihrer 53 Jahre, mit etwas Phantasie ihrem Idol Doris Day, dieser patenten und fröhlichen blauäugigen Frau. Patent war Magdalene, fröhlich eher selten; ihre Kolleginnen fanden sie steif, ein wenig arrogant, als hielte sie sich für etwas Besseres.

Natürlich hielt sich Magdalene für etwas Besseres – eigentlich war sie Kauffrau, hatte ihrem Mann das Klempnergeschäft geführt. Aber dann hatte er sich mit einer anderen Frau eingelassen und ihr Kinder gemacht, und

232

sie war allein. Allein mit ihrem Sohn, Hinrich, aber der war irgendwann aus dem Haus und, nun ja, das mussten die Kolleginnen nicht wissen, im Gefängnis. Sie war all die Jahre nicht ganz ohne Mann geblieben, die letzten drei Jahre hatte ihr der Stallknecht Sixtus Holländer im Bett und am Frühstückstisch Gesellschaft geleistet. Aber dann war Hinrich Ende März aus dem Gefängnis entlassen worden, war zu ihr gezogen und hatte Holländer vertrieben, hatte kein gutes Haar an ihm gelassen und ihn auch einmal verdroschen. Der Melker war kein Hüne, passte mal gerade so unter die Kühe, aber er hatte weiche und gewandte Hände. Er packte seine Sachen und machte sich davon, mit einem scheuen und bedauernden Blick auf Lene.

Von der Dortmunder Innenstadt fuhr Magdalene zwanzig Minuten mit dem Bus, in dem die Luft stand, aber sie schwitzte kaum. In der Kanalsiedlung stieg sie aus und trippelte heimwärts. Es ging auf sechs Uhr zu, sie lief im Schatten der Häuser. Sie würde gleich das Abendessen vorbereiten, Hinrich aß gern, er war ja noch jung, Ende nächsten Monats würde er 23 werden. Vielleicht war er ja zu Hause, Arbeit hatte er wohl noch nicht. Oder er trieb sich rum. Da wusste sie auch nicht, was sie denken sollte: War es ihr lieber, wenn er mit Gleichaltrigen seine Zeit verbrachte, mit denen er dann Unfug machte? Oder mit diesem kleinen Peter? Den hatte er jetzt mehrmals mitgebracht, einen spillerigen hübschen Jungen, der grade mal 10 Jahre alt sein mochte und der immer Hunger hatte. Die Eltern waren wohl Flüchtlinge. War ja eigentlich nett, wenn Hinrich sich da kümmerte.

Als sie heimkam, war Hinrich nicht da, die Wohnung

leer, auf dem Küchentisch standen ein schmutziger leerer Teller mit Besteck, ein Glas mit einem Rest gelber Limonade. Sie schaute in Hinrichs Zimmer, das Bett war ungemacht, ein paar Sachen lagen herum, das sollte er ruhig selbst aufräumen. Sie schälte Kartoffeln, setzte sie auf, hörte «Zwischen Rhein und Weser», panierte zwei Koteletts und wartete, dass Hinrich kam. Wenn er bis zur «Tagesschau» nicht kam, würde sie alleine essen. Es war warm, die Fenster waren auf, sie setzte sich auf den kleinen Balkon und hörte die Amseln im Wechselgesang. Es herrschte Frieden und Ruhe, lautlos rieselte der Staub der Zechen und Hüttenwerke.

Magdalene hatte bereits den Fernseher für die «Tagesschau» angeschaltet, als es schellte. Das konnte Hinrich nicht sein, der hatte einen Schlüssel. Sie machte auf, und zwei Polizisten standen vor der Tür, in Uniform, lüfteten kurz den Hut und baten, eintreten zu dürfen. Sie müssten nach einem Jungen schauen, der angeblich in ihrer Wohnung sei, sie hätten einen Anruf bekommen. Sie sagte, dass kein Junge in der Wohnung sei, sie sei ganz allein, warte nur auf ihren Sohn, der sei schon erwachsen. Aber natürlich, sie könnten gerne nachsehen.

Die beiden Beamten kamen herein, schauten in die zwei Zimmer, ins Bad, in die Küche, und dann schauten sie unter die Betten. Von dort zog einer, erst am Fuß, dann an der Hüfte, Peter unter Hinrichs Bett hervor. Da lag er, nackt, auf dem Rücken, Magdalene schaute auf sein Glied, seinen kleinen glatten Hodensack, seinen schlanken, etwas verrenkten Körper. Das Gesicht war rotblau, links in der Brust gab es drei Verletzungen, etwas Blut, und sie sah einen oberflächlichen halbkreisförmigen Schnitt oberhalb des Penis. Unter dem rechten Bein lag eine kurze Lederhose, darauf ein geringeltes Sommerhemdchen.

Magdalene starrte das tote Kind an, hielt die Hand vor den Mund und sagte leise: «Das ist Peter.» Die Beamten fragten, ob sie mal telefonieren dürften. Magdalene ging in die Küche, setzte sich auf die Bank und dachte nach. Aber sie verstand nichts. Woher wussten die Polizisten von dem Kind, aber nicht dessen Namen? Sie seien angerufen worden von einem Mann, wahrscheinlich ihrem Sohn, «Fürstner» habe der sich gemeldet. Habe die Adresse angegeben, Walterstraße, vierter Stock, da liege ein totes Kind unterm Bett, und er selbst werde auch kommen. Nein, sagte sie, sie habe nichts davon gewusst, sie sei nach Hause gekommen, habe nichts gemerkt, sie habe nichts damit zu tun. Ihr Sohn aber sicher auch nicht. Das hier sei ein kleiner Freund von Hinrich, seit ein paar Wochen.

Zehn Minuten später kam Hinrich nach Hause, sommerlich gekleidet, das Haar etwas verstrubbelt – sie wollte ihm mit den Fingern durch den Schopf fahren –, und er roch etwas nach Bier. Betrunken war er sicher nicht. Er sah sie nicht an, kümmerte sich gar nicht um sie, sprach nur mit den Beamten. In der Küche zog er eine Schublade heraus und zeigte den Beamten ein Messer. Das sei das Messer, er habe es abgewaschen und hier reingelegt. Die Beamten wollten das Gespräch nun lieber auf der Dienststelle fortsetzen. «Zieh dir eine Jacke über, es wird abends kühl», sagte Magdalene, als ihr Sohn sich zur Tür wandte, um mit den Beamten loszugehen. Als er die Treppe hinunter stieg, kamen ihm vier Männer in Zivil entgegen, mit Koffern, grüßten Frau Fürstner kurz und machten sich an die Tatortarbeit. Sie selbst wurde für den nächsten Tag ins Präsidium bestellt.

Sie blieb in der Küche, während die Kriminalbeamten ihre Arbeit machten. Die Kartoffeln hatte sie abgegossen, der Teller mit den ungebratenen Koteletts stand auf der Anrichte. Sie nahm ein Glas und füllte es am Hahn mit Leitungswasser. Als die Küche dran war, setzte sie sich ins Wohnzimmer, in dem auch ihre Bettcouch stand. Sie machte kurz den Fernseher an, seit einem Jahr gab es ein zweites Programm, aber sie nahm gar nicht wahr, was da auf dem Bildschirm lief, stellte nach wenigen Minuten wieder ab. Als die Leiche abtransportiert worden war und alle Beamten fort waren, füllte sie nochmals das Glas und setzte sich wieder auf den kleinen Balkon, der von der Küche abging. Sie hatte Sorge, dass die Nachbarn zu ihr rüberschauten; es war ja wohl bemerkt worden, dass Polizeiautos vor dem Haus standen. Sie sah niemanden, doch vielleicht war da jemand hinter den dunklen Fenstern, die auf den Innenhof schauten.

Sie saß und dachte nach. Sie hatte Angst vor der Mutter dieses kleinen Peter. Wenn die nun hier auftauchte. Was musste die jetzt denken, von Hinrich, von ihr. Sie hatte die Mutter noch nie gesehen, aber es musste sie ja wohl geben. Und einen Vater. Was die wohl jetzt machten? Das musste ja entsetzlich sein. Zu erfahren, dass das eigene Kind getötet wurde. Kein Unfall, sondern ermordet. Ein Polizist hatte gesagt: Der ist wohl erwürgt worden. Der Tod des eigenen Kindes: Ein größeres Unglück kann es nicht geben für einen Menschen.

Doch es gibt noch ein Unglück. Wie soll eine Mutter es ertragen, dass ihr Sohn jemanden getötet hat? Wenn es wenigstens ein Unfall gewesen wäre, er eine alte Frau überfahren hätte. Aber ein Kind erwürgen? Es konnte gar nicht sein, Hinrich nicht. Es würde sich alles irgendwie aufklären. So wie sich ihre Hirngespinste und ihre Sorge früher auch aufgeklärt hatten, mit der schwarzen Olga Tschechowa, die den Führer bedrohte. Aber damals war sie krank gewesen, hatte eine Wochenbettpsychose nach der Geburt von Hinrich. Jetzt war sie nicht krank, und das Unglück lastete auf ihr und rührte sich nicht, drückte sie fest auf ihren Stuhl. Es musste eine Erklärung geben. Nicht Hinrich. Bei seinem Vater, dem windigen Hund, da konnte man sich alles vorstellen. Aber nicht Hinrich, ihr einziger Sohn. Und dann Mord, lebenslang. Er war doch noch so jung.

Am nächsten Tag betrat Magdalene pünktlich und adrett gekleidet das Polizeipräsidium. Ein Beamter in Zivil holte sie von der Pforte ab, führte sie durch das Gewirr der Treppen und Gänge und brachte sie ins Vernehmungszimmer. Dort warteten ein weiterer Beamter und eine Schreibkraft, die alles gleich in die Maschine hämmerte. Den Täter, so waren sie überzeugt, hatten sie bereits, dies also war die Mutter, und die sollte was zur Lebensgeschichte ihres Sohnes erzählen: so sie dazu bereit war. Sie musste nicht; da es um den eigenen Sohn ging, durfte sie jegliche Aussage verweigern.

Aber sie wollte reden. Magdalene redete und redete, vor wildfremden Leuten, und keiner verstand, warum sie das alles erzählte. Aber es wurde brav alles mitgeschrieben. Sie erzählte nicht von Hinrich, sondern ihre eigene Lebensgeschichte, von Anfang an, und irgendwann hatte

die auch mit Hinrich zu tun, dem schlimmen Wochenbett, aber eben auch mit Hinrichs Vater, der Hunde und
Katzen fraß, und den geschlechtlichen Trieben. Sie saß
da, kerzengrade auf ihrem Stuhl, in einem lindgrünen
Kleid, der blonde Helm auf ihrem Kopf bewegte sich nur
wenig während ihres gleichförmigen Sprechens.

So erzählte sie, zur Wahrheit ermahnt, von ihren from-
men und redlichen Eltern, den städtischen Messwartsehe-
leuten Georg und Walburga Dollner, und ihrem vor ihrer
Geburt verstorbenen Bruder. In Werl hatte sie acht Jahre
die Volksschule besucht, in Dortmund Schuhverkäuferin
gelernt. Nach der Lehrzeit verlor sie die Stellung, weil
der Geschäftsinhaber starb, und sie wurde Alleinmädchen
bei einem Bankdirektor in Düsseldorf. Danach hatte sie
mehrere Stellen als Verkäuferin. Sie berichtete alles ganz
exakt mit Namen und Adresse und genauen Arbeitszei-
ten. Entweder hatte sie ein phänomenales Gedächtnis für
jeden überflüssigen Unsinn, dachte der Kommissar, oder
sie schwatzte das alles so daher.

«Und dann», sagte sie triumphierend, «ging ich nach
Genf, um dort als Volontärin Französisch zu lernen.» Sie
sei dort Mädchen für alles gewesen und habe 80 Schwei-
zer Franken in Goldstücken verdient. Davon habe sie
ihrer Mutter monatlich 70 Franken geschickt. Sie beugte
sich vor und sah dem Beamten, der auf der Schreibtisch-
kante saß, von unten in die Augen: «Meine Mutter hatte
das Geld dringend nötig, weil mein Vater für zwei außer-
eheliche Kinder zu sorgen hatte.»

Dann lehnte sie sich wieder zurück und diktierte weiter
in die Maschine; sie blickte immer wieder zu der Schreibkraft und achtete darauf, dass sie nicht zu schnell sprach.

«Nach meiner Rückkehr von Genf, es war dies im Jahr 1934, habe ich bei Tack gearbeitet. Vergessen habe ich zu sagen, dass ich auch bei Postoberinspektor Karl Perlmann, Hochstraße 56, als Hausgehilfin gearbeitet habe. Perlmann war ein sehr frommer Jude. Herr Perlmann ließ damals meine Handschrift kontrollieren, weil er viel Vermögen hatte. Er war Junggeselle und misstrauisch. Er sagte zu mir, dass der Astrologe lügt, der Graphologe aber nicht. Er hatte an der einen Stelle das koschere Geschirr, und das Gebrauchsgeschirr hatte er auf einer anderen Seite. Der Herr Perlmann ist dann zu seinem Schwager nach Frankfurt am Main gezogen. Damals waren schon die Judenverfolgungen, und oben und unten im Haus haben Nazis gewohnt, SS. Das ist wichtig, weil sie den Totenkopf irgendwo hatten. SA-Männer waren aber auch im Hause.»

Frau Fürstner machte eine Pause. Ihr Sohn, das musste ihr doch bewusst sein, hatte einen Jungen umgebracht, dachte der Kommissar. Sie musste doch geahnt haben, dass der Schweinereien … In ihrer Wohnung. Und da saß sie hier, redete und redete, Sachen, die 20 Jahre zurücklagen oder mehr. So genau wollte er es gar nicht wissen. Aber wenn man versuchte, es abzukürzen, wurde es meist noch länger. Also einfach reden lassen. Nun kam sie auf den Vater des Tatverdächtigen zu sprechen.

«Am 3. Juli 1935 habe ich den Wilhelm Fürstner geheiratet. Er war damals nichts, das muss ich ausdrücklich sagen. In der Woche verdiente er 26 Mark als Tankwart in der Infanterie-Kaserne. Er war schon einmal verheiratet, mit Anita Fürstner geborene Bertram, in der Massener Straße. Dort hatte er alles zusammengehauen, Inventar,

Möbel, weil er seine Frau unter zwölf Zeugen im Ehebruch mit dem Kappler ertappt hat. Aber seine Frau hat der auch vorher schon oft und viel geschlagen. Bei mir war das viel seltener, und dann hat er gesagt, Lene, wenn ich dich schlage, schlage ich mich selbst in das Gesicht. Wir waren 13 Jahre zusammen. Wir haben arm angefangen, weiß Gott. Als ich Fürstner sechs Wochen kannte, habe ich ihn meiner Mutter vorgestellt. Meine Mutter sagte, der sieht aus wie ein Spion, nimm ihn nicht, der ist ein Schläger und ein geschiedener Mann. Er hat einen ganz komischen Blick gehabt, wissen Sie, durch das Katzen- und Hundefressen, das spiegelt sich dann im Gesicht, im tierischen Ausdruck.»

Sie heiratete den Fürstner, obwohl ihre Mutter dagegen war. Er war nämlich fleißig und arbeitsam, und sie kalkulierte: Mit dem Mann komme ich vorwärts. Vier Jahre blieb die Ehe kinderlos, weil Fürstner kein Kind wollte, er hatte 12 Geschwister. 1939 kauften sie ein Grundstück in Hörde und zeugten nun absichtlich ein Kind. Das muss sie den Polizisten erzählen, dass sie das noch ganz genau weiß, wie ihr Hinrich gezeugt wurde, den man jetzt des Mordes beschuldigt, was aber nicht gewesen sein kann. Das wisse sie noch ganz genau, das war nämlich am Tag und nicht in der Nacht, betrunken war Fürstner nicht, hat auch nicht geraucht. Aber die Schwangerschaft war nicht ganz einfach. Als sie im 7. Monat war, sei bei der Hutmacherei Breiter im Rückgebäude ein Brand ausgebrochen, weil ein Bügeleisen nicht ausgeschaltet worden war. Sie habe aus dem Fenster geblickt und sich an die rechte Stirne gegriffen, und dadurch habe ihr Kind an der rechten Stirne das Feuermal bekommen.

Hinrich wurde am 29. August 1939 geboren. Bei Kriegsausbruch, am 1. September, war Magdalene Fürstner noch in der Klinik. Hinrich bekam 12 Tage nach der Geburt an den Armen Hitzebläschen. Die Ärzte sagten, das sei eine Phlegmone, eine Entzündung des ganzen Armes. Der Säugling wurde in die Kinderklinik verlegt, dort wurden ihm die Arme zerschnitten. Die Ärztin meinte sogar, man müsse ihm den rechten Arm abnehmen. Fürstner war darüber so erzürnt, dass er den Jungen mitnahm, sterben könne er auch zu Hause. Er ging mit dem kleinen Hinrich nach Hause, und er starb nicht. Sie selbst musste in der Frauenklinik bleiben, und die Oberin sagte, sie solle ihre Milch abpumpen. Frau Fürstner berichtete im Polizeipräsidium, das habe sie sechs Wochen lang getan, jeden Tag mindestens drei Flaschen. Sie habe das Opfer gebracht, aber ihre Nerven hätten darunter sehr gelitten. Dadurch sei ihr Gehirn geschwächt worden, eigentlich das ganze Nervensystem, denn wenn sie abgepumpt habe, habe sie das im Kopf gespürt. Sie kam daraufhin in die Nervenklinik, blieb dort Monat für Monat und sah ihr Baby nur noch, wenn ihre Mutter und Fürstner sie mit dem Kind besuchen kamen.

Was sie nicht mehr erinnern konnte, was aber in den Krankenakten stand: Das Kind hat sie damals bei den Besuchen nicht recht interessiert, sie hat es angesehen mit fremden Augen. Sie hatte im Wochenbett Angstzustände gehabt und sich beobachtet gefühlt. Sie war überzeugt, man hatte sogar ein Mikrophon in ihren Radioapparat eingebaut. Sie entdeckte, dass sie im Mittelpunkt eines Spionagesystems stand und alle Menschen durchschauen konnte. Von Gott und vom Führer war sie für große

Dinge auserwählt. Durch ihre Gebete zwang sie Édouard Daladier, den letzten Widerstand am Westwall gegen die Deutschen einzustellen. Ihre Hauptfeindin aber war die Filmschauspielerin Olga Tschechowa, die sie als Spionin entlarvte, sonst wäre sie von ihr vernichtet worden. Sie beklagte sich über schwarze Theologen, die in der Klinik versteckt seien und sie mit vergifteter Limonade töten wollten. Sie hat nie wieder Limonade getrunken, weil der sonderbare Geschmack auch später nicht wegging. Nach einer Weile wurde sie ins Landeskrankenhaus verlegt, schließlich als gebessert entlassen. 1940 wurde ihre Unfruchtbarmachung beschlossen. Aber sie hatte ja ihr Kind.

Der Kommissar kapitulierte innerlich. Das hatte hier alles mit dem Mordfall Peter Herzog nichts mehr zu tun. Es ging um das unglückliche Leben der geschiedenen Putzfrau Magdalene Fürstner geborene Dollner aus Werl, die in der Nazizeit geisteskrank geworden ist. Das war keine gute Zeit gewesen, um geisteskrank zu werden. Aber musste er sich das alles anhören? Vielleicht, wenn sie ihr eigenes Leid ausgebreitet hatte, würde sie dann etwas Vernünftiges über ihren Sohn sagen, wie alles gekommen war und wie man sich das erklären konnte. Dazu sollte die Vernehmung doch dienen, dass man hinterher verstand, wie es so hatte kommen müssen. Aber nichts verstand man hier: Sie sprach Französisch und war Hausdame bei einem Juden, arbeitete im Schuhgeschäft, heiratete einen Hallodri und wurde geisteskrank. Und der Tatverdächtige war beinah schon gleich nach der Geburt gestorben; doch statt dass sie erzählte, wie es mit dem Arm von dem Baby weitergegangen war, der abgeschnitten werden sollte, war sie nun in der Anstalt.

Eigentlich aber hatte Magdalene nur eine Botschaft: Man kann die Männer nicht verstehen. Fürstner nicht, diesen Triebtäter, der hinter den Weibern her war, schlimmer als ihr eigener Vater mit den beiden unehelichen Kindern. Und Hinrich nicht, den schon gar nicht, den hat sie nie begriffen. Er war ja nie da, immer war er weg. Aber warum sollte sie auch viel über ihn wissen, er war ein normales Kind, nichts Besonderes war an ihm.

Sie erzählte weiter, dass sie 1944 noch mal in der Nervenklinik war, aber sie hatte Glück, da war das mit der Euthanasie schon vorbei. Die Fürstnerin, was Fürstners neue Frau war, habe sie später immer auf jedem Arbeitsplatz denunziert, dass sie in der Heilanstalt gewesen sei. Aber entscheidend sei, dass sie wieder ganz gesund geworden ist. 1948 war die Ehe mit Fürstner geschieden worden, er hatte wieder Ehebruch begangen, und er wollte bei der neuen Frau bleiben.

Nach der Scheidung, erzählte sie, hätten sie später noch mal zwei Jahre zusammengelebt, aber nicht mehr intim. Weil ihn die Behrens nicht mehr haben wollte, weil er immer Hunde und Katzen geschlachtet und gegessen hatte. Sie musste die Tiere braten und fein abschmecken. «Der letzte Hund war ein schöner Boxer von dem Ehepaar Povzik in einem Behelfsheim in Hörde. Den Hund hat ihm der Breckler gebracht, der schuldete ihm Geld. Den großen fetten Peter, den Kater vom Bürgermeister Schmitt, hat er auch gefressen. Die Polizei im Stadtteil hat ihn ja gefürchtet.»

Der Kommissar versuchte nun doch einzugreifen und erklärte, es wäre ganz gut, wenn sie jetzt von ihrem Sohn erzählen könnte, in gewisser Weise gehe es ja besonders um den. Ja, gern, meinte Frau Fürstner, aber der hätte ja auch von den Hunden und Katzen gegessen, obwohl man davon dieses Gesicht bekam. Das war, als er das erste Mal aus dem Heim kam. Ursprünglich habe ihre Mutter Hinrich aufgezogen, bis sie dann starb, und bald darauf kam auch die Scheidung. Damals war Hinrich 8. Sie selbst war ja immer am Arbeiten, habe nach dem Krieg das Klempnergeschäft von Fürstner hochgebracht, weil sie schreiben konnte und Buchführung. Hinrich besuchte in Hörde die Volksschule. Obwohl er oft Schläge von Fürstner bekam, hing er sehr an seinem Vater, stärker als an ihr. Nach der Scheidung war Hinrich zunächst in ein katholisches Kinderheim nach Wettringen gekommen. Da habe ihn der Pfarrer sehr gelobt. Aber als Fürstner dann wieder bei ihr lebte, holte er den Jungen nach Hause.

Schließlich kam Hinrich in ein Heim im Rheinland. Magdalene berichtete: «Die Patres haben den Hinrich immer so geschlagen, weil er keinen Ministranten machen wollte, weil er nicht schmeicheln wollte. Hinrich hat erzählt, dass sie nackt geschlagen wurden. Und dass den Patres dann einer abgegangen ist, das hat mir der Vater eines Jungen erzählt, der auch dort im Heim war. Ich habe versucht, dass man den Hinrich nach Bielefeld tut, weil dort ein Lehrlingsheim ist. Sie haben ihn aber nach Herzogsdorf ins Hochlandlager in die Schlosserei getan. Das ist aufgelöst worden, weil dort zwei Homosexuelle waren, die so spitze Geschlechtsteile haben und sich an den Jungen von hinten vergangen haben. Ich habe den Hinrich gefragt, ob sie ihm auch etwas getan haben, er hat es aber verneint. Ausgelernt hat er nirgends. Als Hinrich aus dem Hochlandlager kam, war er fast 16. Die dritte Frau von Fürstner, Brigitte, hat nicht erlaubt, dass Hinrich als Klempnerlehrling bei seinem Vater eintreten kann. Und dann fing das an mit Gefängnis, zuerst ein Jahr in Schwerte, weil er mit dem Bertram ein Motorrad geklaut hatte.»

Wie es danach weiterging, bekomme sie nicht mehr so genau hin, wenn er draußen war, wohnte er erst bei ihr, bis er etwas Besseres fand, und dann war er wieder verschwunden. Dabei sollte er sich schonen, weil er doch Tbc hatte. Gesessen hat er wegen vieler Sachen, die Polizei wisse das ja sicher besser als sie, aber nie wegen der Sittlichkeit. Trotzdem, das wäre alles nicht passiert, wenn er anständig geheiratet oder zumindest eine ordentliche Freundin gehabt hätte, wofür es ja auch allmählich Zeit sei mit seinen fast 23. Wieso er sich mit dem Jungen abgegeben habe, wisse sie auch nicht. Er hat dem Jung wohl etwas zu essen gemacht, der war ja auch so dünn. Aber dass er den Jungen getötet hat, das konnte sie nicht glauben.

«Wirklich, glaube ich nicht.» Woher sollte sie wissen, wie der Leichnam da hingekommen sei. Sie hatte nichts bemerkt. Leider könne sie da nicht weiterhelfen. Sie schüttelte den Kopf, leider nein. Wir machen Schluss, entschieden die Beamten, für heute genug. Vielleicht haben wir noch ein andermal Fragen. Dann unterschrieb sie das Protokoll, stieg mit dem Kommissar das Treppenhaus hinab und ging zum Ausgang. Er hielt ihr die Tür auf, von draußen schlug die Sommerhitze herein. Die Tür ging wieder zu, er sah ihr nach. Er war erschöpft.

Hinrich Fürstner war am 30. März 1962 nach gut zwei Jahren Haftverbüßung aus dem Gefängnis entlassen worden. Er brachte seine Sachen nach Hause, ging in den Puff und verkehrte mit einer Dirne. Am Folgetag ging er auf die Kirmes. Er hatte ein schneeweißes Oberhemd an, das vorne weit offen stand, und Blue Jeans; es war ein heller Frühlingstag, und er war in Freiheit. Am Autoscooter bettelte ihn ein Junge an. Das war Peter Herzog, neun Jahre, Volksschüler. Peter bat um 20 Pfennig. Hinrich Fürstner gefiel der schlanke Junge, seine Bewegungen, seine nackten Beine mit den knabenhaften glatten Muskeln, sein offenes Gesicht, der schöne Mund mit den roten Lippen. Er gab ihm 50 Pfennig.

Peter freute sich, strahlte ihn an, blieb bei ihm, sie kamen ins Gespräch. Über alles Mögliche, Fußball, Borussia, die Schule. Hinrich erzählte, dass er eigentlich aus Werl war; da wär nicht nur das Zuchthaus, das sei auch ein Wallfahrtsort, mit dem Gnadenbild Unserer Lieben Frau von Werl, der Trösterin der Betrübten. Er fragte den Jungen aus, wie er es mit der Religion hielt, insbesondere der Beichte. Peter erzählte, dass die Eltern aus Schlesien kämen und er katholisch sei. Beichten tue er lieber bei dem Geistlichen, der zur Aushilfe gekommen sei. Dem Pfarrer mochte er seine Verfehlungen nicht sagen, weil der ihn ja kenne und auch seine Eltern. Das fand Fürstner gut.

Er war mit dem Jungen fast bis ans Ende des Festplatzes gegangen und machte mit ihm jetzt eine «Charakterprobe», die hatte er sich ausgedacht. Hinrich gab Peter zwei Mark, er solle ihm Bratwurst und Bier holen. Kam der Junge zurück, war er zuverlässig, suchte er mit dem Geld das Weite, war sein Plan bei dem zu riskant. Peter brachte bald darauf die Wurst und das Bier im Pappbecher. Er hatte konzentriert darauf geachtet, nichts zu verschütten.

246

«Komm, wir gehen wohin, wo wir in Ruhe picknicken können», sagte Fürstner. Schließlich setzte er sich auf der Rückseite der Schaugeschäfte mit dem Jungen auf die Deichsel eines Wohnwagens. Peter wollte sich neben ihn setzen, er nahm ihn auf den Schoß. Er streichelte ihn. Der Jung protestierte mit vollem Mund, lass mich essen. Als der Junge seine Wurst und das Brötchen aufgegessen hatte und sich den restlichen Senf von den Fingern leckte, leckte auch Fürstner an seinen Händen und streichelte ihn weiter.

Es wurde dunkel, und sie gingen auf die angrenzende, von Gebüsch umgebene Wiese. Hinrich ließ den Jungen knien, zog ihm die Hose herunter, schob sein steifes Glied dicht unterm Po zwischen dessen Beine und bewegte sich schnaufend, bis ihm der Samen ins Gras vor ihnen schoss. Er bemerkte Peters fragenden Blick, was er machen sollte, wie es weiterging, ob es jetzt aufhörte. Er knöpfte sich die Hose wieder zu, nahm das Glied des Kindes in den Mund und lutschte daran. Dann sagte er, dass es genug sei und dass es gut wäre, dass Peter schon ein richtiger Kerl sei, toll! Er gab dem Jungen zwei Mark und versprach ihm, dass er am nächsten Tag wieder zwei Mark bekäme, wenn sie sich in Unna-Massen treffen würden, da im Flüchtlingslager, in dem der Junge lebte. Sicherheitshalber nannte Fürstner ihm einen falschen Namen und eine falsche Anschrift. «Und: Das bleibt unter uns, Mann. Das erzählst du keinem weiter, deinem besten Freund nicht und auch nicht dem Pfarrer. Wenn das rauskommt, komm ich ins Zuchthaus, und du kommst in Fürsorgeerziehung, ins Moor nach Freistatt, da kannst du dann den ganzen Tag Torf stechen!»

Peter kam am nächsten Tag wieder zum Treffpunkt, er hatte geschwiegen. Hinrich Fürstner kaufte ihm ein großes Eis und offenbarte seinen wahren Namen und seine richtige Anschrift. In den nachfolgenden Wochen, es wurde Mai, Juni, es wurde wärmer und Sommer, traf er sich immer wieder mit Peter, beschenkte ihn ein wenig, nie mehr als fünf Mark, machte mit ihm Lagerfeuer am Bach und hatte immer wieder Schenkelverkehr mit dem Jungen, teils im Freien, teils in einer Baubude und teils in seiner eigenen Wohnung, bei der Mutter, die dann arbeiten war. Peter wurde 10, der Geburtstag wurde von seiner Familie flüchtig begangen, es waren viele Kinder, und man hatte wenig Zeit und Geld.

Am Montag, dem 9. Juli 1962, besuchte Hinrich vormittags mit seiner Mutter eine Stahlbaufirma in Dortmund und vereinbarte, dass er dort am nächsten Tag die Arbeit aufnähme. Beide gingen heim, und mittags verließ Magdalene die Wohnung, um putzen zu gehen. Eine halbe Stunde später erschien Peter Herzog.

Es war noch ein kaltes Schnitzel in der Speisekammer, Fürstner bot es ihm an, und Peter aß mit gutem Appetit. Beide setzten sich eine Zeitlang auf den Balkon, Fürstner rieb dem Jungen die Schultern mit Kamillencreme gegen Sonnenbrand ein. Es prickelte bei ihm, sein Glied wurde steif. Er sagte: «Gehen wir rein, hier ist es zu heiß», und setzte sich mit dem Jungen in die Küche. Er schaltete das Fernsehen mit der Kinderstunde ein, drehte sich auf dem Weg zum Fernseher so, dass Peter seine vom Ständer gebeulte Hose nicht sehen konnte, kehrte im Rückwärtsgang zurück und setzte sich wieder dicht neben den Jungen, streichelte ihm Kopf und Schenkel.

Als Hinrich Peter mit der Hand in die kurze Lederhose fuhr, merkte er, dass der Junge keine Unterhose anhatte; er streichelte sein Glied. Er trug ihn in sein Zimmer, Peter kannte so was jetzt. Im Zimmer hatte er sofort einen Samenerguss, und die Erektion war erst mal vorbei. Früher, im Heim, war er bei seinen sexuellen Spielen mit zwei Jungs nie so unbedrängt und frei gewesen, stets bestand die Gefahr, erwischt zu werden. Trotzdem war es erregend gewesen, die einzige Belohnung, die sie sich tagtäglich selbst bereiten konnten.

Peter zog die Lederhose wieder an, und beide gingen in den Keller, um etwas Kühles zu trinken zu holen. Die Mutter hatte den Kauf eines Kühlschranks stets abgelehnt, sie kam auch ohne aus. Dann setzten sich beide auf den Balkon, Hinrich trank Bier, Peter Sinalco. Peter sollte sich wieder auf Fürstners Schoß setzen, was nicht ganz ungefährlich war, weil der Balkon auf den Innenhof ging und von einigen Fenstern eingesehen werden konnte. Schließlich landeten sie wieder im Zimmer, wo Fürstner Peter die Lederhose auszog. Da lag er dann auf dem Bett, spillerig, nackt.

Er streichelte Peter. Er warf sich auf ihn, küsste ihn. Während er ihn küsste, legte er beide Hände um Peters Hals und würgte ihn, was ihn zusätzlich erregte. Peter hatte die Augen offen, blickte ihn starr an mit panischem Blick, versuchte etwas zu sagen. Dann wurde Peter schlaff, war bewusstlos und röchelte nur noch. Fürstner zog aus einer Seitentasche seiner Jeans ein spitzes Küchenmesser und stach dem Jungen in den Hals und mehrmals in die linke Brust. Diese Stiche trafen das Herz und führten zum Tod. Oberhalb der Peniswurzel brachte er Peter eine bogenförmige Schnittwunde bei, ließ dann aber von ihm ab. Er warf das Messer weg und kämpfte mit Brechreiz, der Geruch des Blutes.

Vielleicht war alles auch ganz anders abgelaufen. Vielleicht hatte er dem Jungen gedroht, ihm sein Glied abzuschneiden, und dabei diesen bogenförmigen Schnitt gesetzt. Vielleicht hatte der Junge geschrien und sich gewehrt und er ihn deshalb gewürgt und schließlich erstochen. Sicher ist, dass Fürstner anschließend Wasser und Scheuerlappen holte, Leiche und Lederhose unter das Bett schob, den Boden säuberte und sein Hemd von Blutspuren reinigte. Das Messer wusch er ab und legte es zurück in die Tischschublade.

Er wartete auf die Rückkehr seiner Mutter, die gewöhnlich kurz nach 18 Uhr von der Arbeit heimkam. Schließlich nahm er zwei Groschen aus dem Geldbeutel seiner Mutter und verließ die Wohnung. Um 19 Uhr 46 rief er die Funkstreifenzentrale an und erklärte, dass in der Walterstraße 12 ein 10-jähriger Junge erstochen unter einem Bett läge; Täter sei ein gewisser Hinrich Fürstner, der im Moment nicht da sei, aber bald zurückkehren werde. Anschließend trank er am Kiosk ein Bier und kehrte nach Hause zurück, stellte sich dort den Polizeibeamten.

Nach der Festnahme erzählte Hinrich Fürstner wochenlang stets neue Tatversionen. Er bestritt jedes sexuelle Interesse, Peter sei wie ein kleiner Bruder gewesen. Der habe bei ihm auf dem Schoß gesessen, als er ihm in der Küche ein Brot gestrichen habe, bei laufendem Fernsehprogramm, und dabei sei es versehentlich zu der Stichverletzung gekommen, mit dem Brotmesser. Die Wunde habe so geblutet, da habe er die Blutung am Hals abdrücken wollen. Daher stammten die scheinbaren Würgemale. Und in dem Durcheinander habe er Peter auch unbewusst die Lederhose ausgezogen. Über Wochen näherten sich die Geständnisse schließlich der Spurenlage an.

Nach einem Jahr wurden die Termine der Gerichtsverhandlung festgelegt. In diesem Moment teilte der Verteidiger mit, dass nach neuer Einlassung seines Mandanten nicht der Angeklagte, sondern dessen Mutter, die zur Tatzeit 53-jährige Magdalene Fürstner, Peter Herzog getötet habe. Hinrich Fürstner erklärte in einem ausführlichen Schreiben, dass er am Tattag gegen 19 Uhr 15 nach Hause gekommen sei. Da war es schon geschehen. Seine Mutter hatte den Jungen umgebracht, im Affekt, als sie ihn beim Stehlen erwischt hatte. Dass er keine Hose anhatte, am Unterkörper nackt war, lag daran, dass die Mutter ihn an der Lederhose weggeschleift habe. Die Hose habe sich dabei vom Körper des Jungen gelöst. Aus Liebe zur Mutter habe er sich dann bemüht, die Tatspuren zu verwischen, und die Absicht gehabt, die Leiche in einem großen Koffer wegzubringen. Sie hätten aber gemerkt, dass das alles nicht ging. Schließlich habe die Mutter ihn angefleht, dass sie nicht mit ihren 53 Jahren noch eingesperrt werden wolle. Er habe daher aus Liebe zu ihr die Tat auf sich genommen.

Nach dieser Aussage wurde Magdalene Fürstner nochmals ins Polizeipräsidium gebeten. Die Beamten glaubten die neue Version nicht, sie hatten schon zu viele andere gehört, die auch nicht stimmten; aber man wollte sie dazu befragen, was sie vielleicht schon vorher am Tattag mit Hinrich besprochen hatte.

Magdalene trat von der Straße in die angenehme Kühle des Hauses und wurde wieder in das Vernehmungszimmer geleitet, sie trug das gleiche hellblaue Kostüm wie ein Jahr zuvor. Sie wusste nicht, warum sie nach so langer Zeit noch mal gerufen wurde. Am Telefon war gesagt worden, man habe noch ein paar Fragen. Vielleicht half es ja Hinrich, dachte sie. Der Beamte fragte zunächst, ob ihr Sohn nicht doch zu Hause gewesen sei, als sie heimkam. Nein, war er nicht. Dann eröffnete der Beamte ihr, was Hinrich gesagt hatte, dass sie, die Frau Fürstner, aus Wut den Peter getötet hätte und dass er nur aus Liebe zur Mutter die Tat auf sich genommen habe.

Sie starrte den Beamten mit schräg gehaltenem Kopf und gerunzelter Stirn verständnislos an: «Hat er das zu Ihnen gesagt?» Nein, das habe der Verteidiger in einem längeren Schriftsatz mitgeteilt, als Aussage ihres Sohnes. Sie würden den Sohn dazu aber auch noch mal befragen. Frau Fürstner war jetzt im Gegensatz zu damals ganz still und wortkarg, senkte den Kopf mit der goldenen Haube, blickte auf ihre Hände, die auf dem blauen Tuch des Rockes lagen, und sagte nach längerer Zeit: «Nein. Das war ich nicht. Da irrt er sich.» Dann ging sie.

Bei den nun folgenden Vernehmungen blieb Fürstner bei der Beschuldigung seiner Mutter. Erst in der Hauptverhandlung vor dem Schwurgericht ließ er sie fallen und erklärte, er könne sich an das Zustechen mit dem Messer nicht mehr entsinnen und müsse deshalb unzurechnungsfähig gewesen sein. Die Sachverständigen erklärten jedoch, er sei geistesgesund, insbesondere nicht schizophren wie seine Mutter, und leicht überdurchschnittlich intelligent. Er sei ein gefühlskalter egozentrischer Kindskopf, der durch seine langen Haftzeiten aus pubertärem Verhalten kaum herausgekommen sei. Das Schwurgericht verurteilte ihn wegen Mordes in Tateinheit mit schwerer gleichgeschlechtlicher Unzucht und dem fortgesetzten Verbrechen der Unzucht mit einem Kinde zu lebenslangem Zuchthaus.

Hinrich Fürstner blieb fast 50 Jahre in Haft. In dieser Zeit wurde er von seiner Mutter treu besucht, jeden Monat, 20 Jahre lang, 30 Jahre lang, bis zu ihrem Tod. Sie hatte bis zum Rentenalter als Putzfrau gearbeitet und war jeden ersten Sonnabend im Monat nach Werl gefahren, den Hinrich besuchen. Nie zuvor hatte er so viel mit der Mutter geredet, über das Wetter, das Fernsehen, die Haftanstalt, nie zuvor hatte die Mutter ihren Sohn so regelmäßig gesehen, ihn fragend angeschaut und zu verstehen versucht, warum ihre Gefühle nicht zu ihm durchdrangen. Über die Tat redeten sie eigentlich nie, aber irgendwann in dieser Zeit hatte er ihr erklärt, er hätte dem Jungen das Glied abschneiden wollen, weil das das Corpus delicti war, weil deswegen alles so gekommen sei. Die Mutter hatte ihn ratlos angeschaut: «Was du immer für Einfälle hast, Hinrich.»

Magdalene Fürstner grübelte oft, warum ihr Sohn das getan hatte. Dass er sie beschuldigt hatte, hatte sie gleich verstanden, schon auf dem Heimweg, als sie in der Straßenbahn saß und nachdenken konnte. Er war halt doch gewesen wie sein Vater, der Katzen- und Hundefresser, und hatte auch so ein Gesicht bekommen. Als Junge hatte er beim Schlachten der Tiere mithelfen müssen, das hatte er ja auch dem Gutachter erzählt. Und im Kinderheim ist er endgültig verdorben worden, da hatte es die Schweinereien mit den anderen Jungs gegeben. Währenddessen war sie selbst so weit weg gewesen, ihr Einziger war ihr ein fremdes Kind geblieben, früher, bis er ins Zuchthaus Werl kam. Sie starb mit 84 Jahren. Da war ihr Sohn noch immer ungelockert im Zuchthaus, das nun schon lange ein normales Gefängnis war. Wie der Allmächtige das so hinbekommt: der Sohn lebenslang inhaftiert in dem Wallfahrtsort, in dem sie geboren wurde.

Damals, als sie nach seiner Geburt krank wurde und von ihm getrennt und monatelang in der Anstalt blieb, als sie mit den Mächten des Bösen kämpfte, da war etwas zerrissen zwischen ihr und dem Kind. Sie blieb ihm treu bis zum Tod, aber sie hatte nie eine Ahnung, was in dem Kind vorging. Ihr war nicht einmal bewusst, dass sie es nicht wusste. Dass er so oberflächlich war und rücksichtslos und ohne Gefühle, das war ihr nicht aufgefallen. Da hatte sie ihren Ehemann schon besser erkannt gehabt, den Katzen- und Hundefresser, am Gesicht. So lebten sie beieinander, wenn er da war, der einzige Sohn und die Mutter, bis es passiert ist.

Sie war eine ernste Frau in Hellblau mit einer steifen Frisur und ist nie wieder glücklich geworden. Aber Glück, davon hatte sie auch vorher nicht viel gehabt. Nicht mal in Genf, als sie Französisch gelernt hat und Goldfranken bekam und große Träume hatte. Sie hat versucht, alles richtig zu machen, und dann kommt das Unglück. Es kommt. Man kann es nicht vorhersehen, manchmal kommt es von allen Seiten, auf einmal ist es da, vom Boden bis zur Decke, und man kann nicht weglaufen. So ist das mit dem Unglück.

MIX
Papier aus verantwor-
tungsvollen Quellen
FSC® C083411

Das für dieses Buch verwendete FSC®-zertifizierte Papier
Schleipen Werkdruck liefert Cordier, Deutschland.